湮没的帝都

淮河访古行纪

潘大明 著

中西书局

图书在版编目(CIP)数据

湮没的帝都：淮河访古行纪 / 潘大明著. -- 上海：中西书局，2020
 ISBN 978-7-5475-1734-5

Ⅰ. ①湮… Ⅱ. ①潘… Ⅲ. ①散文集－中国－当代 Ⅳ. ①I267

中国版本图书馆CIP数据核字(2020)第172582号

上海文化发展基金会上海文化艺术资助项目
文汇·彭心潮优秀图书出版基金特别资助项目

湮没的帝都：淮河访古行纪

潘大明　著

责任编辑　唐少波
装帧设计　黄　骏

出版发行	上海世纪出版集团 中西书局 (www.zxpress.com.cn)
地　　址	上海市陕西北路457号(邮编 200040)
印　　刷	上海新岛印刷有限公司
排　　版	上海万联文化传播有限公司
开　　本	787×1092毫米　1/16
印　　张	22.75
字　　数	298 000
版　　次	2020年10月第1版　2020年10月第1次印刷
书　　号	ISBN 978-7-5475-1734-5/Ⅰ·205
定　　价	98.00元

本书如有质量问题，请与承印厂联系。电话：021-62848070

潘大明　学者、作家、书画摄影创作者，大型文化活动策划人、资深电视媒体出版人

目　录

***001* 壹** 御用文人宋濂颂道:"君子之制行,能感于人固难,而能通于神明为尤难。今当患难危急之时,神假梦寐,挟以升舟,非精诚上通于天,何以致神人之佑至于斯也。……是宜庆钟圣女,诞育皇上,以启亿万年无疆之基,于乎盛哉。"

***015* 贰** 三国时吴人徐整在其所著的《五运历年记》有盘古开天地"肠为江海,血为淮渎"的表述,淮河水是盘古的血液,洪泽湖蓄存的水,自然也是盘古之血。在淮河的源头,充斥着神异和诡谲,缥缈的水雾让人读到盘古的传说,在下游更多的是李耳故事。

***025* 叁** 淮河,告诉人们盘古、大禹、巫支祁的传说,也讲诉着李耳、朱元璋的故事。史前人类的印痕又在诉说什么?这片神奇的土地散发出的历史气息,足以诱使人们静下心来聆听。

***045* 肆** 这位长相奇特、近乎丑陋的太祖皇帝不仅在淮河边筑起了皇陵,而且为明帝国修建了一座都城。这不是小孩的沙器,是一座真实过的帝都,淮河边唯一出现过的一个预备统领华夏的京师。

***057* 伍** 淮河流域更重要的是南北文化、习俗、性格交融的地区,就像那日的严寒里夹杂着阴冷。这一切造就了淮河流域特有的文化,与其他流域文化共同架构起的中华文化价值体系。

***080* 陆** 淮夷文化,或者说古代淮河文化,与楚文化在精神层面有着一致性。淮夷与楚人都有自己的文化传统,但是不故步自封,不拒绝外来文化的合理因子,在哲学、信仰、审美诸方面,存在着同一性。

***093* 柒** 也许明教是古代社会最后一次传入淮河流域的外来文化,覆盖在淮河文化上,它和服务于皇帝专制的中央集权制度的法、儒学说,楚文化、淮夷文化一同发酵孕育了朱元璋这个淮河之子……

***105* 捌** 以淮夷文化为基础的淮河文明,覆盖着楚文化的浪漫、中原文化的厚重,直到战争频发、灾难肆虐,使生存在这片土地上的人们陷入绝望的境地中,似乎热切地渴望着在这片土地上诞生一位明君,拯救他们于苦难之中……

116 **玖** 洪武二年（1369）九月癸卯，"诏以临濠为中都。……至是，始命有司建置城池、宫阙，如京师之制焉"。朱元璋称帝次年，在即将迎来其四十三岁生日之际，踌躇满志地下诏宣布了这一重大决策。

125 **壹拾** ……然而，六百多年前是另一番景象，鳞次栉比的黄色琉璃宫殿和平整坦荡的街道，波光潋滟的内金水河和装饰华丽的金水桥，令人起敬的高墙深院和雕梁画栋的精美回廊，不由的让人发出雕栏玉砌今犹在的感叹。

135 **壹拾壹** 历史的突变，通常伴随诡异和狡谲，在出人预料的同时也遵循着某些不变的规律。这么一个行将大功告成的工程，在朱元璋的猜疑、担忧中停止建设，成了烂尾工程，它的命运折射出怎样的历史风云和真实呢？

145 **壹拾贰** 朱元璋崛起后，中都的兴废，把淮河流域置于更深的悲剧中，两岸沉睡了多年，较之汉代，它形成的文化，远远落后长江文化、黄河的中原文化以及以后的珠江文化。

156 **壹拾叁** 朱元璋是自给自足小农经济社会由赤贫造反而成为最高统治者的极个别现象，在他身上集中体现了我国古代农耕社会的经济思想，并将这一思想发展至极致。

179 **壹拾肆** 出了朱元璋后，淮河流域长时期没有出现过思想、文化、科技上的重大创新。他有意无意间地终结了淮河文化与生俱来的特质——开放性、包容性和创造力……

191 **壹拾伍** 终结明中都的建设和作为首都功能存世，岂仅是朱元璋个人的败笔，也意味着帝王的极权统治已是明日黄花，需要建立新的天下观和传承观，重新架构治世方式。然而，历史的局限性和个人认知、偏执，导致他不可能做到。

207 **壹拾陆** 面对众多的史料和不同专家对朱元璋褒贬不一的评价，分析后的基本判断：朱明政权的传承永续是为其根本诉求，是处理天下一切事务的准绳，其他的一切都是围绕着这基本中心展开。

219 壹拾柒 朱元璋加强统治集团内部的极权管理,建立特务制、大兴文字狱,同时对社会进行强化礼、法之治的管理。他挖空心思地保江山,皆为万年江山而来,万年江山庇护的是他的子孙,这是他要实现的终极目标。

231 壹拾捌 这是一个忠臣与病态帝王之间的故事。刘基辅佐朱元璋平天下,朱元璋多次称他为"吾之子房也"。时过境迁,该是卸磨杀驴时,朱元璋毫不心慈手软,以莫须有的罪名,加以了断。

254 壹拾玖 中世纪后期,欧洲出现的查理四世,与朱元璋是同时期人。他俩有许多相同之处,但是,他们所处的社会发展阶段不同,执政的历史背景和社会基础不同,采取的治世模式自然不同,历史的价值和作用也就不同了。

272 贰拾 朱元璋的移民政策并非以促进经济走出低谷为根本目标,本源上是出于维护自身极权统治的需要。如果生产第一要素的人缺乏积极性,经济效能必然低下且勉强供于温饱,而文化的创造力丧失殆尽。

291 贰拾壹 当人流动出去了以后,整个古老城池还剩下什么呢?凤阳,60万人口,20余万流向全国,尤其是东南的沿海地区,对于这个中部的县域来说,它的未来应该是怎样的呢?

309 贰拾贰 一切持续了二百七十多年,朱耷体会到帝国倾覆的切肤之痛。于是,有了他笔下的眼睛,饱含着无法用语言描述的神情。但是,此前那些衣衫褴褛的人们,站在废置的明中都城楼上,已经习惯于睁着痛苦、忧伤、无奈的眼睛凝望着世界。

324 贰拾叁 许多王公贵族高官达人袖手旁观,不肯伸手扶一把顷刻即覆的帝国。这是明朝自朱元璋起实行极权统治的必然结果。天下若仅仅是一个人的,天下何必挂念;天下若是天下人的,天下人必挂念……

336 贰拾肆 朱元璋出现在中国某一特定的历史时期,符合历史的必然。但他形成的制度、设置且全力推行的治世方法,直接导致了近三百年的迟滞发展,甚至倒退。由他开创的极权统治模式,给民族带来巨大的灾难。

354 后记

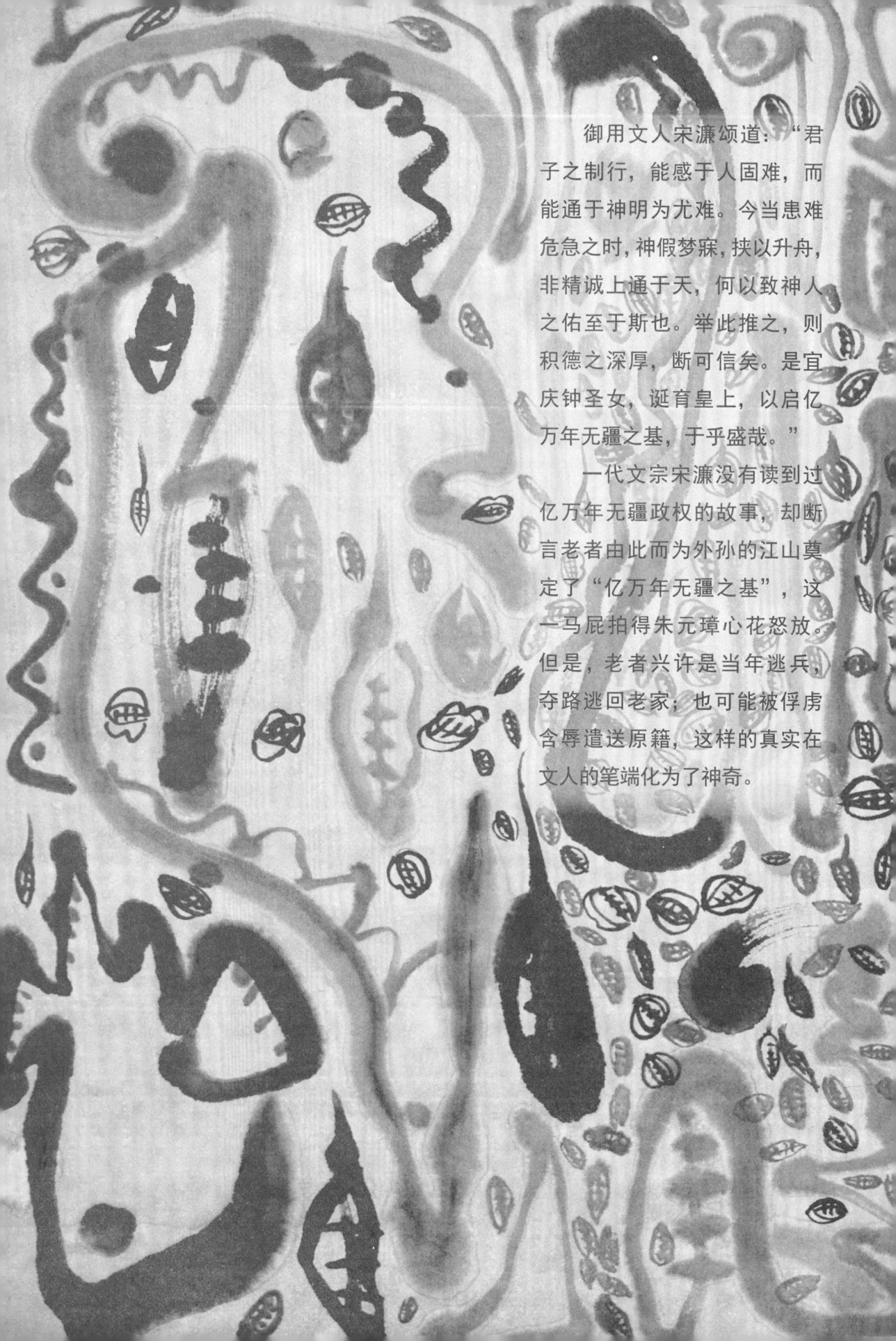

御用文人宋濂颂道:"君子之制行,能感于人固难,而能通于神明为尤难。今当患难危急之时,神假梦寐,挟以升舟,非精诚上通于天,何以致神人之佑至于斯也。举此推之,则积德之深厚,断可信矣。是宜庆钟圣女,诞育皇上,以启亿万年无疆之基,于乎盛哉。"

一代文宗宋濂没有读到过亿万年无疆政权的故事,却断言老者由此而为外孙的江山奠定了"亿万年无疆之基",这一马屁拍得朱元璋心花怒放。但是,老者兴许是当年逃兵,夺路逃回老家;也可能被俘虏含辱遣送原籍,这样的真实在文人的笔端化为了神奇。

壹. 元顺帝至元二年（1336）初秋的一个傍晚，日落的余晖洒在湖面上，一片血色。岸边站立着一老一少凝望着湖水，老者头戴箬笠，银白的须眉随风飘动，一派仙风道骨的模样，箬笠下一双浑黄的眼中噙满泪水。他手牵一男孩，长相奇特，天庭丰盈、翘眉细眼、颔颏突出，在常人眼中奇丑无比。老者凭借多年替人看相算命的经验，似乎猜透男孩的命运，仰天自语："奇人奇相。历练后必成大器。陈涉①云，王侯将相宁有种乎？尔持大志，必成大业。天助也。"

男孩懵懂："何为大业？"

老者俯身言低语："驱逐胡虏，成就霸业。"

男孩一脸茫然，望着老者。老者仰天大笑，笑得酣畅淋漓，声浪在湖面上久未散却。

老者陈姓，佚其名，姑称陈公。他年轻时曾是南宋士兵，跟随张世杰②的军队一路保驾尚在髫龄的少帝赵昺③逃至厓山（今广东新会南），亲历了南宋亡国前最后一次大规模的海战，战事激烈，凄风苦雨，人喊马嘶，宋军惨败。

祥兴二年（1279）二月六日，海上既风且雨，迷雾重重，咫尺不能相辨。张世杰派出小船靠近赵昺所乘的连锁大船，想接赵昺到他的战船上，伺机突围。

---

① 陈涉（？—前208），即陈胜，字涉，阳城（今河南登封东南）人。秦末农民起义领袖，秦二世元年（前209）与吴广一同在蕲县大泽乡（今安徽宿州西南）率众起兵。不久，在陈县（今河南淮阳）称王，建立张楚政权。后被秦军所败，遭其御者庄贾刺杀而亡。
② 张世杰（？—1279），范阳（今河北涿州）人。少从元将张柔，后奔宋，因战功升都统制。元兵来攻，提所部与刘师勇等拒元军于焦山。临安失守，率部入海。从二王入福州，与陆秀夫等先后立赵昰、赵昺为帝。任少傅、枢密副使、枢密使，封越国公。元兵攻厓山，与元将张弘范决战海上，兵败突围出，遇飓风覆舟死。与文天祥、陆秀夫并称"宋末三杰"。
③ 赵昺（1272—1279），度宗庶子。始封永国公，恭帝立，封信王。端宗立，改卫王。景炎三年（1278）四月，端宗死，陆秀夫、张世杰等立以为帝。五月，改元祥兴。六月，迁居新会之厓山。次年二月，元将张弘范袭厓山，张世杰抵御兵败，陆秀夫负之投海死。南宋亡。

湮没的帝都

而陆秀夫①担心小船不可靠，不肯带少帝上船。顷刻间，崖山被破，陆秀夫自知难以逃脱，将妻儿赶下海去，背着赵昺纵身入海。一些臣工军民见状，纷纷追随其后，竞相跳海，场面颇为悲壮。据《宋史·本纪第四十七》记载："七日，浮尸出于海十余万人。"

睹此情景，太后绝望地投海自尽。张世杰无奈，眼睁睁看着她死去，将遗体掩埋在海边。将士们见张世杰重回战船，大声劝说他弃船登岸，张世杰回答"不必了"，随后登上舵楼，焚香哭祷："我为赵氏，能做的事都做尽了，一君亡，又立一君，却又亡。现在到了这个地步，岂非天意？"此时，狂风暴雨，战船倾覆，张世杰坠海溺水而逝。

据《明史·外戚》记载，彼时士卒多溺死，陈公侥幸脱死逃回岸上，"累石支破釜，煮遗粮以疗饥。已而绝粮，同行者闻山有死马，将共烹食之"。陈极度疲惫，不知不觉睡着了，梦中见一白衣人说："汝慎勿食马肉，今夜有舟来共载也。"他疑信参半，又睡了过去。到了半夜，仿佛听到橹声，一个穿紫衣的人用藤杖触碰了一下他的大腿说，"舟至矣"。他惊醒后，发现自己躺在蒙军的战船上，见到他昔日的统领官。元将时不时命令手下把降卒掷弃海中，已降元的统领悄悄地把他藏匿在舱板下，每天从板隙间给他干粮和水。"居数日，事泄，彷徨不自安。飓风吹舟，盘旋如转轮，久不能进，元将大恐。"统领知道陈公善于巫术，就请他出来。他"仰天叩齿，若指麾鬼神状，风涛顿息"。元将大喜，供给陈公食物和水，船到通州（今江苏南通），放他上了岸。

上述记载如果是真实的，陈公一定具有魔力，可惜的是这种魔力往往荒诞

---

① 陆秀夫（1238—1279），字君实，楚州盐城（今属江苏）人。宝祐四年（1256）进士。李庭芝镇淮南，辟置幕中。元兵东下，被调临安，任礼部侍郎。从益王赵昰、卫王赵昺往温州，在福州与陈宜中等立昰为帝。昰死，与张世杰等立昺为帝，拜左丞相，与世杰共同秉政，坚持抗元。祥兴二年（1279），崖山破，遂驱妻子入海，即负昺投海死。有《陆忠烈集》。

无稽。陈公到底是怎样远离战场回到故里的，至今是个谜。史书的记载，要么是他撒下的弥天大谎，要么是人为的编造，要么是一种巧合——巧合的概率几乎是零，而且没有必然的联系。但是，有一点可以肯定，陈公目睹了一个政权分崩离析时的惨烈和血腥，外加个人的屈辱和刻骨铭心的恐惧，令他终身难忘。然而，真实的遭遇似乎难以启齿。

陈公回到故里扬州，又遇上元蒙征兵，他不愿再入军伍，避入盱眙津里镇（今安徽明光津里）定居，以相卜为生。他寿命极长，活到九十九，已近人瑞，颇受当地人尊敬。

陈公育有二女，次女嫁朱世珍（小名五四），此男孩系次女第四子（老幺），后来成了洪武大帝——朱元璋。御用文人宋濂[①]颂道："君子之制行，能感于人固难，而能通于神明为尤难。今当患难危急之时，神假梦寐，挟以升舟，非精诚上通于天，何以致神人之佑至于斯也。举此推之，则积德之深厚，断可信矣。是宜庆钟圣女，诞育皇上，以启亿万年无疆之基，于乎盛哉。"一代文宗宋濂没有读到过亿万年无疆政权的故事，却断言老者由此而为外孙的江山奠定了"亿万年无疆之基"[②]，这一马屁拍得朱元璋心花怒放。但是，陈公或许是当年逃兵，夺路逃回老家；或许被俘虏含辱遣送原籍，这样的真实在文人的笔端化为了神奇。

湖畔老者的期许，出自笔者某个傍晚的虚构。那日，到达津里，车子沿着

[①] 宋濂（1310—1381），字景濂，号潜溪，别号玄真道士，浙江浦江人。元末明初文学家、史学家，曾任翰林，修《元史》，被朱元璋誉为"开国文臣之首"，四方学者称其为"太史公"。与高启、刘基并称为"明初诗文三大家"。后因长孙宋慎牵连胡惟庸党案而被流放，病死于夔州。有《宋学士文集》。

[②] 以上引述均出自宋濂所撰碑文，参见《明史·列传·外戚》"陈公"条："陈公，逸其名，淳皇后父也。洪武二年追封扬王，媪为王夫人，立祠太庙东。明年有言王墓在盱眙者，中都守臣按之信。帝乃命中书省即墓次立庙，设祭祀署，奉祀一人，守墓户二百一十家，世世复。帝自制《扬王行实》，谕翰林学士宋濂文其碑。"诚所谓"一人得道，鸡犬升天"！

004

湮没的常都

● 津里空旷的街道和两旁空置的房屋

—— 淮河访古行纪

一条笔直的大路行驶，几乎看不到行人和过往的车辆，传说中的繁华已经褪尽。车子经过的街边立有一个大石碾，老妪正在上面拾掇腌菜。友人对石碾产生兴趣，下车分辨，也就是上世纪六七十年代的产物，依照形制判断，大都为修路建场所用。他的判断得到老妪证实，扫兴上车，继续前行，不一会到了路的尽头，便是连着洪泽湖的七里湖，波光粼粼地横在面前。

在湖边，想象六百八十多年前，陈公与外孙之间可能发生的故事——厓山海战发生在1279年，陈公的年纪约二十岁左右，依《明史·外戚》可以推测他到了津里镇后才成婚生育；朱元璋出生于1328年10月，那时陈公年纪约七十岁；故事发生在1336年，不足十岁的朱元璋与年近八旬的外祖父一同在洪泽湖观赏落日，颇具可能。

这个虚拟的故事，就一定程度而言，要比朱元璋出生的神奇传说更具可能性。现代儿童心理学家告诉人们，暗示可以使受暗示的人在心境、情绪、兴趣、意志方面发生变化，不知不觉中影响他的心灵，就像施了魔法一样。往往年龄越小的孩子就越容易受心理暗示的影响。可以说，外祖父的暗示在朱元璋心里播下了种子，激发他一生的追逐，影响他的一辈子。

不靠谱的是宋濂的妄言和朱元璋出生的魔幻，《明史·本纪第一·太祖一》记载："父世珍，始徙濠州之钟离。生四子，太祖其季也。母陈氏。方娠，梦神授药一丸，置掌中有光，吞之寤，口余香气。及产，红光满室。自是，夜数有光起。邻里望见，惊以为火，辄奔救，至则无有。比长，姿貌雄杰，奇骨贯顶。志意廓然，人莫能测。"《明实录·太祖实录》（下简称《明太祖实录》）卷之一也有类似的记载，强调的是朱元璋母亲陈氏怀孕后，梦中得到神授白色药丸，在这位黄冠仙人的诱导下吞食，朱元璋出生时红光满室。

友人说，这一记载最早出现在明成祖朱棣撰写的《大明孝陵神功圣德碑》上："初，皇祖妣淳皇后，梦神馈药如丸，烨烨有光，吞之，既觉异香袭体，遂娠皇考。及诞之夕,有光烛天。"后来,传说越来越广,情节也越发离奇。

"这是儿子神化老子,编造出来的东西。不过,编《明太祖实录》《明史》的文人们还算食人间烟火,陈氏有孕在先,服了神丸,产生奇光异彩,惊动四邻。"我说。

演绎得神乎其神,终究经不起推敲。不过,撇开演绎、野史、民间传说,从官家修的所谓正史看朱元璋的出生,明显有了合乎于生育逻辑的成分,比司马迁在《史记·高祖本纪第八》记录刘邦的出生要靠谱一些。司马迁写道:"父曰太公,母曰刘媪。其先刘媪尝息大泽之陂,梦与神遇。是时雷电晦冥,太公往视,则见蛟龙于其上。已而有身,遂产高祖。"这些文字告诉人们刘邦是他母亲与蛟龙在梦中交合的产物,人神各半。根据常识,蛟龙并不存在,可能是大蛇,大蛇与其他生物不能在自然状态下交配产子,那么使刘邦母亲怀孕的又是什么呢?一定是个男人——一个在天色昏暗雷鸣电闪时分,敢于在野外与异性做爱的猛男,此人非刘邦父亲太公,而是"蛟龙"。那时,男女的性爱比今天的人们开放了许多。但是,如果把一个开国大帝的生命,归结为野合的产物,未免太不合乎伦理。于是,有了梦的绚丽,蛟龙的神秘。

从叙述刘邦出生到记录朱元璋降临的文字形成,经历了十五个世纪,呈现了更具符合人类生育规律的样貌,朱元璋母亲陈氏是与丈夫朱五四发生性行为之后受孕,得到神授的药丸,服食后出现异象,药丸使朱元璋超凡脱俗,成为大帝。当然神奇的光环依然渗透在文字里,比如:梦、神、药丸。五百多年后,现代史家在记录爱新觉罗氏诞生时,寥寥数语,"始祖布库里雍顺,母曰佛库伦,相传感朱果而孕",去掉了神秘光环,且用了"相传"两字。这一漫长时间段里的变化得益于近代科学的发展和传播,让人的认识有了质的飞越,不再迷信皇权源自神灵,以及皇权天授的玄奇故事。

其实,在神授药丸给陈氏的记载之前,《明太祖实录》卷之一上还有一段

——淮河访古行纪

《明史》上没有采用的文字:"其先帝颛顼之后,周武王封其苗裔于邾。春秋时,子孙去邑为朱氏,世居沛国相县。其后有徙居句容者,世为大族,人号其里为朱家巷。高祖德祖、曾祖懿祖、祖熙祖,累世积善,隐约田里。宋季时,熙祖始徙家渡淮居泗州。父仁祖,讳世珍,元世又徙居钟离之东乡,勤俭忠厚,人称长者。"说的是朱元璋系远古时代的帝王颛顼、周武王之后,可谓是根正苗红,"累世积善""勤俭忠厚",合乎道德的要求,才有神授丸的故事。在给朱元璋披上神秘光环的同时,似乎更多了一些符合古代社会道德要求的合理性。

一边编造出生的神话,一边修坟建冢,形成天地感应的架构,迫使无知的人们产生真实的幻觉,继而形成敬畏。这种套路,一袭数千年,朱元璋谙于此道,大肆追封自己的高祖、曾祖、祖父、父母,外祖父——陈公自然也在其列,被追封为扬王,修建陵墓。

陪同的当地学者许先生说:"扬王墓离我们不远,可以去看看。乾隆《盱眙县志》上有过记载,墓西是七里湖,西北靠牧羊山,东北有木场河与淮河相通。遗迹尚存。"

车子离开镇子,不一会拐入山路,两旁建有不少的坟茔,散落着祭奠亡灵的遗物,一片凌乱。下车沿小径而行,至终端,眼前忽然开朗,脚下是一片开阔的农田。友人说:"古人真会找地方建阴宅。"

曾经的扬王墓,坟冢封土呈圆丘状,高约三十米,占地约七百平方米,墓前神道、碑刻、石雕等一应俱全。如今一片荒芜,也不知谁家在墓冢上种了油菜,又疏于料理,杂草相间。

友人拿出手机,设置到指南针,对大伙儿说:"我们来的山道,不是神道。神道应该在下面的农田中,南北走向,隐约可辨,蛮宽敞的。想必当年修得颇具规模。"

大伙儿细瞅,果然在农田中有一条笔直的田埂路。

● 扬王墓上盛开的油菜花

"这么说，我们站在了坟顶上。失敬，失敬了。"友人嬉笑着说。许先生介绍，墓在"文革"期间遭到破坏，石刻残件埋在地里。"现在政府想着修复，可是财政上还没有顾到。"

"挂个牌子，说是朱元璋外公的墓。"身旁有人提议。

"先挂个牌子也行。"许先生认真地回答道。

明光还流传着不少关于朱元璋出生的传说，许先生建议不妨去赵府附近的跃龙岗，他认为那里是朱元璋的出生地。后来，我读到了他主编的《明光出了个朱元璋》①，收录的文章详细讲述了朱元璋出生地在明光的观点，他和他的同伴们认为史籍中所说的钟离东乡，就是盱眙灵迹乡或太平乡。明中期，泗州盱眙的地方官勒石立碑，确定那里为朱元璋出生地。民国时期，盱眙县的灵迹等乡划归安徽嘉山管辖。1994年，嘉山撤县，设立明光市。

高个儿的许先生肯定地说："朱元璋出生地就在今天的明光街道办事处赵府村。除了学术性的研究认证，还有传说，其他地方没。"

此时，天色阴沉，车子进入赵府村，远远看见黄瓦红墙的仿古建筑立在前面，正门的上方有"跃龙岗"三个字，扒着门缝朝里张望，空空荡荡。

"原来只是一道围墙。"

"大概是财政上的问题，加上对朱元璋出生地一直有争议，只能弄成现在的样子。"有人解释。

友人提议在门前留个影，也算是到此一游。

在这里，还有其他相关的传说，许先生建议去走走看看："不枉这一趟。"

天马上要落雨，友人打起退堂鼓。

"不碍事。坐在车里，走马观花。"许先生很执着。

---

①参见许永宁《明光出了个朱元璋》，北京：中国炎黄文化出版社，2008年版。

● 跃龙岗外墙一角

——淮河访古行纪

● 尿布滩,相传朱元璋母亲陈氏洗尿布的地方

不过,一行人还是在一个叫作尿布滩的地方下了车,说是去找一种当地特有的植物,它的刺倒着往下生长,相传是为了不刺破朱元璋的母亲陈氏的手,便于她晾晒尿布。同去的人果然在杂草间找到一株,由于过于细小,刺的朝向分辨起来有些吃力。

这时,下起了大雨,一行人都淋成了落汤鸡。

赶紧回车里,友人的手机不时作响,有人在那头扯着嗓子催我们一行去开饭。于是,小车径直驶到县城边一家不大的餐馆门前。

已有人候着,寒暄之后,进入一个挺大的包房,中间摆放一张足可供三十人就餐的大圆桌,铺设着抢眼的红桌布,正中间放着一大盆人造绢花,桌边已聚了不少人,交谈甚欢。友人称坐在主宾席上的那位为老村长。老村长没有传统概念中的老农模样，有点富态，脸色红润，乐呵呵地说："村长没了，只剩下老了。这才从牢里出来。"

友人介绍："他曾是这里致富奔小康的领头人，办公司、搞土地开发。村子富了，却被人告了，下了狱，才出来。这是乡亲们为他洗尘，被我们赶上了。"

入席之后，老村长说："听说你们来，也就没让他们搞什么海鲜，吃这块特色。大城市来的喜欢。"有人表示海鲜也预备了，澳龙。今晚明光没有几只，最大的就留给了我们。

老村长笑悠悠地说："吹吧！"

"你在村民中有威望，他们都敬你。"友人拍着老村长的肩膀说。

老村长大笑："就冲这点也不觉得冤，值了。满上，喝一个。"

酒醇厚，上了年头，入口后有一线暖流入胃里的感觉，知道是好酒。邻座的壮汉说："这酒是用绿豆酿制的，本地一大特色。"

"好酒！"

"哈，这是酒厂地窖里的原浆，外面没几个人能喝上。"

席间，有人说这酒与朱元璋有关，是他干妈上南京带去的，朱元璋赐的名。

"恐怕是传说。"我说。

壮汉答道："当然无从考证。"

夹起一块色泽金黄的豆饼，在脆爽间尝到了糯软，后者来自烩入滑嫩肉片时沾在上面的浆汁。邻座告诉我，脆饼子用绿豆做成。他让我再尝尝椒盐的那道，豆香扑鼻，酥脆可口。邻座颇自豪，说这菜清热解毒、利尿护肾、富含钙质和维生素。

"这不是绿豆的功效吗？"我问。

"原料有这些功能，做成菜自然也有。最关键的，我们这里的绿豆好，是贡品！"

—— 淮河访古行纪

"这也与朱元璋有关？"

"对喽。这里的贡品，大都与他老人家有关。"远处有大声插话的。

于是，整个酒桌上的话题转到了朱元璋身上。老村长说："钟离东乡人，是史书上写的。钟离就是凤阳，凤阳那时管着明光、盱眙，好多地方。关键是东乡在哪儿呢？"

有人说："我到蒙城探亲，上年纪的人都称我们明光人为东乡人。"

"明光这块，太多的传说与朱元璋的出生连着，这不会是空穴来风吧？"有人问我。对此，我没有研究，也只能敷衍着。

友人帮着解围："听说已有定论，你们这里还坚持原来的观点。不知哪一天，有什么新史料或考古发现，一切就结了。"一桌人也不再说朱元璋。杂七杂八地闲聊了一会，酒足饭饱，自行散去。

问友人，没见到澳龙？友人回复，说笑而已。

三国时吴人徐整在其所著的《五运历年记》有盘古开天地"肠为江海，血为淮渎"的表述，淮河水是盘古的血液，洪泽湖蓄存的水，自然也是盘古之血。

在淮河的源头，充斥着神异和诡谲，缥缈的水雾让人读到盘古的传说，在下游更多的是李耳故事。紧邻盱眙淮河入湖口的老子山，突向烟波浩渺的洪泽湖，李耳骑着青牛从天庭飘落到水中的一块巨大的礁石上，礁石原来是一座小山顶。李耳举目远眺，此处山色清秀，淮水浩淼，旋即决定在此修道，采药炼丹为渔民治病，解除百姓的疾苦。此后，沓然而去。

——淮河访古行纪

贰. 驱车赶往洪泽湖时，稻子已收割完毕，秸秆散落在稻田里，苞米撒在晒场上，农人用耙子梳开苞米，便于晾晒。车行不久，驶上陈旧的盱眙淮河大桥，友人指着窗外的湖面说："西边为淮河，东边为洪泽湖。"

"唐代有一个叫李绅①的诗人，出任淮南节度使，巡视过这里，写下这样的诗句：'山凝翠黛孤峰迥，淮起银花五两高。天外绮霞迷海鹤，日边红树艳仙桃。岸惊目眩同奔马，浦溢心疑睹抃鳌。寄谢云帆疾飞鸟，莫夸回雁卷轻毛。'可惜，现在看不到那时的景象了。"我惋惜。

"时移势迁，何足伤感。"友人表示。

下了车，站在桥中央，发觉车辆驶过时桥身有些晃动，让人产生垮塌的担忧。定神举目，淮河并不宽，河水舒缓地流向水面开阔的洪泽湖。友人告诉说："相邻的溜子河和稍远的下草湾河都是淮河的支流，分担淮河汛期的泄洪。"

洪泽湖，古称富陵湖、破釜塘、洪泽浦，唐朝开始使用洪泽湖的名称，延续至今。它原来的水域面积不大，黄河南徙经泗水在淮阴以下夺淮河下游河道入海，淮河失去入海水道，在盱眙以东潴水，历经明清两代，淮河下游河道泥沙淤高，排泄不畅，水流汇聚，小湖化为如今的大湖。

洪泽湖的水来自淮河，发源于桐柏山主峰太白顶西北侧河谷的淮河，跨河南、湖北、安徽、江苏和山东五省，流域面积近20万平方千米，干流全长1000千米，淮水一路奔腾，在盱眙流入洪泽湖，输送水量占洪泽湖的70%以上。

三国时吴人徐整在其所著的《五运历年记》有盘古②开天地"肠为江海，血

---

① 李绅（772—846），唐诗人。字公垂，润州无锡（今属江苏）人。元和进士，召为翰林学士，与李德裕、元稹同在禁署，时称"三俊"。武宗时拜相，出任淮南节度使。卒谥文肃。今存《追昔游诗》三卷，多写游宦感受。《全唐诗》另录其杂诗为一卷，其中《悯农》诗二首较著名。
② 盘古，亦称盘古氏、浑屯氏。中国神话中开天辟地的创世之神。据文献记载最早见于三国时徐整所著的《三五历纪》和《五运历年记》，并说"盘古之君，龙首蛇身"。

为淮渎"的表述，淮河水是盘古体内的血液的外泄，洪泽湖蓄存的水，自然大部分也是盘古之血。在淮河的源头，充斥着神异和诡谲，缥缈的水雾隐约让人读到盘古的传说，地表上盘古文化的质证性建筑随处可见，还可以听到大禹①的故事。盘古开天辟地与大禹治水的传说融合在一起，一神一人的故事的表述，显现出独特的早期人类文明的曙光。

有趣的是巫支祁②的神话，不仅流传在淮水源头，在下游也有实物相验。当然，在淮河的下游更多的是老子③传说。紧邻盱眙淮河入湖口的老子山，突向烟波浩渺的洪泽湖。据说春秋末年，李耳四方云游，途中食用了西王母的仙草成仙，他骑着青牛从天庭飘落到水中的一块巨大的礁石上，后来水退去，礁石原来是一座小山顶。李耳举目远眺，此处山色清秀，湖水浩淼，旋即决定在此修道，采药炼丹为渔民治病，解除百姓的疾苦。此后，沓然而去。在这里，人们尊称他为太上老君，并把这座山叫老子山，山上的仙人洞、炼丹台、青牛迹等，似乎在验证传说的真实性。

到达盱眙县城已是华灯初上，安顿好住宿，感觉有一些饥饿，便找到一家

---

①大禹，亦称夏禹、戎禹。夏代建立者。姒姓，名文命。鲧之子。原为夏后氏部落首领，舜时为司空，奉舜命治理洪水。据载，其率民疏通江河，兴修沟渠，居外十三年，终于治平水患，农业生产得到发展。因治水有功，被舜选为继承人，舜死后继位。传曾铸造九鼎，并克平三苗之乱。废禅让制，传位于子启，确立君主世袭制度。
②巫支祁，亦作无支祁、无支奇、无支祈。传说中的淮水神名。唐李公佐《古岳渎经》（《太平御览》四百六十七，题曰《李汤》）："禹理水，三至桐柏山……乃获淮涡水神，名曰无支祁。善应对言语，辨江淮之浅深，原隰之远近。形若猿猴，缩鼻高额，青躯白首，金目雪牙。颈伸百尺，力逾九象。……庚辰以战逐去，遂颈锁大索，鼻穿金铃，徙淮阴之龟山之足下。俾淮水永安流注海也。庚辰之后，皆图此形者，免淮涛风雨之难。"参见鲁迅《中国小说史略·唐之传奇文（下）》，上海古籍出版社，1998年版。
③老子，春秋时思想家。一说即老聃，姓李，名耳，字聃。《史记》等记载其为楚国苦县（今河南鹿邑东）厉乡曲仁里人，《全元文·亳州天静宫兴造碑》称天静宫（今安徽涡阳北）为其出生地。曾任周"守藏室之史"，孔子曾向其问礼。著《老子》八十一章，主张"无为自化，清静自正"，成为道家创始者。后见周衰，乃西出函关，隐去，莫知所终。一说即太史儋，或老莱子。《老子》是否为老子所作，历来有争议，一般认为，书中所述基本反映其思想。

——淮河访古行纪

专门做小龙虾的餐馆。还未进门,迎宾小姐热情地上前告知满员,只能安排在餐馆边的人行道上用餐。坐在路边,望着街边川流不息的车辆、相邻的食客以及马路对面立着的形态妖媚的小龙虾雕塑,心想世间以"睁目直视"而命名的地方,恐怕就数"盱眙"了。如今在街上已经见不到有什么人睁目直视,反倒多了一些从容与悠闲,人们的装束、打扮与生活在大城市里的人相差无几,只是从肤色、举止还能分辨出些不同。

"这个小县城,还是蛮热闹的。"

友人一向对农村问题有研究:"不少农村人都搬进了城,自然热闹。城镇化带来的结果。据说,全国城镇化率1995年仅为29%,近年来已经接近60%,城市人口大增;农村人口从1995年的8.6亿,下降到近年来的5.6亿,足足减少了3亿人,3亿人离开农村。农村人口愈发少了,像津里就自然萧条了许多。"

"农民进城,现代化的必由之路。剩下的问题是田啥人来种,乡土文化如何持续下去?"

"这是几千年未碰到过的问题,摸着石头过河呗。"友人笑着回答。

农民进了城,需要工作。这些年盱眙的小龙虾成就了不少农民,创造了不少就业岗位,小龙虾风靡南北,"小龙虾节"办到全国各地,当地政府注重发展这一经济,大力宣传,还能看到千人同食小龙虾的场景出现在电视荧屏上。路旁矗立着的朱元璋塑像,行人大多熟视无睹;一些尚处促销中的楼盘悬挂着与帝王有关的条幅,倚作卖点,似乎问津者也不多。

这时,一大盘小龙虾上桌,通红喷香,合计下来估摸十块钱一个。朋友牙痛,吃不动。我说,搞瓶酒来。趁酒未上,友人重提在明光吃饭时的话题:"历史行政区划的变化,史料的不确定性和当事人记忆的模糊,导致朱元璋出生有盱眙说、钟离说、沛县说、五河说等四五个版本。盱眙说,主要是指我们去过的赵府村,流传跃龙岗、尿布滩的故事;钟离说,说的是凤阳,一度争论蛮大。

现在，史学界已有定论，肯定了凤阳说。"

"过去各说各的相安无事。如今帝王之乡、龙兴之地，可以提升地方的经济、文化的含金量，直接与经济挂钩，争抢成了必然。还是要依照历史事实说话，比如史料记载、出土文物，附带的是民间传说，尤其是文物的佐证。"我呷酒而答。

"好在我们不需要做这样的文章，纠结在历史细节中。"友人表示。

我笑笑："朱元璋的出生、成长、发家初始的主要活动区域都在淮河中下游，称他为淮河之子当之无愧。"

"他自称淮河布衣，更为低调。"

翌晨，去杨家墩的明祖陵，它坐落在洪泽湖西南面的淮河支流溜子河入湖畔。车子从盱眙县城出发，依旧要经过那座摇晃的大桥，心里却没了第一次通过时的担忧。

大概是一大早没有什么人去陵墓游玩的缘故，游人稀稀拉拉。

自那个血色黄昏爷孙俩在洪泽湖边对话的三十四年后，朱元璋如愿以偿地成了大明朝的开国皇帝，于是乎在老子山附近修建了这座规模庞大的祖陵，追封自己的高祖、曾祖与祖父朱初一。除去朱初一尸骨埋葬在这里外，其余都是衣冠冢。其实，连衣冠冢都算不上，随葬的蟒袍、玉带、凤冠霞帔，是他们生前连做梦都没有梦见过的服饰。

朱元璋家族祖上数代，都生活在艰难中。元朝初年，他祖父朱初一携带家族老小，从长江南岸的句容县通德乡朱家巷逃到古泗州（今江苏盱眙）城北一带。这种逃难，不是为了躲避天灾，而是为了逃避官府的赋税。可见，他的祖上都是生活在社会底层的劳苦大众。

"朱元璋与他的祖父根本没有见过面，兴师动众大修祖陵，不会因为感情，完全是为了执政的需要。"我说。

● 明祖陵神道

友人一针见血地说:"死人为活人服务。"

眼前的明祖陵,规模不大气势不足,视觉冲击力大打折扣。朋友似乎明白我是怎样想的,便说:"这陵墓经过朱元璋与四子朱棣两代,花费近三十年时间修建,当初周长约4.6千米,颇具规模。眼下已经不是旧时的模样了。"

明制:营造尺 = 32 厘米,一丈 = 2 步 = 10 尺 = 100 寸 = 3.2 米,一里 = 180 丈 = 360 步 = 576 米,4610÷576 ≈ 8 里。依此似可推断:陵墓外围城周是按八里的规制建造的(下文涉及相类循此)。①

"应该如此,既然做,他就不会做小了。这是朱元璋的风格,尤其在建陵上。"我到过北京、南京、凤阳的明陵,其中凤阳与眼前的陵寝,为朱元璋生前为上几辈人修建,气派不小。

明祖陵附近的孙家岗,是朱初一北迁之后的定居地。不知当时从孙家岗到杨家墩有多少路程,但朱初一经常独自一个人来到杨家墩一块荒芜的洼地里歇息。有一次他正卧躺在杂草丛中,被一个途经的道士看见,指着洼窝对朱初一说:"葬于此处,后代可为天子。"回到家,朱初一把道士的话原原本本地告诉了儿子朱五四。朱初一病死后,朱五四遵嘱把他葬于此。半年后,妻子陈氏怀上朱元璋。②朱元璋在这里建造祖陵,显然与当年那个道士泄露的所谓天机有关;这个子虚乌有的传说,为他增添了皇权天授的神秘色彩。仔细想想,祖坟风水好,就能保佑子孙日后发达的话,那么,还需要子孙的奋斗做什么?何况,杨家墩的风水未必如想象的那么灵光。

---

① 参见明陈子龙《皇明经世文编》卷之三百四"蓟镇修边"条:"每三百六十步为一里,止得二百余里。"顾炎武《日知录》卷三十二"里"条:"《穀梁传》:'古者三百步为里。'今以三百六十步为里,而尺又大于古四之一,今之六十二里,遂当古之百里。"丘光明《中国古代度量衡》第十五章《明朝度量衡》,北京:中国国际广播出版社,2011年版,第168页。
② 参见明末孙承泽《天府广记》卷之四十《陵园·附蒋德璟凤泗记》,北京古籍出版社,1982年版,第616—618页。

——淮河访古行纪

● 洪泽湖畔的明祖陵一角

洪武十九年（1386），明太祖朱元璋下令皇太子朱标，率领文武群臣和能工巧匠，前往泗州城北杨家墩，开始修建祖陵。①二十七年后才全部竣工。祖陵营造的时间之长、体制之庞大，在诸代明陵中也属少见。

小步走在神道上，看着两旁的文臣石像生，他们头戴乌纱，身着蟒袍，腰扎玉带，脚登朝靴，胡须垂胸，相貌堂堂，神情却透着谄媚，侍奉着不远处埋入黄土的主子。

在我记忆里，明陵神道上的文臣几乎都是从一个模子里翻刻出来的，模样、神情大都如此。我无从考证，这样的模样是工匠们根据彼时的文臣依葫芦画瓢而来，还是他们按照上级的意图所为。可以肯定的是它们的神情与宋濂们有着

---

①清夏燮《明通鉴》卷九《纪九·洪武十九年》："（八月）甲辰，命皇太子修泗州盱眙祖陵。又诏礼部制帝、后冠冕，命太子诣陵寝行葬衣冠祭告礼。"北京：中华书局，2009年版，第407页。

密不可分的联系。

一切并不是朱元璋与他的风水先生以为的那样，七十七年后——弘治六年（1493），刘大夏①治理黄河水灾，筑太行堤阻断黄河北支，南支夺淮入海后，河道紊乱，淮河中下游连年洪水泛滥，明祖陵遭受水患侵扰。如果真是神圣之地，大水不会冲了"龙王庙"，可见朱元璋心目中的宝地，恐怕未必。之后，明朝廷不得不在祖陵东边不断增修大堤，以防淹没。但问题依然没有得到根本解决。一百八十六年后——已经是清康熙十九年（1680），明祖陵和邻近的泗州城终于被滔滔洪水吞没，沉没

● 明祖陵神道上的石像生

---

①刘大夏（1436—1516），字时雍，号东山。华容（今属湖南）人。天顺进士，改庶吉士。成化时，官职方主事、郎中。弘治六年（1493），黄河张秋堤防决口，奉旨前往治理；在黄陵冈疏通贾鲁河，又疏通孙家渡和四府营上游，以分水势；从胙城经东明、长垣至徐州修筑长堤，共三百六十里长；水大治，改张秋镇为"安平镇"。历官右都御史、兵部尚书。辛谥忠宣。能诗，有《东山诗集》《刘忠宣公集》。

于洪泽湖底。又二百八十三年后——1963年，洪泽湖水位下降，明祖陵才重见天日。此时，坟丘已荡为湖床，砖木建筑大多毁坏，仅余下棂星门、正殿、东西两庑遗址，残存的三十多个大型柱础，以及砖砌的拱顶残垣三座。

"那么，石像生呢？"我问。朋友回答："还在。稍加修复，仍然栩栩如生。就是你看到的神道两侧的那些东西。"

"真是阴魂不散。"

"你说的是石像生中的文臣翁仲吧？"友人问。我笑无语。友人说我的笑有点不怀好意。我说："鲁迅不喜欢明朝，称明朝帝王是无赖儿郎。这多半与朱元璋用下三滥的手法摧残、杀戮文人有关系。朱元璋毁了文人、读书人这一群体的利益与自尊。"

"把文人的骨气打没了，剩下的就是奴性了。蛮可怕。"

眼前的文臣翁仲俯首帖耳、奴颜婢膝，应该是其时文人的真实写照。这种精神面貌，不仅在朱元璋执政期间，即使在以后相当长的历史期间内，都没有得到改变，且越发糟糕。问题的关键不仅仅是这一群体身上所呈现的这一状态，经过他们的传导，影响了中国人的精神世界。

淮河，告诉人们盘古、大禹、巫支祁的传说，也讲诉着李耳、朱元璋的故事。史前人类的印痕又在诉说什么？这片神奇的土地散发出的历史气息，足以诱使人们静下心来聆听。

刨去上古时期的神话传说不说，从考古角度看淮河中下游流域祖先们活动的痕迹，可见人类在旧石器时代，便留下了一百多处文化遗址，一群古老的高等级生命活跃在这片土地上，令人遐想……

——淮河访古行纪

叁. 到盱眙的另外一个目的，是去下草湾河畔的古人类遗址。这源自笔者早年形成的对史前人类文化的兴趣，细想起来主要是遗址弥漫的神秘氛围深深地吸引了我。十八岁那年，第一次到北京后，独自一人跑到周口店去看猿人洞，享受龙骨山特有的气息，幻想着幽深的灌木丛中，走来祖先，与其作旷世之对话。一晃已经过去了许多年。

记得1970年代中后期，读过一本叫作《化石》的杂志，记录着古脊椎动物和古人类研究专家杨钟健曾在下草湾河畔采集到一段骨化石，经他确定为人的股骨化石，属于晚更新世后期人类化石。之后，考古人员在同一地区发现旧石器遗址，出土有刮削器、尖状器等，被命名为"下草湾新人"。这一遗址的状况如何，我一直存心想去看一看。

沿着121省道来到下草湾已是傍晚，根据导航仪的引导，没有找到遗址，便下车询问。寥落的小村庄空空荡荡，行无一人。远处路旁有家杂货小店，前往入内，店主抬起蒙眬睡眼，含含糊糊地告诉了大致的方位，才知道导航仪出了错。按原路趑回，行驶六七公里，见路旁的荒坡上耸立一块形状奇特的石头，刻有"下草湾人遗址"六个大字，金粉字成色崭新，估计新近才落成。踩过一片瓦砾，爬上荒坡，走近奇石，发现另有一块灰黑色小石板不显眼地立着，上书"二〇〇二年十月"字样，灰黑色石板尚未嵌入泥土中，显然刚刚移动过来，还没来得及加固。

下草湾人遗址在一片瓦砾杂草间，史前人类文化的神秘感全消，心里不是滋味，又有些不甘。试图寻找路人问明情况，公路上行人全无。定下神来，看到远处有个小村落，小心翼翼地下了荒坡，径直跑去。

老农扒拉着苞米，漫不经心地说："当年挖完，全部装箱拉走了。"

"就剩一块石头竖着？"

"你想咋样？"老农反问。

湮没的古都

其实，那块立着的石头与下草湾人遗址没有什么关系，也很难让人在乱石岗里发现什么历史的信息。后来，去了盱眙博物馆，没见几样陈列品与下草湾新人有关。

姑且称为古人类遗址的地方，紧邻下草湾河，河水流淌到洪泽湖。现在不是汛期，有工人在固坝修堤，不少大型施工设备在运行，弄得噪声极大。我爬上堤坝，河道里水不多，举目远眺下草湾河逐渐变宽，平静地流向洪泽湖，再看两岸的农田村舍，别有一番厚重的美感。

淮河，告诉人们盘古、大禹、巫支祁的传说，也讲诉着李耳、朱元璋的故事。史前人类的印痕又在诉说什么？这片神奇的土地散发出的历史气息，足以诱使人们静下心来聆听。

刨去上古时期的神话传说不说，单从考古角度看淮河中下游流域祖先们活动的痕迹，人类在旧石器时代，便留下了一百多处遗址，一群古老的高等级生命活跃在这片土地上，令人遐想……

几乎与北京周口店同期的沂源猿人[①]，步履蹒跚地行走在古淮河水系泗水的支流——沂水河畔，繁衍生息，与北方的同类们遥遥相望。这一族群凭借着本能感到往东迁徙会遇到大海，他们沿着古淮河一路向西。这是一次极其缓慢的迁徙，行走了三四十万年后，一群属于晚期的智人开始生活在淮河中下游的泗洪县双沟镇下草湾，距今约四五万年。也就是前面说的那块奇石孤立着的地方周围。我想，这些早期人类似乎喜欢盘桓在古淮河两岸，他们学会了涉水渡河，河中捕鱼成了他们的拿手好戏，同时他们还学会了种植稻粟，肥沃的土地总能使他们收获满满。

[①] 1981年9月18日，山东沂源发现猿人头盖骨、牙齿、肱骨及伴生哺乳动物化石十余种。经中国科学院等鉴定，系旧石器时代的猿人化石，命名为"沂源猿人"，填补我国猿人地理分布的一个空白，对研究第四纪哺乳动物的分布、古地理、古气候和东夷文化都具有十分重要的意义。

——淮河访古行纪

● 下草湾人类遗址一瞥

028

湮没的帝都

● 拉苞米的老农

——淮河访古行纪

相距不远的淮安青莲岗①，也是人类的定居点。青莲岗人生活在那里时已经是新石器时代，他们食用籼稻，使用石器、陶器，还有让人鲜见的渔猎用具。他们的生活质量，远远高于下草湾人，用烧土搭建长方形或圆形的房屋，死后埋在氏族公共墓地里，先行单人葬，后出现少数成年男女合葬墓，随葬的有陶器、生产工具和装饰品。这一遗址的发现，把淮河中下游流域的原始文化，同中原黄河流域的原始文化有机地联系了起来，在地域上连成了一片，形成了我国新石器时代文化的完整体系。

那天，和友人驾驶小车由南向北穿过蚌埠朝阳路淮河公路大桥，去寻找距淮河仅七公里的双墩遗址②，它与青莲岗新石器遗址同时，距今约七千年左右。公路大桥往来车辆不少，堵车严重。过桥后，行驶在一条宽敞的大道上，两旁是连片的无人居住的高层住宅和在建的工地，越往深处行驶，新房盖得越稠密，人迹越发稀少。

我有些惋惜："大兴土木，何人居住？"

"农民，有了钱的农民。他们不能在大城市购买房子，回到老家附近的中小城市买房，潜力极大。"友人信心十足。

"猴年马月？"

"应该不会太久。"

车拐入乡间小路，在一片破破烂烂的农舍里七转八弯，才在农田边觅得双墩遗址。大概原本想建遗址公园，不知什么原因烂了尾。门楼已经破烂，

---

① 青莲岗文化遗址位于江苏省淮安市淮安区宋集乡青莲村，向北四公里为古淮河（又称废黄河）。它是淮河下游新石器时代早期文化，出土器物有石器、陶器、炭化后的籼稻粒及渔猎用具等。还发现有红烧土建筑残迹，距今约在六七千年前。两个陶制的井圈，距今约有两千多年。
② 双墩遗址位于蚌埠市双墩村境内，现存面积12000平方米。1986年、1991年、1992年先后三次发掘，发掘面积共375平方米，出土了大量文化遗物，是目前淮河中游地区已发现的年代最早的新石器时代文化遗存。

030

淹没的中都

● 蚌埠淮河公路大桥上的行车人

摇摇欲坠，园内几组反映古双墩人生活的雕塑矗立在杂草中，斑驳、孤零。沿着小径爬上土墩，不一会连小径也没了踪迹，只能踩着杂草前行。当年的挖掘现场，已盖上钢结构的大棚，往下看挖掘过的地上用薄膜塑料覆盖，依照上面的尘土判断，已经多时没人翻动……

据记载，这一遗址出土的众多陶器上，有刻画符号，内容涉及山川、河流、太阳、动物、植物、房屋、猎猪、捕鱼、网鸟、俘鹿、种植、养蚕、编织、饲养家畜等，以及记事、记数等几何类的图形，涵盖了古双墩人生产、生活、精神方面的内容。

友人问："专家凭什么认为这些刻画不是装饰，而是符号？"

"依照常识。这些刻画大部分集中在碗、钵、杯陶土制品不显眼的地方，如果用于装饰，应该在明显处，这是重要依据。"我答。这些刻画简洁、生动、形象，意义、用途特殊，具有文字书写特点。刻画符号由两种及两种以上的符号组合，并有主纹与地纹的区别，表达了相对完整的意思，显现出语段文字功能。双墩刻画符号在定远侯家寨遗址也有发现，同一符号在不同遗址内出现，说明在一定范围内已有固定形态的符号得到认同并使用，具备文字社会性的特点。根据上述判断，双墩刻画符号已具有表意的功能，应当是中国文字的雏形，文字源头之一。

回到蚌埠市区，去看博物馆。一打听，已经搬出老城区，在淮河南岸的龙子湖边。此时，已近中午，饿肠辘辘，看看周边也没有什么土菜餐馆，便找了一家涮羊肉火锅店，匆匆填饱肚子，趋回淮河公路大桥，来到博物馆。

博物馆整体设计具有现代感，馆内陈列着许多双墩遗址出土的相关物件，吸引人的是纹面泥塑人头像，采用捏制、堆贴加刻画的方法，将一个渗透着稚嫩气息的纹面孩童的形象完美地展现出来。这个孩童不仅双目炯炯有神，而且两颊各戳印着五个排列整齐的小圆窝，额头上刻画重圆纹，具有鲜明的地域特

● 双墩遗址

征、原生审美价值和学术研究价值。遗址中发现的水鸟形象的陶塑和各种陶器，不少是鸟首形銎，表现出先民们对鸟的崇拜，而上古时代淮河边短尾鸟是常见的飞禽。

"老祖宗的崇拜，形象、朴实，没有什么花里胡哨的东西，我曾经看到过一件鱼鳍足陶鼎，三个大足就是三个大鱼鳍，另外的一些陶罐上的饰纹，是泥塑的一条条小鱼或似波浪。这些发现在环太湖流域，水系发达，鱼类资源丰富，鱼、波浪是他们最常见的生物和自然现象。后来，人们的崇拜对象就不一样了，比如神、龙，还有什么皇帝。"

友人说："后来的崇拜对象，往往是人自己弄出来的东西，自己吓自己，以达到膜拜的效果。一般来说装神弄鬼的总是有不可告人的目的。"

"从崇拜自然、生物，转向对人个体的崇拜，这样的转变是伴随人类社会形成等级制而逐步演化完成，被捧上神坛的无法下来，其实他们本质上是自己不想下来，愚弄民众成了神坛上的人的天职。朱元璋便是如此。"

"何止朱元璋？由上而下的帝王极权体制，大部分都一个样。"

走出博物馆，友人提醒朱元璋的赤膊兄弟汤和的墓就在附近，是否去看看。这时，手机响了起来，凤阳的郑夏来电，说历史文献纪录片《湮没的帝都——明中都纪实》的策划案，市县有关部门十分重视，希望笔者过去一趟，详细交流。友人告诉他我们此时的方位。

车行不久，进入凤阳地界，见时间尚早，转道去了皇陵。年近七旬、高个儿、行动有些迟缓的郑夏领着其他几位凤阳的朋友，已经在空旷的广场上候着。记得第一次来访，笔者在这里写下"大凤鸣阳"四个大字，一旁的郑夏惊讶地看着我，似乎在问写的是什么。其实，自己也不知道想表达什么意思，只是想写些字罢了。

皇陵是朱元璋为早年亡故的父母、三位兄长和嫂子、两个侄儿营建的一座

034

湮没的亳都

● 纹面泥塑人头像

● 鸟首形陶鎏

―― 淮河访古行纪

● 蚌埠博物馆

● 青铜龟鹤形铜灯

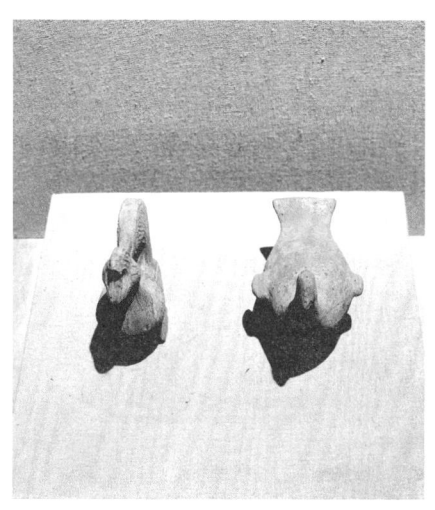

● 汉代绿釉陶鸡

庞大的陵墓,规制超过杨家墩的明祖陵,占地二万余亩。皇陵有内、中、外三道城墙围护,园内宫殿、房舍千余间,均以轴线为统领分布,冥界与人间建筑格局如出一辙,规制符合古代陵寝,不同的是皇陵以正北门为正门,方便与明中都相通。①

当地文化官员出身的郑夏,长期醉心于明中都遗址以及相关建筑的保护和研究,他语调平和地说:"清代文学家、戏曲家孔尚任在《桃花扇·辞院》说'长陵抔土关龙脉,愁绝烽烟搔二毛',诗中的龙脉指的便是明皇陵。"

按照风水说,帝王陵墓的风水影响整个国家的命运,帝王们自视宗庙、陵寝为国家代表,江山的象征,维系着江山社稷。朱元璋自然将它们置于风水宝地中,保佑他的江山,而他热衷于为祖先造陵追封,大概又与他由赤贫逆袭成为帝王有关,试图弥补皇权神授的空隙。

友人说:"古代开国皇帝都有追封,但是大规模的兴建上几辈人的陵寝,朱元璋首屈一指。"

"他用神话装扮自己脸朝黄土背朝天的祖先,似乎是为了证明自己获得权柄合乎天意,也期盼他们的在天之灵能给他庇护。朱元璋这般煞费苦心,不仅是他自身的需要,也是一大帮追随他的文臣武将的希望,他们心甘情愿替朱元璋披上神圣的外衣,证明他成为开国大帝的合理性。"我说。

"其目的就是在传播皇权神授的思想。"站在一旁的另一位凤阳的专家说。

在盱眙祖陵尚未修建之前的元至正二十六年(1366),朱元璋自立为吴王时,开始兴建明皇陵,称帝后又两次大规模修建,历时十四年,明洪武十二年(1379)最终完工。在动工兴建中都城的这一年,荐号英陵,后又改称皇陵,

---

① 清顾祖禹《读史方舆纪要》卷二十一《南直三·凤阳府》:"【皇陵】在府西南十二里。内为皇城,周七十余步;中为砖城,周六里八十一步;外为土城,周二十八里。"北京:中华书局,2005年版,第999页。

● 明祖陵神道

追封自己的父亲——朱五四为太上皇，封兄长、侄儿为王，进行安葬。

友人说："朱元璋修建的陵墓，规模大、工艺精湛，大大增加人民的负担。"

我回答："天下俱在掌中，其他并不重要。尤其是一个开国帝王，意气风发，百姓负担何足道哉！这是古代的通例，只不过朱元璋登峰造极。"

明代是中国陵墓建筑史上的一个高潮，除朱元璋的陵墓明孝陵在南京外，他父辈以上几代人的墓都集中在淮河中下游，做皇帝的子孙的墓地绝大部分在北京，总称明十三陵。皇陵是各陵规制的蓝本，直至影响清代。

明朝初年的大兴土木得益于古代工程技术的日趋成熟，这个低调、内敛且具有耐力的王朝，营造风格仍略带唐之大气、宋之雅韵，同时又逐渐向工艺精细化方向发展。

郑夏兴致勃勃地担任起解说员："皇陵神道北起中都北门，向南越过金门外御桥，南侧的东西两边各竖立一块大碑，东为无字碑，与西边的皇陵碑尺寸相同，规格一致，均高约 6.87 米（按：约二十尺一寸五分），分别由螭龙碑首、碑身、龟趺三部分组成。皇陵碑额篆刻有'大明皇陵之碑'六个大字，又名'御制皇陵碑'，碑文系朱元璋亲自撰写，内容无外乎训诫子孙勿忘家世与创业之艰云云。"

在碑前停留了一会，郑夏领着一行人继续前行，边走边谈。我依然对神道两侧的石像生兴趣十足。矗列的石像生包括麒麟两对、狮八对、望柱两对、马及左右控马官两对、虎四对、羊四对、文官两对、武将两对、内侍两对，共计二十八对，比祖陵的二十一对多出七对，据说是所有明陵中最多的一处。它们体型庞大，风貌神情、雕刻手法与风格如出一辙。

与唐宋帝陵不同，皇陵的石像生中不见了翼马、鸵鸟、犀牛等吉祥且富有想象力之物，除麒麟外，余下的动物皆为现实中常见，风格更加生活化。八对石狮和四对石虎呈现蹲坐状，体量远小于唐陵石狮，表情平和、顺从，恰似主人墓前忠实的守护者。皇陵神道上的石羊风格和北宋皇陵十分相似，形体不施繁缛纹饰、浑然天成。

皇陵中的文臣石像生垂目低眉，唯唯诺诺，奴性十足，与明祖陵的如出一辙，或者说明祖陵的文臣翁仲是皇陵的翻版，因为皇陵在先祖陵在后，都是那个时代的产物，似乎与朱元璋藐视文人，屡兴文字狱，杀戮和羞辱文人，从根本上打掉文人的自尊有关。当时文人的奴性性格，从皇陵中的文臣石像生上得到真实的验证，想象李善长^①、宋濂们的最后命运，哪个不是这些翁仲的真实写照？

这时，郑夏用凤阳口音的普通话介绍石马，马的四脚是凿空的，刻凿工艺独特，四个细蹄支撑沉重的马身不易，全靠控马官的平衡。乃是一大特色。

问起皇陵的结局，陪同的凤阳朋友说，这座庞大的皇陵一直受到明王朝的悉心保护。明末，张献忠^②起义军攻占凤阳，火烧皇陵、享殿等建筑，远在北京的崇祯皇帝虽愤懑无比，却只能下罪己诏徒唤奈何，最终回天无术，万般绝望之下自缢于景山。之后的数百年间，皇陵屡遭毁坏。抗日战争时期，侵华日军大肆砍伐陵园松柏，使郁郁葱葱的陵园变成光秃秃的土堆，荒芜不堪。

郑夏说："1982年后，皇陵设立了文物管理机构，皇陵和中都城周围的环境得到了治理，现有文物古迹也得以修缮。如今还是能吸引一些观光者前来，当然他们不是来拜祭的。"

有趣的是，自明太祖朱元璋、明成祖朱棣两代之后，再没有当朝皇帝前来

---

① 李善长（1314—1390），定远（今属安徽）人，字百室。少读书有智谋，策事多中。元末迎谒朱元璋，劝元璋效法汉高祖，"行仁义，禁杀掠，结民心"。从下滁州，为掌书记。力赞渡江。元璋为吴王，拜善长右相国。洪武初任左丞相，封韩国公，制词比之萧何。洪武四年（1371），致仕。十年（1377），复命与李文忠总中书省大都督府御史台。胡惟庸案，坐胡党者众，善长如故，且领御史台事。至二十三年（1390），善长已老迈，久不问事，乃以胡党追问，一门七十余人被杀。
② 张献忠（1606—1647），字秉吾，号敬轩。延安柳树涧（在今陕西定边东）人。初当兵，犯法逃走。崇祯三年（1630）参加义军，自称八大王。后为王自用三十六营主要首领之一。八年荥阳大会，为十三家之一。会后东征，转战豫、陕、鄂、皖各地。十一年受明兵部尚书熊文灿"招抚"，驻兵谷城。次年再起。夺取四川，在成都即帝位，建大西政权，年号大顺。大顺三年（清顺治三年），与清兵战于西充凤凰山，中箭身亡。

湮没的帝都

● 控马官与四脚凿空的坐骑

—— 淮河访古行纪

● 神道上的石像生

拜谒，只有朱姓不肖子孙，被关押在中都城的高墙①里与之默默遥望相伴，晨祈暮祷跟他们的祖先作阴阳两界的对话，祈求江山的万世永固。

晚间，在下榻的国际大酒店用餐，凤阳的有关官员也来了，表示公费管得紧，酒水就不上了。我说，酒水自然少不了，至于公费倒是用不着，咱这一路都是自费，没啥比兴致更重要。

小菜要的不多，那道酿豆腐每到凤阳必点。凤阳当地传说：朱元璋早年行丐，曾讨得一碗酿豆腐，吃后终生难忘，后来他穿上龙袍做了皇帝，召那厨师进了宫，专门为他烹制。

郑夏说："还有另一个版本，相传是明朝初期一位凤阳姓黄的厨师发明了酿豆腐，每年把酿豆腐作为贡菜送往南京宫里，朱元璋品尝后十分赞赏，酿豆腐成了御膳。"

"靠山吃山，靠水吃水，靠着皇帝吃皇帝。这是自然的事。"

眼前的酿豆腐色泽金黄，外脆里嫩，口味甚重。想到广东梅州江头村客家人做的酿豆腐，飘着葱花，本色自然，十分诱人。豆腐的清香与肉糜的荤腥混和在一起，鲜嫩滑润，汤头清澈，就是一道平民百姓家的小菜。弄不明白两道酿豆腐之间有什么关联。

酒过三巡，凤阳的朋友问及去皇陵的感受。我说：记得有很多年前去骊山北麓看秦始皇的陵墓和兵马俑，直觉告诉我，庞大的皇陵是用白骨堆积起来的，它的精美是用鲜血凝铸的。在赞美它时，别忘了它背后的枯骨和对人民的摧残。

"以后，讲解时，应该客观地把这层意思加进去，而不是一味赞美。"

在坐的一些朋友脸呈愠色。友人说，太书生气了。

---

① 高墙：借指牢房。明中都罢建后，朱元璋将一部分建筑用于关押犯罪的皇室宗亲。明刘若愚《酌中志·内府职掌纪略》："凤阳守备太监一员，关防一颗，护卫皇陵，辖金书数十员，兼管高墙犯罪宗室。"

● 西安兵马俑

这位长相奇特的、近乎丑陋的太祖皇帝不仅在淮河边筑起了皇陵,而且为明帝国修建了一座都城。

这不是小孩的沙器,淮河边没有足够的沙子可供玩耍,无法堆砌庞大的城池,它是一座真实过的帝都,淮河边唯一出现过的一个预备统领华夏的京师——气度恢宏,堂皇富丽,巍然屹立;却在其转念之间废置,渐沦废墟。

——淮河访古行纪

肆. 上午，与友人一同来到造型奇特的机关大楼，有几面墙上联排开的方形小窗，怎么看都像古代箭楼上的射箭孔。走进迷宫般的内部，与有关部门的人员座谈，介绍《湮没的帝都——明中都纪实》的构想。那个颇显精明的负责人一见面便说，看了片名就有想看的冲动。

这样一来，座谈的气氛就活跃了许多。大概是熟悉历史文献纪录片撰写的缘故，详细地介绍了片子的风格，框架结构、篇章设置，座谈人员都感觉不错。继而说到经费，友人告诉他们，市里文化基金拨一些、从社会上筹一些、县里拨一些，三个"一些"可以凑齐了。负责人表示，县里的只能按照市里拨付的配套。友人表示县里应该多拿一点。之后，应者寥寥，出现了冷场……散会后，我和友人以及郑夏等一行人去了中都城遗址。

北纬32°37′，东经117°19′，我国中部地区的一个县——安徽省滁州市凤阳县，古称钟离、濠州、临淮。朱元璋在兴建自己的都城时，给它取了一个好听的名字：凤阳，期望这个崭新吉祥的名字能给家乡带来好运、富裕。万历末年出任凤阳知县的袁文新对此有所考证，据其《凤阳新书》记载："国朝启运，肇建中都，营皇城宫阙……席凤凰山以为殿，势如凤凰，斯飞鸣而朝阳，故曰'凤阳'。"

凤阳地形南高北低，南部为山区，山并不高；中部为倾降平缓的岗丘；北部是沿淮冲积平原。都城的位置距离淮河不足5千米。

这是我第三次踏上这片土地，前两次以观光为主，走马观花，登过已修缮过的午门城楼，看过门洞两旁精美的石雕。现在，要花费一些精力为纪录片的后续工作做一些准备，须看得仔细，问得明白。

穿过午门，一行人沿着当年的中轴线大道，如今的田埂泥路行走。不多时拐向西，说是去看城墙的西段，那里还保持着废墟的模样。途中遇见一位老农，六十多岁的样子，显得苍老和疲惫，正吃力地拎着一桶水往不远处破败的小屋

● 中轴大道现为田埂路

——淮河访古行纪

● 城墙下的农舍

子走去,那便是他的家。见到我和朋友一行,他放下水桶,站着与我们攀谈。老农告诉说,上几代都在这片土地上务农,现在与众多留守农村的老人一样,儿女已离去,在城市打工,留下他、老伴与未成年的孙辈过日子。

他的耕作和收获都在这片土地上进行,不同的是他脚下的这片土地曾经有过辉煌。他告诉我:"打小就听老辈人说,这里是一片皇城。那会儿,随随便便便能拾到琉璃瓦碎片,地里挖出的石础两个人都合抱不过来,上面还有花纹。"老农所说的皇城,便是六百四十多年前,洪武二年(1369)朱元璋经过六年时间营造的明中都核心部分——紫禁城。

经专家长期考察发掘和研究,普遍认为中都的皇城不仅是北京紫禁城的样板,而且它的规模、建筑形制和精美程度,都超过明清两代的皇城。同时,明

● 中都城西段的城墙遗址

中都城的规划、设计和实践经验，对明朝南京以及后来的北京的建设，产生了重大影响，被国内古建筑学界誉为中国历史上曾经出现过的最为豪华的都城。然而，这座昙花一现的都城恢弘且精美，如今仅存断垣残壁和废墟上经过数代人耕耘的农田，以及简陋的农舍。

郑夏问老人，如何上西华门上的城墙。老人告诉他，在他的小屋背面有一条小路，可以直通。果然，陡坡上的杂草间有一条人行的踪迹，大家伙儿挨个爬了上去。到了西华门顶上，郑夏领着一行人行走在破损厉害的城墙上朝北去。他指着墙外的农田间的水沟说，那是当年护城河的痕迹。友人问，护城河有多宽？

郑夏回答："原来，河道宽有六七十米，称为金水河。后来，被百姓叫着龙须沟，上世纪六七十年代，扩大耕地，大部分填平了，有的变窄了。"当年朱元璋修建这个帝都很用心，金水河深近三米的河底铺有砖头，砌缝严密规整。

"这个相当讲究，当时要搞到那么多砖实属不易。"我有一些感慨。

然而，从朱元璋宣告营建的第一天起，就注定后来被弃置的命运。那是一幅极其凄美的画卷，瞬息间帝都仿佛坠落淮河，渲染得淮水一片破碎的燔璨，奔腾着流入洪泽湖，消失在浩瀚如织的记忆里。这景象，与笔者开篇所述1336年初秋的那个傍晚洪泽湖的水面极为相似，似乎验证了淮河水源自盘古之血的传说。

这一画面一直在脑海里浮现，以致我在伏案撰写《湮没的帝都——明中都纪实》的开篇时，启头便写道："熔金的落日，坠落江湖，绚丽的影像不由让人联想起人类发展进程中许许多多燔璨的真实，消失在历史的长河中，融入一个沉睡的世界，成了旷古持久的追忆和向往，比如明中都城。"

帝都是集皇权、神权和最高管理权于一体的政治中心，尤其在四方辐辏、万邦来朝、地域辽阔的中国，那个既陌生又让人倍感亲切的都市，备受人们的

湮没的帝都

关注和敬仰。然而,都城从来就不是一个固化的地域概念,在人类发展进程中,神圣辉煌的都城会消失,历史上的庞贝、巴比伦、特洛伊、克诺索斯、马丘比丘等一系列都城,如今只隐约在广袤的大地上,成了文学艺术描绘的对象。

北宋宫廷画家张择端描绘12世纪初汴京的繁华和人们的生活场景,建筑、河流、人物架构起人们熟悉的画面,传导出壮观、富庶、惬意。如此景象的都城,在华夏漫长的文明史上并非罕见,殷地、镐京、咸阳、洛阳、南京,有的只不过是规模小了些而已。它们如今许多已不复存在,在字画间诉说着传奇和美丽。

帝都之所以消失,一般不外乎政权更迭、战争、自然灾害、瘟疫。除此之外,有没有别的原因使它衰败乃至消亡?我带着这样的问题走进它,寻找答案。

这座弃置的都城与朱元璋有着密不可分的联系,1368年刚过不惑之年的他,完成了由赤贫逆袭成功登上社会顶层的传奇人生,建元洪武,立都南京,开创了具有二百七十七年历史的大明王朝。这位大帝,恢复中华,划定版图,建章改制,影响中国之后数百年的发展。但又由于他的高度集权和杀戮、大兴文字狱、办特务机构、恢复殉葬制,颇受历史学家的非议。

朱元璋是汉族最后一位建立王朝的大帝,他统领的军队驱逐胡虏,结束了蒙古人在中原的统治;他开创一个历时不短的王朝,为万世江山费尽心机,建立制度、发展经济、澄清吏制,努力扫除一切可能的威胁。这些特质,足以使他成为华夏历史上伟大的帝王之一,但并未被列入华夏一流帝王序列中。

"为什么会是这样?"我问身旁同行的朋友。

友人回答:"朱元璋出身低微,早年饱尝人间疾苦,养成他的多重性格,围绕夺权坐天下表现出猜疑、伪善、阴险、凶残病态的人格特征。"

"这与出身低微没关系。"我说,"朱元璋的悲哀可以归结为,朱姓江山永在的理想与实现之间的矛盾。他选择了极其残暴的手段解决这一矛盾,为后

—— 淮河访古行纪

● 明中都西华门遗址

湮没的帝都

人所憎恨、唾骂，一代雄主成了后人褒贬不一的对象。"

友人说，这个概括有点意思。郑夏似乎赞同我的说法。

朱元璋与南京这座城市有着不解之缘。至正十六年（1356）他领军占据当时称为集庆路的南京，后改为应天府。朱元璋在这里经营了十二年，为自己称帝打下了基础。应该说，南京是他发迹之福地，且为历史闻名的古都，有着天子气。但是，他十分不满意这座城市作为自己称帝后的都城，关键的原因是之前定都南京的六七个朝代，国运都不长久，与他试图实现的万世朱氏江山相悖，自然就成了他不想要的首都。除此之外，南京地理形势上无战略缓冲地带，周围无地势之险可守，君王无退避之地，这在冷兵器时代，显得格外的重要。又由于南京城地势的关系，明显具有不合规制、发展空间狭小的弊端。何况，它偏于东南，与中原地区相距遥远，一定程度上缺乏政治中心的背景。所以，朱元璋称帝后，一度为择都焦虑。

经过一年的考察和深思，朱元璋放弃了在汴京（今河南开封）设立都城的构想，虽然那里曾经创造了《清明上河图》的奇迹。但是，在元末近二十年的战火中，中原汴京满目疮痍、民生凋敝，若选择它，物力人力都要依靠江南，水陆转运艰难，故选择淮河南岸的凤阳建立中都。

这一说法，被史籍证实。在《中都告祭天地祝文》中就有汴京"民生凋敝，水陆转运艰辛，恐劳民之至甚"的表述。据《明太祖实录》卷之四十五记载，洪武二年（1369）九月癸卯，朱元璋举行老臣会议，表示："临濠则前江后淮，以险可恃，以水可漕，朕欲以为中都，何如？群臣皆称善。至是，始命有司建置城池、宫阙，如京师之制焉。"洪武六年（1373）三月癸卯朔日，朱元璋在《奉安中都城隍神主祝文》中宣布："朕今新造国家，建邦设都于江左，然去中原颇远，控制良难。遂择淮水以南，以为中都，今城已完。"（《明太祖实录》卷之八十）

我国古代选择都城有严格的标准,首要的是具备背山面水,居中天下,便于控制国家的自然条件,凤阳地理位置、地貌特征大体上符合这些条件;人文和经济发展条件也在其列,占着人文重要位置的是开国帝王的发祥地,也就是人们口中常说的龙兴之地。但是凤阳在经济上存在的问题比较大,朱元璋的解决办法,则是实行大规模移民,以图发展经济。

朱元璋选择家乡凤阳,应该说大体上符合我国古代都城选址的原则。一部分历史学家认为这是他热爱家乡所致,也有学者提出衣锦还乡说,以佐证朱元璋的虚荣和狭隘。但深思一下,乡情与虚荣能够左右朱元璋的抉择吗?若止于此,显然低估了这位帝王的智商。

建都凤阳、废都凤阳,在朱元璋心中都有更深层次的思考,而这样的考虑似乎与朱明王朝的千秋大业相关。

友人问,你说中都在朱元璋宣告营建的第一天,便注定了日后遭弃置的命运,是什么原因?我没有作答。

一行人继续艰难地行走在遗址上。

● 皇城内的庄稼与土路

● 皇城内景象

现在的人们在强调淮河为分界线，南北不同的同时，我想淮河流域更重要的是南北文化、习俗、性格交融的地区，就像那日的严寒里夹杂着阴冷。

这一切造就了淮河流域特有的文化，这种文化既不同于黄河流域文化，也不同于长江流域文化，具有淮河流域自身的文化特征，兼收并蓄、开放自主、不畏强权，与其他流域文化共同架构起的中华文化价值体系。

——淮河访古行纪

伍. 拍摄片子的事情，不能马上确定下来，便离开凤阳，沿着淮河北岸去寻找先民的遗迹。小车驶上淮河公路大桥，桥下的淮河水不紧不慢地流淌。记得有一年12月末的深夜，途经淮河公路大桥，特意停车，下去感受这条位于我国南北之间的河流隆冬时节的寒冷，肌肤产生的异样感受——体会到北方的严寒中夹杂着南方的阴冷。同行的气象专家告诉我，淮河南岸最冷月平均气温不低于0℃，雨季较长，年平均降水量为750－1300毫米；北岸冬冷夏热，四季分明，日平均气温低于0℃的寒冷期，普遍在30天以上，雨季较短，年降水量一般不超过800毫米。它是我国亚热带和暖温带的分界线，气候、水文的不同，导致植被以及农业生产的差异，继而出现生活方式和社会习俗的不同。

这种状况，史前的祖先们不会感知，因为那时的淮河两岸气候要比现在温润许多。他们努力地继续沿河西行，来到距离淮河重要支流涡河极近的地方安营扎寨。当时，这里气候温和、土地肥沃、雨量充沛，光热资源丰富，给农作物生长提供了优渥的自然条件。

西行的小车，在省道上行驶，途经不少乡村，人迹稀少，许多路边的小店已经空置，显因了无生意而被放弃。傍晚，终于来到蒙城一个叫做毕集村的地方，天空很好看，至于被誉为中国原始第一村的尉迟寺遗址还在寻找中。车子来来回回好几趟，才在公路边看见制作粗糙的鸟形神器雕塑立在路口，问了村民，经指点，来到一片玉米地前犯了难，如何上土墩？另一侧是小河，搞不好会跌入河里。最后，和友人还是决定沿着玉米地的边缘，拉住地里长出的根茎，小心翼翼地往上爬。

尉迟寺遗址的总面积约为10万平方米，挖掘时发现红烧土排房完整、规模庞大。自1980年代末起，中国社会科学院考古研究所先后进行了13次发掘，在一万平方米的范围内，清理出房屋遗迹78间，墓葬300余座及大量的灰坑、祭祀坑、兽坑、活动广场等遗址，出土陶、石、骨等文物近万件，被史学界专家誉为"可与金矿媲美的资源"，是迄今为止考古发现的保存最完整、内涵丰富、规模最大的原始社会新石器晚期村落遗存。

上了土墩，令人大为失望，四处皆为玉米地，中间一个大坑里爬满藤蔓。据说，在尉迟寺遗址发掘过程中，有一个独特的现象，考古人员在清理房基倒塌的墙体时，惊喜地发现了大量的稻壳拌泥痕迹和粟类浮选标本。由此，印证当时的尉迟寺人受到南北农耕文化的互交式影响。起源于北方的粟类作物向南方传播，南方的稻作文化向北传播，在这里形成交汇点。从另一个角度分析，尉迟寺人极有可能掌握粟稻两种粮食的种植技术或者拥有这两种粮食的资源，形成粟稻并食的食物结构。正是尉迟寺遗址中出现的特殊现象，寓含着这一地区形成的农耕特点和随之而来的与众不同的文化现象。

那里的人们，稻米粟稷兼食，淮河南岸以稻米为主，北岸以粟稷为主；民居南岸以木结构加上草泥糊墙为主，北岸以夯土建筑为主；发音南岸语音以平舌为主，北岸语音以卷舌为主……上述种种的不同点，形成了南北之间的差异和不同的文化性格。通俗地说，淮河以北，称为北方，淮河以南，称为南方。这样分析，从理论上说得过去。但是，实际生活中稻粟皆食，木结构与夯土建筑共存，平舌卷舌音通用现象比比皆是。

现在的人们在强调淮河分界线、南北不同的同时，我想淮河流域更重要的是南北文化、习俗、性格交融的地区，就像那日的严寒中透射出阴冷一样。这一切造就了淮河流域特有的文化，这种文化既不同于黄河流域文化，也不同于长江流域文化，具有淮河流域自身的文化特征，与其他流域文化共同架构起的中华文化价值体系。

史前淮河中下游人类的频繁活动，证明在黄河和长江两大文明之间，存在着淮河文明，它有着相对独立的淮河族群，文化自有源头、特征和发展轨迹，

——淮河访古行纪

● 尉迟寺遗址上种满农作物

逐渐与东方的莱夷、夷相融合，成为古史传说中的东夷与淮夷族群，他们与华夏和苗蛮集团三分天下，成为创造中国上古史的主要族群之一，为中国文明的起源、发展和多样性作出了贡献。

扫兴而下，有老农骑车而来，询问。

老农答："当年挖出来的东西全带走了，发掘现场填了。那坑可能是当时没填平。"再问，老农答村东边有块石头竖着。

友人驾车速往，果然见一石碑立在那里，上书全国重点文物保护单位。友人笑说："全填了，啥也看不到了。"

天色渐晚，赶往县城，下榻当地国际大酒店。蒙城产牛，牛肉自然成了当地的一道美食。晚餐主食锅仔牛肉。一锅实实在在的牛腱子肉仅50来元，算来还蛮实惠。酒免不了的，大概在尉迟寺遗址没见到什么令人振奋的东西，败了心情，无兴多饮。酒尚有大半在瓶里晃荡，俩人均表示作罢。

次日，去县博物馆。

友人问："什么感受？"

"他们是一群崇拜鸟的人，这可以在出土的陶器中得到验证。"我答道。记得有一次路过江苏金坛，得悉境内有早期人类生活的遗址，便去了博物馆，那里陈列着一个叫做西岗的地方出土的器物。西岗三星村遗址与尉迟寺遗址均属新石器时代，距今五千年以上。三星村出土各类陶制器物4000多件，鲜见鸟形器，仅有一件疑似，制作工艺比尉迟寺的简单、粗糙。地处江南的三星村水系发达，水鸟应该不少，三星村人对鸟并不动心，没有在日常用具中融入它们的形象，说明了什么？

"可能是由审美、寄托、向往而引发的崇拜问题。"友人回答。

"三星村遗址发现的陶制品，大都是日用品，比如陶盂、陶罐等，与同时期的遗址出土物比较，丝毫不逊色，有的甚至超过其他地方。一定程度上反映

——淮河访古行纪

● 三星村遗址发现的陶制品，左上图为疑似鸟形器

了他们的务实态度。"我分析道。

"这是长江流域下游，尤其是江南农耕社会的一种文化现象。"友人说。

"你记得有一次去看崧泽遗址吗？它应该与西岗三星村属同一时期，而且同处长江下游环太湖地区，崧泽出土的陶器，在陈列中几乎没看到一件与鸟相关的器具。"我说，友人点头。

巧的是，那次路过金坛，直接到常州办完事，又经南京飞抵兰州，参加一个学术研讨会。会议期间抽空去了趟甘肃省博物馆，目睹了黄河边出土的大量精美的陶器。

"那里鸟形器多不多？"友人问。

"我原本以为生活在黄河边的祖先们也会崇拜飞鸟，却有些失望。"

应该说那里也是祖先们喜欢居住的地方，聚集仰韶、马家窑、齐家等文化，陶艺水平较同时期其他地区略胜一筹，比如距今五千至七千年前，属仰韶文化的人头形器口彩陶瓶，让人叫绝。人头的形状、神情与双墩出土的纹面泥塑人头像颇为相似，且精美许多。双墩遗址的年份在距今七千年左右，与仰韶文化相近。

在兰州，看到的祖先制作的陶器数量多、品质高，具有较高的艺术价值。以鸟形为体型的却不多，印象颇深的是红陶刻画纹鸟形器，器形两侧刻有鱼状、水珠、水波之类的纹饰，属于新石器时期的齐家文化，距今四千年前，再有一些陶罐的纹饰与鸟形有关，仅此而已。这种现象不仅在黄河上游出现，在陕西也类似，那里的祖

● 崧泽遗址发现的陶制品

——淮河访古行纪

● 红陶刻画纹鸟形器

先们也很少把鸟的形象运用到他们的日常器皿中。

友人说:"这样,把黄河长江边的人类文化遗址与淮河边的尉迟寺遗址一作比较,就可以看到许多有趣的现象呀。"

"不仅是现象,实质是不同地区形成的精神文化的不同,地域文化的独特性。正可谓一方水土养一方人。"

尉迟寺的许多文物陈列在县博物馆里,鸟形神器单独陈列在精美的展柜中,显示出它独尊的地位。壁柜中还展陈出同时出土的鸟形陶鬻,形态各异,但是一眼便知是鸟形的演绎。应该说,这座县级博物馆,有如此丰富的展品,让人感叹。精美的展陈形式,却让人无法感悟到历史的天空,获取更多的先民生存的信息,失却许多历史的真实。

那么,活跃在上古时期淮河中下游两岸的族群,是不是以后被史学家称为淮夷的祖先呢?

夷是掌握话语权的中原王朝对古代东南部各族群的统称，史料上记载极少，显得格外扑朔迷离。一些学者认为夷在夏朝以前生活在今山东、河南等地，东方九黎族部落首领蚩尤在与炎黄部落交

● 尉迟寺遗址出土的鸟形陶鬶

● 七足镂孔器

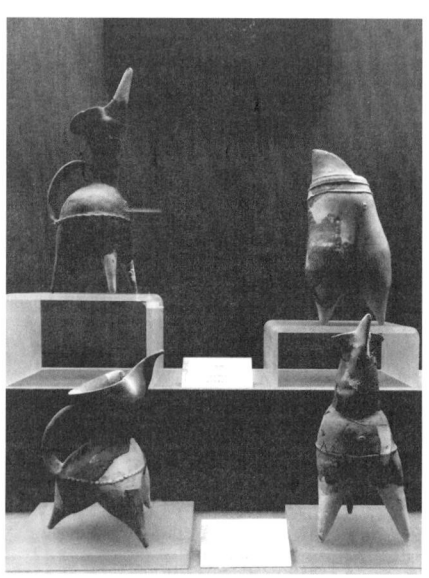

● 鸟形陶鬶一组

—— 淮河访古行纪

● 鸟形神器

● 鸟形陶鬶

——淮河访古行纪

战——涿鹿之战①中失败瓦解，一部分融入炎黄部落，另一部分举家南迁，至淮河流域一带定居。殷商时代统称为夷，史学界称为夷方。周朝时才有东夷②、淮夷③的区别和名称的出现。

如果说淮夷是外来户，那么，原先生活在淮河两岸的原住民比如尉迟寺人的后裔又去了哪儿？而且，他们已经形成颇为先进和独特的文化，不可能杳无行踪。细心揣摩，应该说原住民并没有消失，他们与外来族群融合在一起，这种融合或者通过战争，带着血腥；或者为了族群的共同利益，一起共同维护。然而，可以肯定的是此时淮河两岸人口骤增，生产力提高，相对富庶。

又有一种观点认为淮夷是个小国，南宋史学家郑樵④撰写的《通志·氏族略·夷狄之国》"淮夷氏"条注曰："《姓纂》云：淮夷，小国。入周，因氏焉。其地，今淮甸。"其故城在淮河下游地区。如果是小国，他们又有多少能力参与中原政权的角逐，抵御来自中原王朝的入侵？

淮夷与商的关系，时好时坏，在武丁⑤中期，双方关系似乎和睦，互有来

---

①涿鹿之战：传说黄帝与蚩尤进行的一场战争。蚩尤是东方九黎族的首领，原先活动于今山东省及河南省东南部、安徽省北部，后在向西发展的过程中和炎黄部落集团发生了冲突。传说蚩尤发明了金属武器，炎帝族抵挡不住蚩尤的进攻，乃求助于黄帝。黄帝于是率领由各部落征集来的军队，与蚩尤大战于涿鹿（今河北涿鹿东南）之野，经过激烈战争，擒杀了蚩尤。这次战争的胜利维护了炎黄部落联盟的利益，黄帝因此被奉为部落联盟的领袖，并在以后被尊为华夏族的共同祖先。
②东夷：中国古代对中原以东各族的泛称。如夏至周有九夷之称。东晋郭璞《尔雅》注："九夷在东。"
③淮夷：东夷之一。夏至周分布于淮河中下游一带。西周时，曾与徐戎数次联合抗周。春秋后，附于楚。秦时，"秦并六国，其淮、泗夷皆散为民户"（《后汉书·东夷列传》）。
④郑樵（1104—1162），兴化军莆田（今属福建）人，字渔仲，自号溪西逸民，学者称夹漈先生。居夹漈山，不应科举，为学三十年。学识渊博，广涉礼乐、文字、天文、地理、虫鱼、草木、方书之学。于史学主张广博会通，尊通史而抑断代。著述繁富，"总天下之大学术"编撰《通志》，其中二十略，卓有创见。今存尚有《夹漈遗稿》《尔雅注》等。
⑤武丁（？—前1192），商代国君。名昭，盘庚弟小乙之子。相传少时生长于民间，知稼穑之艰难。即位后重用傅说、甘盘、祖己等大臣，国大治。先后对北方的舌方、土方、鬼方，西方的羌，东方的夷，南方的虎方用兵。其中，曾对羌一次出兵达三万人，与鬼方战三年乃克之。殷复兴。在位五十九年。庙号高宗。

往。武丁中晚期，战事频繁，著名的女性军事首领妇好①曾率领军队前往征讨，可见淮夷的强大。

著名古文字学家、考古学家、诗人陈梦家认为殷墟卜辞中记录的"征人（夷）方"，指的是征伐生活在淮水边的淮夷②。据卜辞记载，商末乙、辛时期的重要战事有十祀和十五祀两次，帝乙③和帝辛④都曾率领军队征伐了夷方。

卜辞十祀记载："甲午卜王贞乍余酓，朕和酉，余步从侯喜正人方（征夷方）……告于大邑商……才九月……隹十祀。"经韦心滢研究综合各家的征夷方日谱排序中可以得知，商王军队过了亳不久即进入敌方领域内，到了春地后又重回到商王国边域内。因此，商王朝的东南边境应在安徽西北部宿州至亳州沿线以北，即淮夷聚集地。商国王返程时，停留攸地之后，便前往齐地征伐残余夷方势力。从本例十祀征夷方来看，有杀伐属于淮夷的林方及擒执可能属于东夷的冑方及夷方首领毳，并焚杀了伯枏。⑤陈梦家认为林方就在今天的凤阳附近。商王朝与夷方之间的战事频发，夷方是商王朝重要劲敌之一。淮夷聚集地，又首当其冲，成为当时的主要战场。

时至西周初年，淮夷参与了周王族之间的内乱，跟随管叔⑥等人反对姬

---

①妇好：商王武丁诸妇（嫔妃）之一。有封地，常向商王朝觐纳贡。曾率师征羌、夷、鬼方等族。一次伐羌用兵达一万三千人。1976年，妇好墓在殷墟发现。
②参见陈梦家《殷虚卜辞综述》，北京：中华书局，1988年版，第304—305页。
③帝乙：商代国君。太丁子。继太丁即位，屡征夷方。时殷益衰微。其长子微子启以母出身贱，不得嗣位。及帝乙卒，少子辛即位，即纣。
④帝辛（？—前1046），商末代国君。名辛，世称纣王。帝乙之子。曾平定东夷，国力因而虚耗。好酒淫乐，暴敛重刑，百姓怨望。杀九侯（鬼侯）、鄂侯、梅伯、比干，囚西伯（周文王）、箕子等人，诸侯多叛。周武王联合西南各族伐纣，牧野（今河南淇县西南）一战，纣兵败自焚，商代亡。
⑤参见韦心滢《殷代商王国政治地理结构研究》，上海古籍出版社，2013年版，第282—289页。
⑥管叔：姬姓，名鲜。周文王第三子，周武王弟，周公旦之兄。武王灭商，封叔鲜于管；和蔡叔、霍叔共同统治商代遗民，史称"三监"。武王死，成王继位，年幼，周公旦摄政。管叔与蔡叔、武庚联合东夷作乱。周公东征，杀管叔与武庚，放逐蔡叔。

——淮河访古行纪

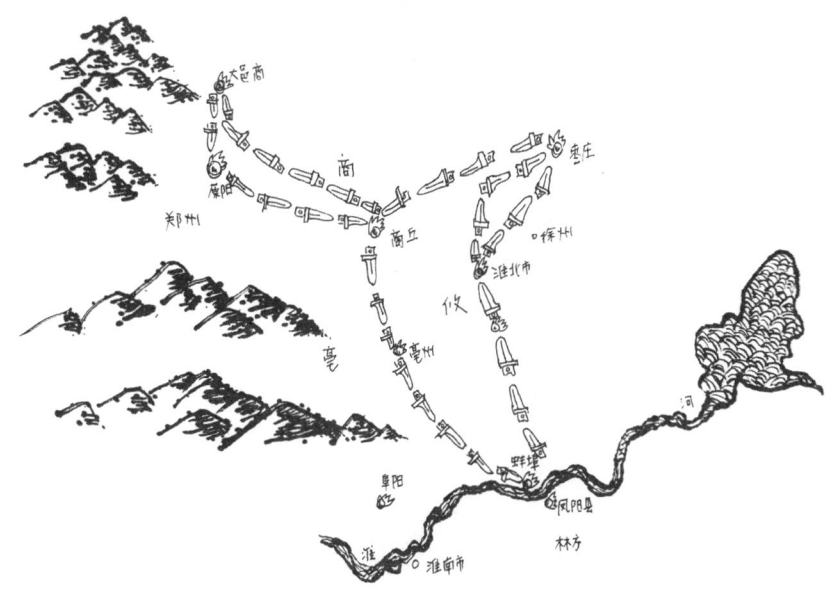

● 商帝辛征伐示意图（作者手绘）

旦——周公①的摄政，于是姬旦东征三年，始将叛乱扑灭。武力征服包括淮夷在内的五十个小国，周已不再是囿于西方的"小邦周"，而成为东至黄海，南至江淮，北至幽燕的泱泱大国。这个所谓的大国有着联邦的意思，比如淮夷已经归顺，它的社会组织机构、管理方法没有发生根本的变化，文化、习俗依然保持着。

也许正是周公的东征，使夷方长期与周王朝处于敌对状态。1975年初春，

---

①周公：姬姓，名旦，亦称叔旦。周文王第四子，周武王弟。采邑在周（今陕西岐山北），故称周公。佐武王伐纣灭商。武王卒，成王幼，周公摄政。平管叔、蔡叔之变，定东夷之乱。封长子伯禽于鲁。成王长，还政于王。营建东都成周（洛邑，今河南洛阳），迁殷贵族于此，加强控制。分封诸侯，使周成为幅员广大而强盛的王朝。又制定礼乐制度，主张"明德慎罚"。其言论见于《尚书》的《大诰》《康诰》《多士》《立政》等篇。

湮没的古都

陕西扶风县农民在犁田时，发现了十八件青铜器，其中一件制作精美的簋，它的内底和盖内刻有一百三十四字的铭文，记录了周穆王①时期彔伯㦰与夷方的一次战争：某年六月，淮戎侵扰，王令彔伯"㦰率有司、师氏奔追袭戎于械林（西周郑国都城，在今陕西华县），搏戎胡"，大获全胜。"获馘百（割左耳一百只，即指杀敌一百人），执讯二夫"，缴获盾、矛、戈、弓、矢、胄等兵器一百三十五件，同时救回被掠走的西周百姓一百十四人。㦰由于有其母日庚的灵魂护身，"朕文母竞敏圣行，休宕厥心，永袭厥身，俾克厥敌"，毫发未损。为感谢母亲的恩德，㦰特制此簋，"尊享孝于文母，其子子孙孙永宝"。

● 彔伯㦰簋

淮夷能够侵袭至诸侯国的郑地，可见彼时其势力可触及汉水流域，远非后来的那么弱小。

周厉王三年（前876），淮夷发兵进逼洛邑，周厉王

---

①周穆王（？—前922），西周国君。姬姓，名满。昭王子。曾西击犬戎，俘其五王，迁之于太原（今甘肃镇原一带）。使楚人东伐徐戎，会诸侯于涂山（今安徽怀远东南）。又攻越，东至九江（今其长江北岸一带）。后世传说穆王曾得八骏马，周行天下。西晋时在汲冢出土的《穆天子传》即记其西游事，谓与西王母相见。在位五十五年。

——淮河访古行纪

派虢公长父征讨淮夷，由于国力衰减，虢公长父没能取胜，对峙而望。① 之后，淮夷和东夷部落参与了噩国（在今河南南阳东北一带）反对周王朝统治的战争，声势浩大，气势凶猛，一直打到成周（今河南洛阳）附近，威胁到周王朝东都的安危。周厉王调集大军，从西、北两个方向向河洛地区聚集，形成夹击之势，歼灭噩国的军队，跟随噩国起事的淮夷，也遭受打击。淮夷不屈，再次发兵向周朝进攻。周厉王命虢工长父率兵反击，未能取胜。淮夷气势高涨，发动进攻，一路浩浩荡荡，深入到周朝的中心地带，打到伊水、洛河之间。周厉王亲临成周指挥，命令周将率领精兵反击。淮夷无法招架，只得败退。周军乘胜追击，最后击败淮夷，斩俘一百四十余人，夺回被淮夷掳去的周民。

● 录伯𫎆簋铭文

周厉王时期，淮夷不息的抗争，与周厉王的无道有关。周厉王违背周人共同享有山林川泽以利民生的典章制度，实行"专利"，以国家名义垄断山

---

① 《后汉书·东夷列传》："厉王无道，淮夷入寇，王命虢仲征之，不克。"方诗铭、王修龄《古本竹书纪年辑证》[附二]"《存真》《辑校》《订补》"等所引《纪年》存疑[八]，案云："《辑校》据此列于周厉王下，云：'案此条章怀太子注不云出《纪年》，然范史四裔传三代事皆用《史记》及《纪年》修之。此条不见《史记》，当出《纪年》也。'今本《纪年》厉王三年有'淮夷侵洛，王命虢公长父伐之，不克'。王国维《今本竹书纪年疏证》卷下亦据此为说。《存真》未收，《订补》云：'终属揣测之词，不能确定其必为《纪年》文。'是。"上海古籍出版社，1981年版。

湮没的古都

林川泽，不准国人（指工商业者）依山泽而谋生，借以剥削人民。这遭到百姓的强烈反对，公开谴责声不绝。有人劝谏说："百姓不能忍受暴虐的政令！"周厉王大怒，找到一个卫国的巫师，让他来监视那些议论的人，巫师告谁议论，周厉王就杀掉谁。这样一来，议论的人逐渐减少，但诸侯也不来朝拜了。墨翟[①]在《墨子·法仪第四》中表示："暴王桀、纣、幽、厉，兼恶天下之百姓，率以诟天侮鬼，其贼人多，故天祸之，使遂失其国家，身死为僇于天下，后世子孙毁之，至今不息。"

司马迁[②]在《史记·太史公自序》中说："幽厉昏乱，既丧酆镐……幽厉之后，周室衰微。"可以说，淮夷在周厉王的暴政面前，表现出不屈不挠的抗争精神，是一种联邦部落对集权统治的挑战。

后来，淮夷臣服了周朝的统治，《诗经》[③]记载着这样的诗句，"憬彼淮夷，来献其琛"（《鲁颂·泮水》），"至于海邦，淮夷来同。莫不率从，鲁侯之功"（《鲁颂·闷宫》）。在与中原王朝的抗争中，淮夷是输了。

"这个被称为淮夷的庞大族群，建立的是怎样的社会形态？"我脱口而问。

---

① 墨翟（约前468—前376），即墨子，墨家创始者。战国初宋国人，后长期住在鲁国。曾任宋国大夫。阻止鲁阳文君攻郑。又说服公输般，阻止楚攻宋。初学儒者之业，受孔子之术；后另立新说，聚徒讲学，弟子满天下。与儒家对立，并称儒墨显学。宣传摩顶放踵，利天下而为之。主张兼爱、非攻、尚贤、尚同，反对儒家繁礼厚葬，提倡薄葬非乐，反对世卿世禄制度，提出三表法，以检验言论是非。现存《墨子》五十三篇，是墨子和墨家学说的基本材料。

② 司马迁（前145或前135—?），西汉史学家、文学家。字子长，夏阳（今陕西韩城南）人。司马谈之子。早年游历南北，考察风俗，采集历史遗闻。武帝时初为郎中，奉使巴蜀。元封三年（前108），继父职任太史令。太初元年（前104），与唐都、落下闳共制订《太初历》。后因对李陵军败降匈奴事有所辩解，触怒武帝，被系狱处以腐刑。出狱后，任中书令，发愤完成所著史籍，时称《太史公书》（后称《史记》），是中国第一部通史著作，开创了纪传体史书的形式。其中许多传记，状人写物，栩栩如生，具有很高的文学价值，对后世史学与文学都有深远影响。

③《诗经》，我国第一部诗歌总集，原称"诗"或"诗三百"，收集了西周初年至春秋中叶（前11世纪至前6世纪）的诗歌，共305篇，内容丰富，反映了周初至周晚期约五百年间的社会面貌，劳动与爱情、战争与徭役、压迫与反抗、风俗与婚姻、祭祖与宴会，天象、地貌、动物、植物等诸多方面，是周代社会生活的一面镜子，被誉为古代社会的百科全书。

——淮河访古行纪

友人告诉我他对淮夷的解读:"一个庞大的以血缘、通婚、饮食结构、习俗、语言、图腾等为纽带,联系在一起的族群,人群分成不同的部落,构成相对独立的氏族联邦。"

"那么,它的社会架构一定十分松散,各个部落各自为政,需要时才集结力量一致对外。"我猜测。

"族群没有最高首领统领,极有可能是由各个部落的领袖共同决策,指挥协调族群的统一行动;也不排斥某一部落单独对外行动,其他部落积极响应。淮夷部落之间的关系相对稳定,交往密切。这一些推断,从考古中可以间接地得到证实,文献中很少出现淮夷领袖的名字,大都用'淮夷'两字进行指称。"友人笑着说。

我以为淮夷的社会形态应该由考古发现加以佐证。

友人摇头道:"恐怕难。现在,一般认为淮夷主要生活在公元前21世纪至前3世纪之间的淮河流域,是一个强大的部族群落。在漫长的夏、商、周三代,一直与中原王朝分庭抗礼,时而交流,时而战争,在交流与战争中融合。"

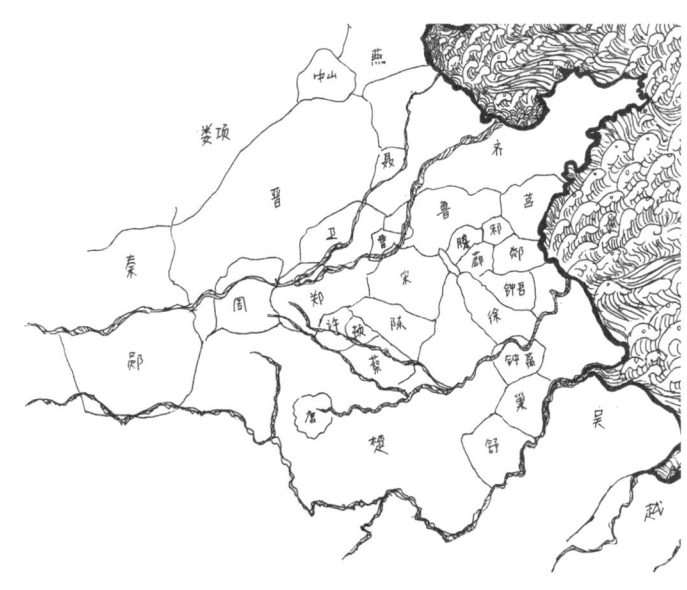

● 春秋时钟离国示意图(作者手绘)

湮没的古都

此时，我们轻松地站立在临淮关镇东钟离①古城遗址发掘现场的夯土墙上，因为城墙内的农田与残存的土墙几乎一般齐，十分容易站到残存的古城墙上。有风起，衣袂飘动，临风怀古，却感觉少了些什么。

"少了什么？酒呗。"友人答。

谈笑间，俯首可以清晰地看到城墙上人工夯实的痕迹，四五米宽的护城河，河水依然在静静地流淌。

陪同我等一行的是滁州文化馆的老曾，肤色黝黑，笑容纯朴，一双眼睛闪光有神，一看就知道是用心做实事的人。他告诉我，依据考古和推测，钟离城原有四方形夯土城墙，面积近十四万平方米。"关于钟离国的记载，罕见，就推测而言，一般说来是在西周的时候，由伯益②的后代受封而建立，是西周、春秋时代的诸侯国之一。国君为嬴姓。由于处在吴楚之间，钟离国被两国反复争夺，最后归楚。钟离国灭后，城池还在，钟离旧民还生活在这里，楚王派大夫来钟离城主持工作。"

友人指着脚下的土地，"钟离国应该是淮夷的一个重要联邦成员。"他感慨，"夏商周时，江淮流域有史可查的小国不少，安徽省境内有二十多个，北有钟离国和今长丰县一带的虎方国，南有巢国、桐国、舒国，西有六国（六安境内）等，它们面积不大，但相当富庶。可惜留下的历史痕迹稀少。"

老曾说："这个地方，'吴头楚尾'，长期是楚、吴的掠夺对象和兵戎相见的战场。后来，吴国的势力渐渐萎缩，楚国成了这片土地的主宰。"

接过话题，我说："在淮安，那里的一个区过去就叫楚州。当时我蛮惊讶，

---

① 钟离：本春秋楚邑。秦置县，治今安徽省凤阳县东北。三国魏废。西晋太康二年（281）复置。东晋安帝时改名燕县。北齐复名。明洪武二年（1369）改名中立县，不久即改临淮县。刘宋以后历为徐州、北徐州、楚州、西楚州及钟离郡和濠州治所。

② 伯益：或作伯翳、柏翳。传说中远古时人。舜命伯益为虞，掌管草木鸟兽。又佐禹治水，有功，赐姓嬴，为古代嬴姓诸侯之祖。禹选伯益为继承人，伯益让于禹子启而避居箕山之阳。一说，因争夺君位而为启所杀。

——淮河访古行纪

怎么会有这样的地名？我到过来安县最靠近南京的地方，发现那里的小村庄也叫什么什么'郢'，由此可见楚文化的影响。"

友人扼要地讲起二千七百多年前，东周时期的淮夷走向："那时，淮夷的命运与齐、楚、吴捆绑在一起，尤其是具有八百年历史的楚国。大约在齐桓公称霸时，淮夷的江、黄部落依仗齐国势力，拒绝向楚国纳贡，却没有得到齐国保护，那两个部落不久就被楚国吞灭。后来，楚国又灭六、蓼、舒蓼部落。大国徐国在齐、楚对抗中采取联齐抗楚的立场，但终不敌强楚，将政治重心东移。吴国称霸东南时，伐郯、巢、徐，许多已经被楚国占领的淮夷部落，又被吴国侵占。吴楚两国抗衡时，楚国灭舒庸、舒鸠；吴国灭徐国。泗上淮夷莒等几个小国苟延至战国。春秋后期徐国灭亡，淮夷作为一个有影响的政治、文化集团，基本上退出了历史舞台。"

晚间，饮酒，微醺。我说："联邦样式的社会架构，最终被由上而下的分封制战胜，后来，分封制又被帝王专制的中央集权制度取代，在中国古代社会似乎必然。"

友人说："我国的地理具有相对封闭特征，许多重要的江河发源于西部高地，人口却聚集在它们的中下游；东南沿海的季风气候，能够吹到中部地区，自然灾害频发。在这样的环境中演进的中华文明，逐步形成的是大一统观念，天下'定于一'，需要一个强大高效的行政系统承担社会救助职能。所以，联邦样式的社会架构，在中国难以奏效。"

这个解释，强调的是自然客观因素："淮夷可以用联邦的形式对抗中原王朝，它一定有过联合对抗自然灾害的经历。再回顾大禹治水，也是领导氏族部落干的事情，绝非在哪个天子、君主领导下所为。根据我的认识，中国古代绝大部分战争不是因为无法联合抗击自然灾害、有效救助社会而引发的，开疆拓土、逐鹿中原、雄霸天下，似乎更是所谓天子、帝王们主导的价值观念，灌输给人民。"我说。友人不以为然。

"这种开疆拓土，必有其他缘故，绝非为了抗击自然灾害。"我补充。

这晚，无法入眠，又不便继续打扰友人一起神聊，于是独自跑到街上，看看是否有小酒馆开着，消磨一下。走了一段，街面冷清，行人寥寥，有些失望。想到不远处是长途汽车站，一定有夜宵。果然，在拐角处有一家小馆子还亮着灯，一老妇在吆喝："错了这站，没那店啦。这个点儿，就此一家。"

走进二三十平方米的店堂，看了看玻璃冰柜里陈放的盆菜，要了一盘大蒜炒咸肉和一碟油氽花生仁。老妇嫌点得少，我问还有什么特色。她说红烧豁嘴子肉不错。

"什么肉？"

"兔子肉，下酒。"

再问喝什么，我说整瓶的本地酒。

"能喝了？"

"喝多少算多少吧。"

老妇让躺在长条凳上的中年男人去厨房点火起锅，他脸呈怨气老大不情愿，嘴里嘟囔着晚上没什么客，开着费钱。老妇说闲着也闲着，不如有些进账，边说边麻利地把酒和花生仁摆放在我面前。

这时，从店堂的角落里摇晃着走出个四五十岁郎当的汉子，结巴地问有没有酒。我以为是问那老妇，没想他径直冲着我来，手里的空杯伸到我面前，嚷着："酒，加满！"

老妇示意别理睬，他酒已高了。我说不碍事，给他倒了些，我反正喝不了。这汉子喝了一大口杯中物，说："你是上海来的？"

"是呀。你怎晓得？"我问。

"俺在那块待了二十多年，能辨不出？"他有些自负地反问道。

——淮河访古行纪

我称赞他好眼力,他说是听力。我猜他初去时恐怕才二十郎当。

他回答:"十六岁,不读书了,跑到浦东一家搞热水器的厂子里做工,是流水线上的那种。一刻不停地干七个半小时,连撒尿拉屎都不敢耽搁,从三四百块工钱,干到三千多,也没见发财。"

"家里房子盖了?"

"盖了,三层。也算是小洋楼了,咱打工挣的。"他引以自豪。

"那很好呀。"

"好个屁!你们才好,来钱容易。"他突然问我,"你干哪行的?架势有点像当官的。"

我回说:"自谋生路者。"

"嗨!不是当官就是做生意的,或者读书的知识人,反正是有钱人,咱都恨。"他脱口而出。

"为啥?"

"你们来钱容易。我的钱,死抠出来,每分每厘都是血汗。"

"老百姓赚钱不易,都是血汗钱。"我说。他表示,理不错,可扭不过心。"后来,悟出流水线上干活不会有大出息,便向厂子辞职,挂在一个家电维修服务站下干。每天走街串巷地修热水器、空调,人自由许多,满城市地跑,钱也多了,可是那滋味……"

"这是服务社会的好事,又能增加收入。"

"低人一等呀。每次到人家里修东西,东家像防贼一样防着你。一次,到一家别墅里修热水器,那房子值好几千万,东家让保姆前后盯着。结账时,咱讨要上门费,东家说你们服务站说的换零件免上门费。咱一听气坏了,才三十块钱,对你来说九牛一毛,太抠门了。咱心里恼火,趁东家不备,从配件包里又拿出一个从上一家换下的坏零件,说这是刚换下的,共计两个,九百元。东家也没多问，便给了。咱出门暗笑，宰你这龟孙子。"他洋洋得意地说。

"这恐怕就是你的不是了。换零件不收上门费，你的服务站跟他有约定。而你用欺骗的手法宰人，是品行有问题。"

"咱心里爽快。"

此时，老妇端菜上桌。我让这半醉汉子挟菜吃，自己没动筷子。他吃了一口说："浦东是咱看它搞起来的，这么多年，咱却没份，落不了户，买不起一片瓦。临老了，还得回老家。"

"年轻时在大城市干活赚钱，老了回家乡安度晚年，也是挺好的事呀。"

他瞪起一双红眼，"好个屁！老了病了，没好的医院行吗？咱老父就死在镇上的卫生院，卫生院能救命？如果在上海，他不会死。"说罢，趴在桌上大哭起来。原来他是回老家奔丧的，没赶上末班车，困在这里，咫尺天涯，悲郁交加，于是乎借酒浇愁。

我在桌上搁了钱，出了店门。老妇女说找钱，我回答免了。走到拐角处还听见哭声，老妇大声嚷嚷道，嚎丧！

夜寂静。

百里者宿舂糧適千里者三月聚糧之二蟲又何知矣
小知不及大知小年不及大年奚以知其然也朝菌
不知晦朔蟪蛄不知春秋此小年也楚之南有冥靈
者以五百歲為春五百歲為秋上古有大椿者以八
千歲為春八千歲為秋此大年也而彭祖乃今以
久特聞眾人匹之不亦悲乎湯之問棘也是已湯
問棘曰上下四方有極乎棘曰無極之外復無極
也窮髮之北有冥海者天池也有魚焉其廣數
千里未有知其修者其名為鯤有鳥焉其名為鵬
背若太山翼若垂天之雲摶扶搖羊角而上者
九萬里絕雲氣負青天然後圖南且適南冥也
斥鴳笑之曰彼且奚適也我騰躍而上不過數仞
而下翱翔蓬蒿之間此亦飛之至也而彼且奚適
也此小大之辯也

大似錄莊子逍遙遊于丁酉年冬
[illegible]

北冥有鱼其名为鲲鲲之大不知其几千里也化而为鸟其名为鹏鹏之背不知其几千里也怒而飞其翼若垂天之云是鸟也海运则将徙于南冥南冥者天池也齐谐者志怪者也谐之言曰鹏之徙于南冥也水击三千里抟扶摇而上者九万里去以六月息者也野马也尘埃也生物之以息相吹也天之苍苍其正色邪其远而无所至极邪其视下也亦若是则已矣且夫水之积也不厚则其负大舟也无力覆杯水于坳堂之上则芥为之舟置杯焉则胶水浅而舟大也风之积也不厚则其负大翼也无力故九万里则风斯在下矣而后乃今培风背负青天而莫之夭阏者而后乃今将图南蜩与学鸠笑之曰我决起而飞抢榆枋而止时则不至而控于地而已矣奚以之九万里而南为适莽苍者三飡而反腹犹果然适

淮夷文化,或者说古代淮河文化,与楚文化在精神层面有着一致性。淮夷与楚人都有自己的文化传统,但是不故步自封,不拒绝外来文化的合理因子。他们的崇拜物也不同于中原,楚人崇火尚凤、亲鬼好巫,淮夷崇水尚鸟、亲神好卜。共同的是天人合一,追求浪漫,与中原文化尚土崇龙、敬鬼远神、天人相分、力主现实,形成鲜明的对照。再仔细分析水与火、凤与鸟、鬼与神、巫与卜,在哲学、信仰、审美诸方面,存在着同一性。

陆. 距中都城遗址不远的一处徽派风格的庭院，便是凤阳的文物管理所。走进院子，地上摆放着许多从遗址中发掘出来的建筑构件，兴趣盎然地看了一圈，一行人进入正中间的大屋子，室内四周简陋的架子上摆放着不少陶罐和青铜器皿。一位老者正在聚精会神地修复一件青铜器，见有人来访，放下了手里的活计。

老者告诉我们，这一带零零星星发现的青铜器大都是春秋晚期的器物，形制、纹饰与湖北发现的青铜制品相似。仔细观察，果然如此。记得，寿县蔡昭侯墓出土的青铜器乔鼎、敦、汤鼎、盥缶和尊缶等，形制、纹饰图案，精致、新颖、浪漫，楚风楚韵，与中原文化有着明显区别。

"淮夷文化为什么没能与中原文化相结合，而是与楚文化融合在一起呢？除了楚国用武力大肆占领了淮夷地区，是否在政治、文化、审美、宗教信仰、习俗上具有同一性呢？"我这样想着，便脱口问道。

一旁的友人笑着说："问的蛮有意思。楚国长期也被中原王朝视为夷，楚人亦自认不讳。在周夷王时，楚国已称王。但到周厉王时，因其暴虐肆行，楚国国君熊渠怕惹火烧身，于是自动取消王号。[①]这是淮夷与楚国的命运的共性，都曾经被蔑视为夷。"

"有点难兄难弟的味道。淮夷更惨了些，留下来的东西太少。"

淮夷文化，或者说古代淮河文化，与楚文化在精神层面有着相同或者相近的地方。淮夷与楚人都有自己的文化传统，他们不故步自封，善于接受外来文化；他们的崇拜物也不同于中原：楚人崇火尚凤、亲鬼好巫，淮夷崇水尚鸟、亲神好卜。共同的是天人合一，追求浪漫，与中原文化尚土崇龙、敬鬼远神、

---

① 《史记·楚世家》："当周夷王之时，王室微，诸侯或不朝，相伐。熊渠甚得江汉间民和，乃兴兵伐庸、杨粤，至于鄂。熊渠曰：'我蛮夷也，不与中国之号谥。'乃立其长子康为句亶王，中子红为鄂王，少子执疵为越章王，皆在江上楚蛮之地。及周厉王之时，暴虐，熊渠畏其伐楚，亦去其王。"

——淮河访古行纪

● 老者在修复青铜器

天人相分、力主现实,形成鲜明的对照。再仔细分析水与火、凤与鸟、鬼与神、巫与卜,在哲学、信仰、审美诸多方面存在着同一性。①

应该说,淮夷文化与楚文化结合后,淮夷文化已经不具有绝对的独立性,而是掩盖在楚文化之下存在,与之相互渗透。为什么是掩盖,而不是覆灭呢?我告诉友人自己的理解,中国文化有一个特殊性,呈现的第一层面的文化现象

---

① 鸟夷当是崇拜鸟的图腾的氏族部落。淮夷的"淮",从"隹","隹"即鸟类,也该是鸟夷的一支。原来分布不限于淮水流域,直到今山东中部。淮夷,嬴姓,亦即盈姓,亦称熊盈族。……嬴姓的祖先,相传是大业,是"玄鸟陨卵,女修吞之"而生。大业之子大费,即伯益(一作伯翳),职司调驯鸟兽。他的儿子大廉又称鸟俗氏。大廉玄孙孟戏、中衍,又是鸟身人言(《史记·秦本纪》)。看来古代东夷,多数是鸟夷的分支。——引自杨宽《西周史》第一编第四章(三)《周公摄政称王和"三监"、武庚、东夷叛乱》,上海人民出版社,2019年版。

● 凤阳县博物馆内陈列的鸟形陶鬶

往往是统治者推崇的东西，在这一文化层面下，还存在着另一个甚至多个文化层面，比如不同地域、不同人群形成的文化层，而后者直接制约生活在不同地域人群的思想、行为方式。淮夷文化事实上依然存在于楚国统治下的广大的淮夷人口居住地，由于两者复合程度高，淮夷文化的特征就显得弱小，以楚文化特征呈现于世。

"你是说，淮夷文化没有被消灭，而是与楚文化结合在一起，影响着人们？"

"可以这么理解。"我回答。

淮夷文化与中原文化差异比较大，内存的同一性小。在中原地区实行由上而下的分封制，以及商鞅变法后秦国出现的军事化中央集权制时，生活在淮河流域的淮夷尚处在氏族联邦形态之中，他们的政治、文化、审美、宗教信仰、习俗与中原迥然不同，受到中原文化的鄙视和打击，尤其在秦灭楚和始皇帝统一天下后，中原文化占据了主导地位，覆盖在楚与淮夷文化之上，成了楚与淮夷文化层之上的另一个文化层，并显示出强大的威慑力。然而，楚与淮夷文化没有灭亡，它们具有的同一性，导致发酵成以楚文化为特征包含淮夷文化成分的文化，对抗着中原文化，且表现出与中原文化融合过程极其缓慢的特点，期间还爆发出激烈冲突，导致帝国的崩溃，那就是陈胜、吴广、刘邦、项羽等群雄对秦帝国的挑战。后来西汉末年的赤眉军起义、唐末的黄巢起义、元末的红巾军起义等，从某种意义上说都是这种文化冲突的延续。当然，在项羽与刘邦的楚汉之争、曹操的"挟天子以令诸侯"、朱元璋淮水征战的历史事件中，也可以看到中原文化中的王道文化对淮河流域的深远影响，这是漫长文化交融和现实需要的结果。

文化上，淮河流域孕育了与中原文化截然不同的现象，孙叔敖、老子、庄子、管仲、刘安父子、曹操、费祎、王粲、王弼、嵇康、阮籍、杜甫、李商隐、吴承恩等，由淮夷文化与楚文化相融合之后分泌的乳汁滋养他们，架构起淮河流域独特的文化符号。

友人说："表现在青铜器上，一个精致、新颖、浪漫；一个凝重、粗犷、大气。各有千秋，难分伯仲。"

老者喃喃自语："形式多样才有看头。"

"其实，如果不是大秦彻底灭了淮夷（参见本书第067页脚注③），现在的人能够看到更多的不同样式的文化。"我惋惜。

晚上，下榻县城闹市区的酒店。店主人听说友人与我来了，专门设宴洗尘，又喊来了郑夏等几位当地研究朱元璋的专家作陪，一起喝酒聊天。

个子不高的店主瘦瘦白白，五六十岁的模样，说话慢条斯理，比较严谨。在凤阳，他算得上是有实力的企业家，赚了些钱，又跑到湖北某县投资，说起两地风俗，颇多相通之处，比如席位座次均尚左，就可见一斑。席间，聊起淮河文化，煞是热闹，四五个人居然喝掉了两瓶多当地产的高度白酒，不免口干舌燥。忽然想起珍珠翡翠白玉汤，问店主有没有，店主人说："那是剩饭粒、菜帮子、豆腐和在一起做的泡饭，一般饭店不愿做。"

"就是街上的小店也没的，上不了台面。"友人笑着说。

"这可是与朱元璋有关的著名菜式，当年单口大王刘宝瑞先生的版本风靡南北。凤阳应该搞，粗菜精做，同样上得了台面，卖得出价钿。"我晕头晕脑地说。

店主人说："与朱元璋有关的菜，酿豆腐有。"

……

大概是酒的缘故，夜不能寐。想到了出生于淮河流域大沙河的许慎①，解

---

① 许慎（约58—约147），东汉经学家、文字学家。汝南召陵（今属河南漯河）人，字叔重。少博学经籍。曾仕郡功曹，举孝廉，历任洨长、太尉南阁祭酒。师事贾逵，受古文经，为马融所重，时称"五经无双许叔重"。和帝永元十二年（100）至安帝建光元年（121），作《说文解字》并叙目共十五篇，为我国最早文字学专著，创按部首列字体例，集古文经学训诂之大成。又著《五经异义》，已佚，有辑本。

释"淮"字为"从水隹声",隹是"鸟之短尾总名也"。由此,可以理解淮河是一条栖息着众多短尾水鸟的美丽河流。

大约在东汉建光元年(121),许慎把积近四十年之功才定稿的呕心沥血之作《说文解字》,交由其子许冲献呈汉安皇帝刘祜,流传至今。他注释淮字:"水出南阳平氏桐柏大复山东南入海",给人感觉是平静、温婉、细腻、贤淑、端庄、谦让,好像是古人笔下的仕女图一般雅致。

也许正是淮河的美好,赢得了沿岸人们的敬爱,形成对水的崇拜。出生在淮河重要支流涡河边的李耳,传说中他的母亲理氏(玄妙玉女)在河边洗衣服,见上游飘下一个黄澄澄的李子,忙用树枝将这个拳头大小的李子捞上了岸。到了中午,又热又渴的她,便将李子吃了。理氏不知不觉居然怀了八十一年的孕,生下一个白眉、白发、白须的"三白"男孩,指着院子中的一棵李子树,对理氏说:"李就是我的姓。"显然,李耳的出生与水有关,他来自水中。①

水是美好的,《道德经·第八章》中有句名言:"上善若水。水善利万物而不争,处众人之所恶,故几于道。"李耳认为极致的善就像水一样,滋养万物,而不与万物相争什么,存在于人们不想去的地方,所以水最接近于道,这里的道是指一种崇高的境界。宋人王安石在《老子注》说:"水之性善利万物,万物因水而生。然水之性至柔至弱,故曰不争。众人好高而恶卑,而水处众人之所恶也。"

在自然界的客观存在中,水得到李耳最高等级的赞美,认为水呈现的品格近于道,"道"是李耳认识的客观自然规律,具有"独立不改,周行不殆"的

---

① 唐段成式《酉阳杂俎·玉格》:"老君母曰玄妙玉女。天降玄黄,气如弹丸,入口而孕。凝神琼胎宫三千七百年,赤明开运,岁在甲子,诞于扶力盖天西那王国郁察山丹玄之阿。又曰:老君有胎八十一年,剖左腋而生,生而白首。又曰:青帝劫末,元气改运,托形于洪氏之胞。又曰:李母本元君也,日精入口,吞而有孕。三色气绕身,五行兽卫形,如此七十二年,而生陈国苦县赖乡涡水之阳、九井西李下。"

湮没的帝都

至高无上原则。水是接近于道的存在，可见水在李耳心目中的地位。

李耳理想中的"圣人"是道的体现者，言行类似于水的品格，并列举出七个"善"，都是受到水的启发。最后的结论是为人处世的要旨，即为"不争"。也就是说，宁处别人之所恶，也不去与人争利，所以别人也没有什么怨尤。

晚于李耳一两百年出现的庄周①，据《史记·老子韩非列传》："庄子者，蒙人也，名周。""蒙人也"三字，引发了河南商丘、安徽蒙城、山东东明三地的庄子故乡之争，笔者从蒙城说。蒙城坐落在涡河边上，距离李耳的出生地不远。庄周与李耳一样，深深地热爱着水。记得那次从尉迟寺遗址赶往蒙城，临近县城时见有漆园的字样，庄周曾在这里任过漆园吏。行车途中，与友人聊天，称赞他是民族心灵鸡汤的煲制者，秦以后二千多年的专制统治，中国知识分子如若失缺庄周的汪洋恣肆、超然达观，恐怕会生出许多的自杀和精神疾病患者。友人笑而颔首。

那天晚上，在酒店贪食了一些牛肉，实在有点撑，于是一早便来到城边的庄子祠。这祠为宋时所建，有东坡题记，几经损毁，现址为上世纪末营造。表面气派的建筑里，却不见庄周生平陈列和介绍，一物一器似乎与庄周没有多大的关联。

走到祠内一处叫观鱼台的景点，友人指着说："庄子晚年游历于凤阳临淮城西南，《庄子·秋水篇》记录有他与惠施②同游濠梁观鱼的故事，两人见一

---

① 庄周（约前369—前286），即庄子。战国时哲学家、文学家。尝为蒙漆园吏。楚威王闻其贤，遣使厚币往聘，周以寓言作譬，愿逍遥物外，却楚王之聘。惠施为梁相，周视相位如腐鼠，多次与惠施辩论。学祖老子，"道法自然"；主张"坐忘"，以达"天地与我并生，而万物与我为一"之境界；与老子并称"老庄"，被尊为"老庄哲学"。今存《庄子》，为文汪洋恣肆，想象丰富，对后世影响很大。
② 惠施（约前370—约前310），战国时名家的代表人物，宋国人。尝为魏惠王相。主张联合齐楚消弭战乱，为"合纵"策略之组织者。善辩，与庄周友善。庄周称"惠施多方，其书五车"。主张"合同异"，持论有"至大无外，谓之大一，至小无内，谓之小一""泛爱万物，天地一体"等。又富于自然科学知识，对先秦逻辑学发展有贡献。有《惠子》，已佚。其言行片段散见于《庄子》《荀子》。

―― 淮河访古行纪

● 庄子祠

群鱼儿来回游动，悠然自得。庄子曰：'鲦鱼出游从容，是鱼之乐也。'惠子曰：'子非鱼，安知鱼之乐？'庄子曰：'子非我，安知我不知鱼之乐？'这事发生在凤阳的淮河边上——濠梁。"

"反正在水边。"我笑笑。

在庄周心中，理想中的生命体鲲鹏居住在水中，"北冥有鱼，其名为鲲。鲲之大，不知其几千里也。化而为鸟，其名为鹏。鹏之背，不知其几千里也。怒而飞，其翼若垂天之云。是鸟也，海运则将徙于南冥。南冥者，天池也"。鲲为鱼时住在水里，变为鹏鸟后，还是住在水里，只是南北水域的名称不同。水是鲲鹏的栖息地，孕育着这个伟大的生命。

不仅如此，水中还住着天下第一流的隐世高人，比如渔父，他或为庄周之化身。一天，"孔子游于缁帷之林，休坐乎杏坛之上。弟子读书，孔子弦歌鼓琴"。孔子奏曲到一半，"有渔父者，下船而来，须眉交白，被发揄袂，行原以上，距陆而止，左手据膝，右手持颐以听"。渔父乘船而来，他的胡子眉毛

湮没的帝都

全白，披着头发扬起衣袖，沿着河岸而上，来到一处高而平的地方便停下脚步，左手抱着膝盖，右手托着下巴听孔子弹琴吟唱，这形象透射出自信、飘逸、沉着。渔父离开孔子，回到哪里去呢？"乃刺船而去，延缘苇间"，意思是渔父撑船离开孔子，缓缓地顺着芦苇丛中的水道划船而去，可以想象渔父居住在烟波浩渺处。

道家与儒家的重要对话发生在河边，庄周假借捕鱼的老人之名，对诞生于黄河流域代表中原文化的孔子进行面对面批评，指斥孔子学术，并借此阐述了"持守其真"、回归自然的主张。渔父先跟孔子的弟子子路、子贡谈话，说孔子"性服忠信、身行仁义""饰礼乐、选人伦"，都是"苦心劳形以危其真"。接着，他直面孔子进行批驳，指出不在其位而谋其政，乃是"八疵""四患"的行为；应该各安其位，才是最好的治理。接下来渔父向孔子提出什么是"真"的问题。所谓真，就是"受于天"，主张"法天""贵真""不拘于俗"。最后，似乎是孔子理屈词穷，甘拜下风，目不转睛地看着渔父离去，直到水波平息，听不见桨声方才登上车子……①

时光飞逝，传承不息。庄周离世后百余年，刘安②出生，他封在淮南一带，招揽门客共同编撰出《淮南子》。《淮南子·原道》有如是表述："夫道者，覆天载地，廓四方，柝八极；高不可际，深不可测。包裹天地，禀授无形；原流泉浡，冲而徐盈；混混滑滑，浊而徐清。"他认为"道"，覆盖天承载地，

---

① 《庄子·渔父》历来颇受质疑，认为非庄子原作。但本篇的主旨与庄子的主张还是有相通之处，对儒家的指责虽不如《胠箧》《盗跖》那么直接、激烈，守真和受于天的思想也与内篇的观点相一致，且渔父本身就含有道者的隐喻，故仍应看作是庄子的后学之作。
② 刘安（前179—前122），西汉沛县（今属江苏）人。刘邦孙，淮南厉王子。文帝十六年（前164）分淮南故地为三，被立为淮南王。为人好读书鼓琴，善为文辞，才思敏捷。武帝使为《离骚传》，朝命午就。后因谋反事败，自杀，被株连而死者达数千人。曾招致宾客方术之士多人编撰《鸿烈》，后称《淮南鸿烈》，亦称《淮南子》。《汉书·艺文志》列为杂家。

——淮河访古行纪

● 观鱼台

湮没的帝都

扩展至四面八方，高不可触及，深无法测量。它包裹天地，养育着万物苍生。像泉水从源头处浡涌出来，开始时虚缓，慢慢地盈满，滚滚奔流，逐渐由浊变清。所以，道竖直起来能充塞天地，横躺下去能充斥四方，施用不尽而无盛衰。"是故能天运地滞，轮转而无废，水流而不止，与万物终始。……天下之物，莫柔弱于水，然而大不可极，深不可测；修极于无穷，远沦于无涯；息耗减益，通于不訾。上天则为雨露，下地则为润泽；万物弗得不生，百事不得不成。大包群生，而无好憎；泽及蚑蛲，而不求报；富赡天下而不既，德施百姓而不费；行而不可得穷极也，微则不可得把握也。击之无创，刺之不伤；斩之不断，焚之不然；淖溺流遁，错缪相纷，而不可靡散。利贯金石，强济天下。动溶无形之域，而翱翔忽区之上；邅回川谷之间，而滔腾大荒之野。有余不足，与天地取与，授万物而无所前后。是故无所私而无所公，靡滥振荡，与天地鸿洞；无所左而无所右，蟠委错紾，与万物始终。是谓至德。夫水所以能成其至德于天下者，以其淖溺润滑也。故老聃之言曰：'天下至柔，驰骋天下之至坚。出于无有，入于无间。吾是以知无为之有益。'"

这简直是一曲水的颂歌，把"道"和水融合在一起，诉说心中的至高无上，借助水描述道的形象。这样的想象，是不是他站在淮河边遐思的结果呢？

延至北宋末年，淮河依然美丽，河湖交错、沃野千里、资源富饶。直到1194年，也就是南宋绍熙五年金明昌五年，彼时中原已在金朝治下，黄河在阳武（今河南原阳县）南堤决口，洪水如千军万马奔向东南，通过泗水进入淮河。此时，淮河变得狂暴起来，有限的河床被冲破，两岸一片泽国，不再美丽动人，一派疯狂、暴虐，满目是死亡和贫瘠。

13世纪—14世纪，淮河每百年平均水灾35次；16世纪—20世纪50年代的450年间，每百年平均发生94次，水灾日趋频繁；15世纪—20世纪初的500年间，流域内发生较大旱灾280次。洪涝旱灾的频次已超过三年两淹，两年一旱,灾害年占整个统计年的百分之九十以上,不少年洪涝旱灾并存,往往一年内涝了又旱,旱了后涝。淮河呈现出颠狂、剽悍、撒泼、焦躁、贪婪,每一次的灾难都冲击着淮河流域的社会结构、文化构成和公众心理。

记得有位学者曾经这样说过,洪水肆虐,灾难频仍,造成淮河两岸民众滋生出宿命观,面对自然灾害束手无策,往往听天由命。他们不愿与自然抗争,却在另一方面表现出好勇斗狠,为了个人或者家族的利益大打出手。

许慎见到过的巨数短尾之鸟,再也不见了,淮河流域已经变得面目全非。记得那个深夜,我的小车行驶到跨越淮河的大桥上,感受到它强大的磁场,车窗外一片漆黑,耳畔回荡着河水湍急流动时发出的轰鸣,令人感到震撼和惊悸,这已经是 21 世纪初被驯服过的淮河。我想,曾经灾难无常的淮河,会使生活在沿岸的人们产生宿命的同时,也需要救赎的狂热。而这种救赎的表现形式就是以宗教为背景的起义。

想着,便打开手机,在备忘录里录下这些文字。窗外,拖拉机突突地驶去,拉开窗帘已是东方欲晓。

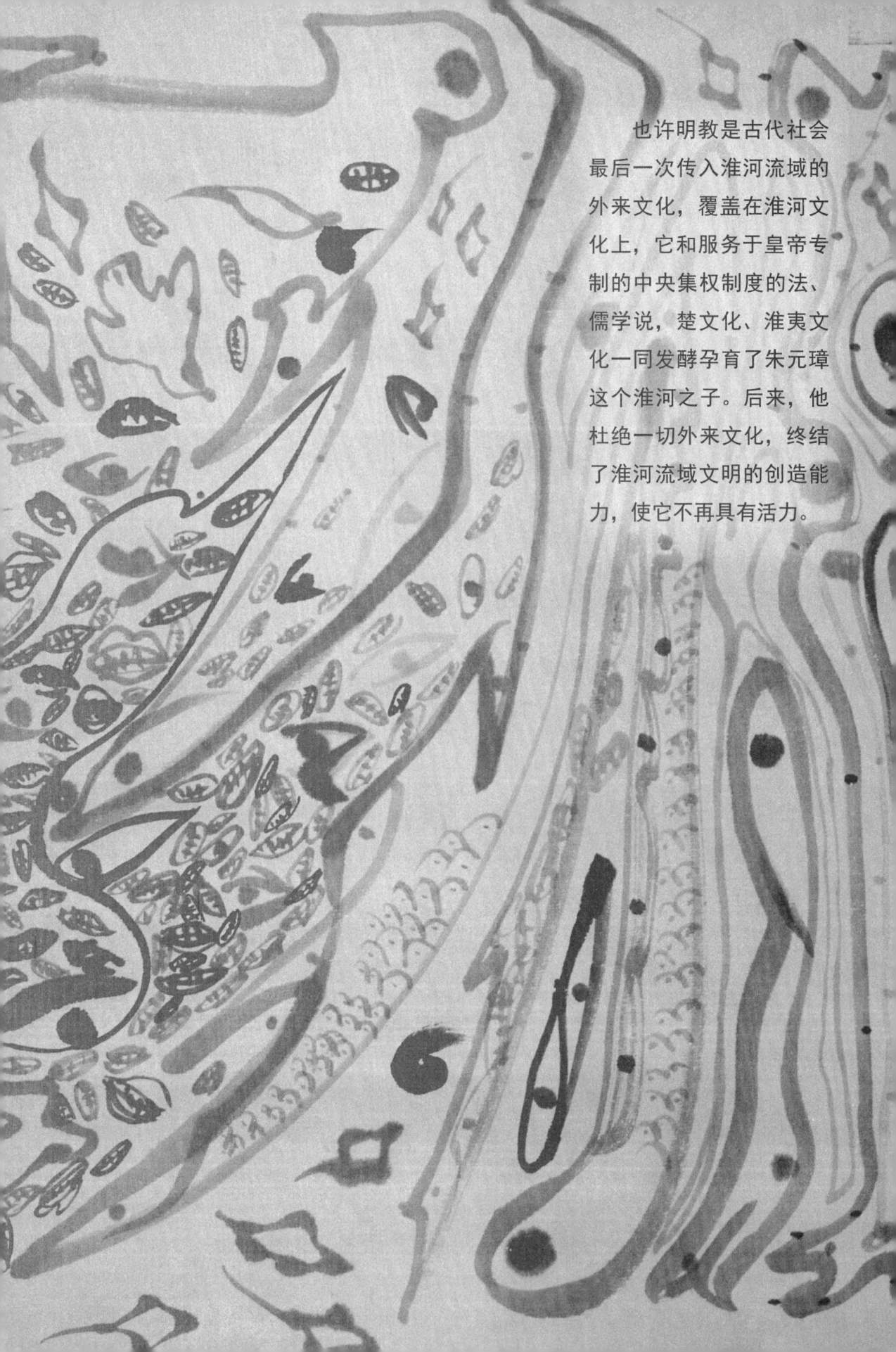

也许明教是古代社会最后一次传入淮河流域的外来文化，覆盖在淮河文化上，它和服务于皇帝专制的中央集权制度的法、儒学说，楚文化、淮夷文化一同发酵孕育了朱元璋这个淮河之子。后来，他杜绝一切外来文化，终结了淮河流域文明的创造能力，使它不再具有活力。

—— 淮河访古行纪

柒. 迷糊了不多一会,电话铃响起,郑夏等友人已在大堂里候着了,准备一起去朱元璋早年生活的村子和出家做小和尚的寺院。那也是我期盼已久的事,猜想那里可能会有更多的历史信息令人回味。匆忙洗漱完毕,又跑到自助餐厅拿了几个包子,边吃边上了路。

车子无法继续前行,只能停靠在村口。徒步进入窄小的村道,两侧农家宅院一户挨着一户,十分安静。路过时有吠声,继而引发连锁反应,吠声一片。我说:"这个村还是有不少人在家的。"

友人回答:"一般是些老人、小孩。"

"叫什么村?"郑夏告诉我:"金桥村。现在看到的建筑已面目全非。但布局与古时候大体相仿。"

穿过一户带有龙柱的农舍,来到一片空旷地,远处是一个孤孤零零的小村落。除了几棵大树,也就一些上世纪八九十年代盖的农舍,没有什么特别的样子。郑夏指着的一棵树说,左边便是朱元璋老宅的所在地。

"噢,凭什么确定的呢?"

"朱元璋亲撰的《朱氏世德碑》和同时期的翰林侍讲学士危素撰写的《皇陵碑》,都扼要讲述过他的家世和出生地。《朱氏世德碑》记载:'先老君娶陈氏,泗州人……某其季也,先迁钟离,后戊辰所生。'危素在《皇陵碑》也说:'皇考有四子:长兄讳某,生于津律镇;仲兄讳某,生于灵璧;三兄讳某,生于虹县;皇考五十,居钟离之东乡,而朕生焉。'这个村子便属于历史上的钟离东乡。当然,认定这一片,与於皇寺①遗址有关,那边有些遗迹。"郑夏如数家珍。

我刨根问底:"朱家从何时起,定居在这里?为什么这里就是钟离东乡呢?"

---

① 於皇寺:即皇觉寺,朱元璋出家之所。明洪武十六年(1383)由旧址移至"第一山"重建,朱元璋赐名"大龙兴寺",并亲撰《龙兴寺碑》。明末谈迁《枣林杂俎·僧娶妻室》:"凤阳大龙兴寺,即皇觉寺,一曰於皇寺。"北京:中华书局,2006年版,第302页。

● 建有龙柱的农舍

——淮河访古行纪

● 金桥村

郑夏述说，朱元璋祖父朱初一去世后，家境衰落，朱五一（朱元璋伯父）和朱五四（朱元璋父亲）兄弟只好分别逃荒。朱五一一家逃至濠州钟离；朱五四一家先逃至灵璧，又迁至虹县（今安徽泗县），再迁至钟离东乡。朱元璋的三个胞兄分别出生于盱眙、灵璧和虹县，朱元璋则在元天历元年（1328）出生于钟离东乡。

据明史专家考证和实地考察，元朝时的钟离东乡，是由西汉沛郡所辖的东乡县演变而成的一个县属乡。明朝初年营建中都，行政建制大幅度调整，钟离县改为中立县，又改为临淮县，再析分为临淮、凤阳两县，东乡也改为感应乡，属临淮县。因此，朱元璋的出生地，在明初名为临淮县感应乡燃灯集金桥坎，今天的地名为凤阳县小溪河镇燃灯社区金桥村。

"朱家逃到战争、自然灾害频发的这儿谋生，可见他们已是穷途末路。"我这样说。

郑夏告诉我，那时逃荒来的人只能选择空地定居，开一些荒地，或者充当佃户，或外出打工，日子过得相当艰难。遇上天灾人祸，便又去逃荒。周而复始，一直延续到上世纪中叶。

从金桥村到於皇寺遗址，走大路绕得远，笔直穿过去近许多。大家表示穿过去，有一段正被横向筑路的工地占了，行路有点难，只能小心移步。继而穿过一段田埂，郑夏指着农田中央的隆起处说，这是当年寺院的一口井，他掀开盖在井口的草帘子，大家凑近往下看，辨不出黑洞洞的井里是否有水。

郑夏说："朱元璋进入寺庙后，主要做伺候老和尚、扫地除尘、洗衣煮饭的事。伙房门前的水井，应该是他经常要来的地方。"他侧身指向左边，说是当年大殿的所在。顺着他手指的方向望去，不远处有一片半人多高的夯土层，光秃秃的，一株枯萎的野草在上面摇曳。

元至正四年（1344）春，淮河两岸大旱，继而瘟疫肆虐，朱元璋父母、哥哥相继死去，少年朱元璋走投无路，在乡亲们的关照下进入於皇寺得以存活。乡间寺庙繁重的劳动，尚能果腹，即便如此，老天也没有让他过上多久这样的日子，仅五十天后饥荒迫使朱元璋成了游方和尚，四处乞讨，浪迹天涯，饱尝常人难以忍受的艰辛

● 於皇寺水井遗址

—— 淮河访古行纪

● 众人考察於皇寺遗址

和苦难。同时，又方便他与反元的宗教组织建立联系，接受新的宗教观，秘密加入组织。四年后，青年朱元璋回到故里，接纳他的依然是家乡的这座破寺庙。之后，朱元璋又从这里出走，投奔郭子兴所率的红巾军，踏上了雄霸之路。

"他的成功与宗教有着密不可分的联系。佛教给了朱元璋生存和发展的机遇，拯救了他的人生；明教是他走向成功的基石。"郑夏说。

"明教有这么大的作用？"友人问。

"大明王朝的国号出自明教。"我回答。

笔者依稀记得历史学家吴晗在《朱元璋传》中曾经讲过这样一段话："大明这一国号出于明教。明教有明王出世的传说，主要的经典有《大小明王出世经》。明教经过了五百多年公开、秘密的传播，明王出世成为民间所熟知、深信的预言。这传说又和佛教的弥勒降生说混淆了，弥勒佛与明王成为二位一体的人民救主。"①

"明教的势力在元末强大，成了反元的旗帜，朱元璋的成功得益于明教在淮河流域的传播，大明有了明教的意思。"我接着补充道。

"明教是个外来的东西。归根寻源，它的源头是摩尼教。混合了佛教、道教等宗教，中国化后称为明教。"郑夏告诉友人。

摩尼教的创始者摩尼（Mānī，约216—约276年），出生于南巴比伦安息王族家庭。二十五岁时吸取琐罗亚斯德教、基督教、佛教及诺斯替教诸说，创立摩尼教。宣传善恶二元论，自称为最后的"先知"。旅行东方各地，传曾到过印度西北部和中国西部。约242年回国，在国王沙普尔一世庇护下建立教团，广泛传教，宣讲教义。后因王室政权更迭，即位者巴赫拉姆一世对摩尼教的态度起了变化，摩尼遭到逮捕，被钉死在十字架上（一说，死在狱中）。摩尼教徒也遭到屠杀，纷纷逃亡，流落世界各地，流传四面八方，成为世界性宗教。

摩尼教传入中国比佛教晚了五六百年，大致在隋至唐高宗时期。武则天时允许摩尼教作为合法宗教公开传播，遭到佛教、道教的抵制与攻击，唐玄宗颁布敕令，仅允许居住唐地的外族信仰，本族则被禁止。"安史之乱"后，因回纥②发兵助唐平定叛乱有功，被其尊为国教的摩尼教，从而得到朝廷的

---

① 参见吴晗《朱元璋传》第四章（一）《大明帝国和明教》，长沙：湖南人民出版社，2018年版。
② 回纥：古族名。北魏时，东部铁勒的袁纥部落游牧于鄂尔浑河和色楞格河流域。隋称韦纥。大业元年（605），因反抗突厥的压迫，与仆固、同罗、拔野古等成立联盟，总称回纥。唐天宝三载（744），破东突厥，于今鄂尔浑河流域建立漠北回纥汗国。辖境东起兴安岭，西至阿尔泰山，最盛时曾达中亚费尔干纳盆地。有文字。曾助唐平"安史之乱"，进一步密切了与唐的关系。贞元四年（788）自请改称回鹘。开成五年（840），为黠戛斯所破。部众分三支西迁：一迁吐鲁番盆地，称高昌回鹘或西州回鹘；一迁葱岭西楚河一带，即葱岭西回鹘；一迁河西走廊，称河西回鹘。

礼遇，又重返唐朝境内。大历三年（768）在都城长安设置寺院，唐代宗赐额"大云光明寺"，并在荆、扬、洪、越诸州建寺，摩尼寺几乎遍布全国各地。会昌元年（841）唐武宗继位后，下令查禁摩尼教，会昌五年（845）武宗又掀起大规模灭佛运动，摩尼教也随之被彻底禁止。由此，摩尼教或攀附佛、道教，或演化为民间宗教，在下层社会秘密流传，活动地区主要在华北各地。同时，在网络深耕的福建、浙江一带摩尼教继续活动。时值北宋初年，摩尼教演化为明教，也称明尊教。南宋初期，明教已遍播于淮南、两浙、江东、江西、福建东南一带，为避免朝廷禁令，因地异名。官府则统谓之为左道、妖贼、妖教，或以它的特点称为吃菜事魔。当时明教组织、习尚、教规、仪式，频繁被监视明教的官员记录在案。元朝时，蒙古人讲究快马利刀的武功，对于中国本土及外来的宗教采取容忍的态度，明教已经相当发达。

摩尼教义的核心是二宗三际说，二宗指明与暗，代表善与恶，善神清净而光明，恶魔污浊而黑暗，人宜弃恶就善，弃暗趋明。三际是时间概念，就是将宇宙的历史分为初际、中际和后际三个阶段，传入中国后，混同于佛教的三世，成为过去、现在和未来三际。该教的最高崇拜为大明尊或称大明神，它是神位（大明尊自身）、光明、威力和智慧四种德性的集中体现者，认为只有大明尊才能教化众生，脱离诸苦，拔救灵魂，不堕地狱。

明教在中国古代社会能够生根，且广为流传的原因之一，与它提倡互助、团结、素食、戒酒、裸葬的节俭生活方式有着重要的联系，它的素食主义使入教徒众能够相对果腹，结党互助可以帮助教民度过难关。帝王专制的中央集权制度不施仁政，嫉恨仁政之出于民间，不喜欢它的存在，视它为叛逆，禁止传播，从而压制。而百姓信仰，诚心坚固，无灾害时，相安无事，一旦闹起灾荒，政府压迫过重时，揭竿而起，成为农民暴动的核心力量。

摩尼教传入中国的路径由中亚到西域，经丝绸之路传入中国北方，继而向南方扩散。经过数百年的本土化，摩尼教在贫瘠的淮河两岸扎下根，与淮河流域文化相融合，结出盛大的果实——大明帝国的诞生，这是历经磨难的古波斯人摩尼所预料不及的。但是，这时的摩尼教已经不是创办时的样子，文化成分减弱，政治意义凸显，直接成了农民起义的口号。当时有"弥勒佛下生，明王出世"的说法。至正十一年（1351）五月，元顺帝征用大量人力物力治理黄河，劳命伤财，民怨沸腾。淮河流域出现以白莲教为纽带，宣传"弥勒降生""明王出世"的韩山童与刘福通、杜遵道等人，决定在淮河、颍河交汇处的颍上（今属安徽）发动红巾军起义。事泄，韩山童被捕杀，刘福通带韩山童之子韩林儿杀出重围，占领颍州（今安徽阜阳），百姓纷纷响应，在安徽、河南一带势头旺盛；徐州的芝麻李、彭大，濠州（今安徽凤阳）的郭子兴等，均打着红巾军的旗帜起义。1355 年，刘福通在亳州（今属安徽）立韩林儿为"小明王"，国号"宋"。

朱元璋凭智计和手段，取代了病逝的郭子兴的地位，渡长江占领集庆，改名为应天（今江苏南京）。1357 年前后，以察罕帖木儿、孛罗帖木儿、李思齐等为首的元军将领开始对北方红巾军展开反攻，红巾军内部也发生争执、分裂，势力渐弱。1363 年，北方红巾军在安丰（今安徽寿县）败给张士诚的部将吕珍，刘福通战死，韩林儿被朱元璋救至滁州安顿。1366 年底，朱派大将廖永忠赴滁接韩，在返回应天途中，船到瓜州被凿沉江，小明王至是而亡。后来史家大多推断，这是受朱元璋指使所为。南方，终由朱元璋攻灭陈友谅、张士诚后收入囊中，1368 年朱元璋称帝。

"也许明教是古代最后一次传入淮河流域的外来文化，覆盖在淮河文化上，它与中原文化、楚文化、淮夷文化一同发酵孕育了朱元璋这个淮河之子，后来他杜绝一切外来文化，终结了淮河流域的文明。"我认为。

朱元璋糅合了法家、儒学、楚巫、佛教、弥勒、明教诸端于一身，且运用自如，成就他为一代大帝。淮河文化的特质，集中在他身上得到体现。淮河沧海桑田的频率，表现出的强大自然力，远远超出文化的力量，而且这种生存状况，极容易与淮河文化中的糟粕紧密相联。可以说，朱元璋是一个复杂的文化现象。

回到宾馆，继续与友人说着先前的话题，我说："祸兮福兮，事事难料。少年朱元璋被迫离开於皇寺，为谋生计不得不去化缘、要饭，这似乎是一件不好的事情。但是这一段要饭的日子，对于朱元璋的一生来说必不可少，是他通往帝王之路的重要的而且必须的历练。"

郑夏说："朱元璋是个聪明人，即使要饭，也找了一条较为富裕的路线。他离开家乡，先向南走到合肥，然后楚向西，一直到达现在的河南信阳地区，再向东走，足迹留在了淮河中上游的两岸，对这条河有了切肤的认识。读书不够，走路来补呀。"

朱元璋到过的息州、陈州、信阳和淮西流域，前三个是弥勒教徒起事失败的地方，后一个是彭莹玉的教区。这里曾传说弥勒佛已经降生了，引发教友在信阳起事，打下鹿邑，烧了陈州。这年，朱元璋十岁，开始懂事了。第二年彭莹玉的徒弟周子旺在袁州起事，劝人念弥勒佛号，每晚点着火把，烧香礼拜，口宣佛偈，跟从的人极多。约定寅年寅月寅日寅时起兵，参加的人坎肩上写一个佛字，刀枪不入。1338年是戊寅年，年月日时都凑齐，周子旺自称周王，改了年号，率领五千人起事。这伙未经组织训练的乌合之众，虽然有信念，打仗却不中用，刚一点火，就被扑灭了。彭莹玉侥幸逃脱，躲在淮西民家中秘密传教，准备再干。①

据吴晗叙述，在朱元璋游方的几年中，西系红巾军的开山祖师彭莹玉正

---

① 参见吴晗《朱元璋传》第四章（二）《游方僧》，长沙：湖南人民出版社，2018年版。

在淮西一带秘密活动，传布弥勒佛降生的教义。彭莹玉也是游方和尚，朱元璋即使没有见过彭和尚，至少与彭和尚的党徒接触过。几年后，这地方又成了东系红巾军的根据地。二十一岁的穷和尚朱元璋，在大元帝国的火药库周游了几年，接受了新的宗教、新的看法，嗅到了政权更迭前弥漫的火药气味。

彭莹玉秘密传布的弥勒佛，是多元的，有外国来的成分，烧香诵偈，奉的神是弥勒佛和明王，主要的经典有《弥勒降生经》《大小明王出世经》。彭莹玉出生浏阳，出家袁州，布教在淮西，可以说是南派。另一个系统是北派，头目是赵州栾城（今河北栾城）的韩家。韩家几代以来都是白莲会会首，烧香结伙，信众颇广，潜势力极大，碍了官府的眼，被流徙到广平永年县（今河北永年）。到韩山童接手当会首后，宣传天下要大乱了，弥勒佛降生，明王出世。这两派在起兵以后，因为目标相同，都要推翻这个朝廷；信仰相同，都指出有一个新的光明的前途，就混而为一了。教徒用红巾裹头，时人称之为红巾、红军；因为烧香拜佛，又称为香军；所奉的偶像是弥勒佛，也称弥勒教；宣传明王出世，又叫作明教。

朱元璋悟性了得，千里之行使他感受到这一片土地的衰弱，日益凸显的焦虑、恐慌，感受到淮河两岸沉淀的文化和因为贫瘠而泛滥的险恶，当然也体会到充满宗教气息的骚动，而这种夹杂着不同因子的杂烩式的宗教令他感到新奇。年轻的他有一些冲动、亢奋，也有一些犹豫和害怕。他认识到只有激情下的冲动，才能解决自身的贫困和人群的饥寒交迫。

朱元璋在行乞人群中，个子高、容貌异相，有些特别，引人关注，每次偶遇高人，都视他为伟业的开创者，联想到自己外祖父早年的期望，一切似乎都是天意。

如何实现？直到四年后他回到於皇寺，一直都没有想明白。他蛰居於皇寺，除了寺院规定的必修功课外，像换了一个人似的变得刻苦起来，潜心读书，蓄

—— 淮河访古行纪

积能量。他十分关注外界情况，结交朋友。朱元璋为成就自己在作准备，也在等待。至正十二年（1352）红巾军大规模起义了，彼时，朱元璋二十五岁。他勃然心动，却也不敢草率行事，通过掷珓占卜，乃上上大吉，自以为得到神谕。于是，再无一丝犹豫，日夜趱程地投奔了过去。

以淮夷文化为基础的淮河文明,覆盖着楚文化的浪漫、中原文化的厚重,直到战争频发、灾难肆虐,使生存在这片土地上的人们陷入绝望的境地中,他们或死去、或抗争、或苟且,似乎热切地渴望着在这片土地上诞生一位明君,拯救他们于苦难之中,重振曾经创造的辉煌……

——淮河访古行纪

捌. 拍片的事没有实质性的进展,继续等待相关部门的意见,闲在酒店也不是件事儿,友人建议去毗邻的定远散散心。他与定远的一位朋友老章联络,对方一口答应。

驱车到达时,已是九点多,老章还没到,只能把车停靠在镇上的交叉路口等着。雨后的天空格外凝重,农田和街宇蒙上了一层深色。这是个大镇,且处交通要道,街上行人稀少,偶尔有车辆途经,也有长途大巴停在马路中间下一两个乘客,整个镇子分外冷清。

"外出的人员在春节时回家热闹一番,平时够呛。"友人说了一句,继而表示现在的村镇大多如此。

我问友人:"那么,谁来种田呢?"

"留守老人自己种一点口粮田,大部分转包给他人。"

"包出去的田,能收到钱吗?"

友人说:"一亩地有三五百块钱,看包给谁种了。还有国家补贴的那一部分也归了土地承包人,种田的人拿不到。"

"不多呀。"

"其实,种田的人在田里投入不少钱,化肥、农药,请人播种、收割,机械耕作也要花钱。如果他们再给土地承包人更多的钱,就所剩无几了。他们没钱赚,不愿去种地,农田撂荒,国家补贴也没有了。也有种撂荒的农田不给钱的,这些发包者大多在外做生意,不在乎那点补贴,种田人一般是亲戚朋友。"

闲聊一会,老章到了。寒暄之后,决定先去藕塘烈士陵园。烈士纪念塔建得很高,爬上不少台阶才到塔下,塔四周排列着许多墓碑,想来当年的战斗一定激烈。老章说:"1940年春天,藕塘成立了抗日民主政府,是津浦路西根据地中心。日伪军多次进犯,根据地军民坚持抗战,前仆后继,浴血奋战,在根据地周围击退日伪进攻,大小战斗数百次,敌我双方阵亡不少。1944年,路西参议会通过兴建藕塘烈士陵园。建成不久,陵园遭炸毁。现在我们见到的陵园是五六十年前在原址上重建的,近年又进行了修缮。"

"陵园整体规划得不错,建造也花费了不少钞票。"

"这是县里的重点工程。"

我脑海里闪过什么,便说:"这里殷商时是战场,西周时是战场,战国时是战场,到现代依然是战场。整条淮河,笼罩在战争的硝烟中,民生可想。"

"楚汉相争时这里也是战场。"老章接过话题,"你知道县城南潭村的虞姬墓吗?"

我十分惊讶:"项羽不是兵败在灵璧垓下吗?"

老章告诉我,项羽从垓下南驰渡淮后,经凤阳临淮关东,到达定远靠山乡古城集,受田父欺骗陷入大泽中,被五千汉骑兵围堵,苦战不已。定远在秦汉时称阴陵,《元丰九域志》记载:"阴陵故城,项羽迷道于此。"想象虞姬在这场混战中被杀或自尽,项羽来不及带走遗体,只好怀揣她的首级,一口气跑到东城西边,气喘未定,又被追兵包围,项羽自度不得逃脱,无可奈何,只得掩埋虞姬首级挥泪告别,领兵决以死战,斩将夺旗,突围而去。《太平寰宇记·淮南道六·滁州》曰:"虞姬冢在县南六十里,高六丈,即项羽败,杀姬葬此。项羽庙在县西六十里。古老相传云:项羽既败,迷于此地。后立庙。"[1]

我起了兴趣:"应该去看看的。"

"现在那里只有一个呈椭圆形的大土堆。县里预备花些钱进行修缮,建成

---

[1] 参见《史记·项羽本纪》:"项王乃上马骑,麾下壮士骑从者八百余人,直夜溃围南出,驰走。平明,汉军乃觉之,令骑将灌婴以五千骑追之。项王渡淮,骑能属者百余人耳。项王至阴陵,迷失道,问一田父,田父绐曰'左'。左,乃陷大泽中。以故汉追及之。项王乃复引兵而东,至东城,乃有二十八骑。汉骑追者数千人。项王自度不得脱。谓其骑曰:'吾起兵至今八岁矣,身七十余战,所当者破,所击者服,未尝败北,遂霸有天下。然今卒困于此,此天之亡我,非战之罪也。今日固决死,愿为诸君快战,必三胜之,为诸君溃围,斩将,刈旗,令诸君知天亡我,非战之罪也。'"北京:中华书局,1982年版,第334页。

——淮河访古行纪

● 蚌埠博物馆陈列的项羽与虞姬的雕像

旅游景点。"老章这样说。

此时,不知怎的天突然下起了暴雨,赶紧躲进车里。时近中午,便在沿途的一个小集镇上找了家土菜馆,小馆子的老板很殷勤地招呼着我们,还介绍说原先这条街有好几家菜馆,撑不住都关了,就剩下他一家:"现在来馆子吃喝的人越来越少了。"

我没按老板的引领,径直进了厨房,里面凌乱且有点龌龊。见地上的水盆里养着寸把长的小鱼,俯身细瞅,鱼身扁长,鱼头极小,眼珠晶亮。问紧随而来的老板,他回答:"梅鲌鱼,池河里的特产。"

"怎么做?"

"现在这个季节做锅仔贴饼最好。"

"就照你的法子弄。"

又要了几样土菜,依旧用酒水助兴。话题自然与战争有关。友人说:"记

湮没的帝都

得十多年前,读到过一个叫做鲁峰的学者写的论述淮河流域战争的文章①,据他统计,从有人类活动到1949年底,历史上大小战争接连不断,著名的战役有二百余次,发生在淮河流域的约占四分之一。先秦时期,淮河流域战争最为频繁,著名战役总数约占全国同期的二分之一以上。楚汉战争历时四年,著名的彭城之战、成皋之战、垓下之战等都发生在淮河流域,定远的楚汉之战,只是没那么著名而已。"

西汉初年,周亚夫平定吴楚七国之乱,战区在淮泗合流地区。东汉初年,刘秀灭王莽的昆阳之战,发生在叶县、禹县、郾县一带;关东之战,战区在沂沭泗淮濉诸水之间。东汉末年,曹操挟天子以令诸侯,拥献帝移都许昌,一时间淮河流域群雄四起,拥兵割据。在此期间,著名战役有发生在鲁苏皖交界处的曹操、吕布争夺兖州之战,发生在中牟、封丘一带曹操与袁绍之间的官渡之战。两战以后,淮河流域皆属曹魏。

司马氏建晋不足半个世纪,发生了永嘉之乱②。永嘉五年(311),北方匈奴军攻破晋都洛阳,俘虏晋怀帝司马炽。永嘉七年(313),怀帝被杀,司马邺在长安即位(愍帝),改元建兴。建兴四年(316),长安被破,愍帝又被掳,西晋灭亡。晋室南迁。建武元年(317),镇守江东的琅邪王司马睿即晋王位,次年称帝,是为元帝,定都建康(今江苏南京),史称东晋。淮河又成了血腥残酷的战场。

"说起永嘉丧乱,我想到了白痴皇帝司马衷。有一年闹灾荒,老百姓没有饭吃,到处都饿死人。有人把这一情况报告给他,他却说:没有饭吃,可以吃

---

① 参见鲁峰《淮河流域战争多发的动因与战略地位》,《人文地理》,2000年第4期。
② 永嘉之乱:晋惠帝在位期间,政治腐败,八王战乱相继。永兴元年(304),匈奴贵族刘渊乘机起兵离石(今山西吕梁),国号汉。晋怀帝永嘉四年(310),刘渊死,子聪继立。次年,刘聪遣石勒歼灭晋军十余万人于苦县宁平城(在今河南鹿邑),俘杀太尉王衍等。同年,又遣刘曜率兵破洛阳,俘怀帝,纵兵烧掠,杀王公士民三万余人。史称"永嘉之乱"。

肉糜[1]。这样的皇帝必然亡国。同样,还有一类帝王,看似强悍、英武、志气远大,开疆拓土,结果弄得民不聊生,一个好端端的帝国活生生被迫走了下坡路,比如汉武帝。"我说。

晋惠帝司马衷的昏庸无能,种下了八王之乱[2]祸根。五胡相继建立独立的政权,等到他同父异母弟司马炽接班时,匈奴贵族建立的汉国已经强大,永嘉五年(311)四月的宁平之战,十余万晋军全军覆没。"这一大战就爆发在淮河流域的鹿邑,直接导致中原人口大量迁往长江中下游,是我国古代出现的第一次人口南迁高潮,客观上促进了中国南北大融合、长江中下游经济的发展和古代经济中心的南迁,改变了中国发展的走向。"友人说得头头是道。

"现代人总是轻飘飘地评说,结论片面。其实,当年百姓的夺路奔命、家破人亡,充满血腥和残忍,这一点却没有什么学者提及,看到的仅是所谓的进步、促进。"我有些微词。

两晋南北朝动荡及分裂的三百年,淮河流域始终是南北双方角逐的场所,战火熊熊。如司马昭围攻寿春(今安徽寿县)之战,西晋末年的祖逖北伐,东晋时期的桓温攻前燕之战,谢安、谢玄以八万军力大胜八十余万前秦军的淝水之战,南梁与北魏间的钟离之战。

"钟离之战我知道的不多。"我说。

友人说:"钟离之战与淝水之战都是以少胜多的战例,王夫之在《读通鉴

---

[1]《晋书·惠帝纪》:"及天下荒乱,百姓饿死,帝曰:'何不食肉糜?'"北京:中华书局,1974年版,第108页。
[2] 八王之乱:西晋初司马氏大封宗室,并使之掌握重兵实权。晋武帝死,惠帝立,惠帝妻贾后与外戚杨骏争权,杀骏,用汝南王司马亮辅政。司马亮专权,贾后复使楚王司马玮杀亮,旋又杀玮,其后赵王司马伦、齐王司马冏起兵杀贾后。伦僭位,以惠帝为太上皇。成都王司马颖起兵杀伦,长沙王司马乂杀冏,河间王司马颙又杀乂,东海王司马越起兵复杀颙。诸王相互攻杀,至惠帝死,怀帝立,内讧长达十六年,史称"八王之乱"。

论》中说，钟离之胜，功相当于淝水之战。"①

淮水南岸的钟离城（今安徽凤阳东北），东南临近建康，是拱卫京畿的重要门户。自南北朝以来，一直是兵家必争之地，发生过多次战事。尤其是北朝的南征，大半以钟离为鹄的，仅梁武帝在位时，至少发生过三次争夺战。由于钟离地势险要，北方将士不习水性，南朝方面取得了大部分的胜利。

502年，梁武帝萧衍代齐称帝后，建元天监，国势趋盛；觑见北魏政局不稳，着意北伐。505年冬，命六弟临川王萧宏担任总帅，率领大军进驻洛口（今淮南东北）。506年夏，北魏以中山王元英挂帅迎击，号称有百万之众。战事在淮河流域展开，东起青、徐，西达河南，双方拉锯，各有胜负。九月，南梁军前锋攻陷梁城（今寿县），萧宏却龟缩在洛口，心生退意。未几，他竟因夜降暴雨受惊而悄悄遁逃，南梁军顿时不战自溃，北魏大军进逼，兵临钟离城下。此时，城内仅有三千名守军。危机之刻，梁武帝乘胜派曹景宗②率二十万大军驰援，暂驻邵阳洲拒敌。又从合肥调韦叡③率部驰援，与曹会师，共救钟离之围。次年（507）三月，淮水暴涨六七尺，曹、韦二将以水军占据上风口搭配火攻，击败了不谙水性的北魏大军，斩杀、淹死敌众各十余万人，俘敌五万余人，南

---

① 王夫之《读通鉴论·梁武帝·八》："曹景宗，骁将也；韦叡执白角如意、乘板舆以麾军。夫二将之不相若，固宜其相轻矣。武帝豫敕景宗曰：'韦叡，卿之乡望，宜善敬之。'得将将之术矣。敕叡以容景宗易，敕景宗以下叡难。……武帝曰：'二将和，师必济。'自信其御之之道得也。钟离之胜，功侔淝水，岂徒二将之能哉。"北京：中华书局，1975年版，第483—484页。
② 曹景宗（457—508），新野（今属河南）人，字子震。少善骑射，以胆勇闻。宋末为尚书左民郎。仕齐以军功累加游击将军，齐明帝建武四年，以奇兵二千破魏军四万。后附萧衍，及衍起兵，景宗聚众从军，除郢州刺史。天监元年，封竟陵县侯。六年，与韦叡救钟离，大破魏军，进爵为公。七年，迁侍中、中卫将军、江州刺史。赴任卒于道。谥壮。
③ 韦叡（442—520），京兆杜陵（治今西安）人，字怀文。刘宋时历官至右军将军。南齐末为上庸太守，从萧衍起兵，多建策功。萧衍代齐称帝，迁豫州刺史。自天监三年至七年，屡率军破魏军。五年，取合肥。六年，解钟离围。体素羸，每战未尝骑马，以板舆自载，督厉众军。善抚士卒，军法严明，威震魏军，世称"韦虎"。后迁侍中、车骑将军，未拜卒。谥严。

—— 淮河访古行纪

梁军大获全胜，而北魏军几乎全军覆没。此为自刘宋元嘉初年以来，南朝对北朝作战前所未有的一次大捷，稳固了淮南形势。

"萧衍武功文采都不错。可惜，他佞佛过度，上好下甚，以致仅都城一地，就建有寺庙五百余所，僧尼达十余万人。他自个儿又几进几出做和尚，每需巨款赎身，真是穷了国家，富了方丈。杜牧诗言'南朝四百八十寺，多少楼台烟雨中'，斯之谓也。"我说。

友人告诉我："王夫之曾经评论说：'梁氏享国五十年，天下且小康焉。'但是小康挽救不了他建立的王朝短命。五十多年间，南梁日渐纲纪废弛，国弱民废，应该与他的喜恶有关。"

"皇帝出了问题，必然害了天下百姓。帝王专制的后果就是如此。"

这时，梅鲌鱼锅仔贴饼端上了桌。老章说："这是特色，黄梅季节捕捞出水的鱼，会从鳞下流出乳汁般的液体，鲜美无比。"

"现在这样也相当不错。汤汁黏稠，鱼肉入口即化，就着饼子，相得益彰。"

于是，三双筷子一起伸向锅壁，揭了饼子，沾着鱼汤吃。鱼肉不易挟起，改成了勺子，三下五除二，见了锅底。

话题又回到淮河边的战争。"我记得金兵南下时，宋金相约以淮河为界，淮北属金，淮南为宋。淮河长期是南北政权的分水岭，战争的交锋带，给这片自然灾害频发的土地雪上加霜，天灾人祸俱至。"

战争的话题比较大，一说起来几乎刹不住，老章看看手表："时间不早，到谭村还有不少路。"由于三人酒后均不能开车，于是打电话找人来帮忙，又耽搁了些时间。

车里，友人说："先前喝酒时说的都是国家层面的战争，还有大量农民军起事引发的战争，发生在淮河流域。"他掐指而数，"陈胜、吴广，宿州大泽乡揭竿而起。新莽末年，山东莒县爆发了赤眉军。东汉末年，黄巾军起事，战

湮没的帝都

火遍布徐、扬、兖、豫等八州。隋末三支强大的农民军中的瓦岗军、杜伏威军活跃在黄淮、江淮地区。唐末菏泽人黄巢领导的农民军,举行北伐之战。明末,李自成的起义军与明军展开了朱仙镇战役、汝州战役。晚清时,太平天国北伐,曾在淮河流域激战两月之久。几乎同时,涡阳人张乐行领导的捻军,也活跃在这一地区。自然,还有郭子兴和他的义女婿朱元璋,活跃在淮河流域的元末红巾军,直接成就了朱元璋。"

车到潭村西,沿着一条由北向南的岗丘行驶,老章指窗外说:"这就是项羽从垓下败逃,被汉兵重围的古战场——四隤山。山上有一个大土堆,就是虞姬墓,也称为嗟虞墩。"

车正对着大土堆停下,土墩前立有黑色大理石墓碑,碑正中刻有"西楚霸王虞姬之墓"的字样,两侧对联书有"虞兮奈何,自古红颜多薄命;姬耶安在,独留青冢向黄昏",横批"巾帼千秋"。从所刻的字迹判断,碑立的时间不长,也就二三十年的光景。

老章说:"1992年,这被定为县文物保护单位。但拿不出更多的款子进行开发、利用,主要指旅游方面。"

他还告诉我,墩上长出一种不知名的草,叶子对称而生,每茎两节,越长越高,叶子一出来就是红色,妩媚可爱,茎软叶长,无风自动,犹如美人翩翩起舞,煞是好看。当地相传,这是虞姬精诚所化,给它起个好听的名字,叫虞美人草。

"现在还有这样的草吗?"友人问。

老章回答:"也许每次来的季节都不对,没有看到过。"

美人草的传说大概在汉朝便有了。到了唐代,有好事的音乐人把它采为朝廷教坊曲,后成为可歌可舞的词牌之一。五代末宋朝初,南唐李后主被赵宋所俘,押至汴京,禁于幽室。一日,他辗转反侧,夜不成眠,遂想起了凄绝哀婉的"虞美人",写下这阕一字一珠的血泪之歌——《虞美人》词:"春花秋月何时了,

——淮河访古行纪

● [宋] 文天祥《过淮河宿阚石有感》

往事知多少？小楼昨夜又东风，故国不堪回首月明中。雕阑玉砌应犹在，只是朱颜改。问君能有几多愁？恰似一江春水向东流。"让侍妓弹唱，声闻于外。宋太宗闻知后大怒，赐其服牵机毒药死。

　　太多的战争，使这片土地孕育出的传说、花草、诗词，都充满血腥、沧桑和悲凉。

　　五胡乱华之后的淮河流域中游开始沉沦，以后的隋唐宋元，除去一些著名的战役，几乎再也没有产生重大的推动华夏文明发展的人与事，两岸逐渐消沉，传出的是战争号角和呐喊，以及漫天的狼烟。

以淮夷文化为基础的淮河文明，覆盖着楚文化的浪漫、中原文化的厚重，直到战争频发、灾难肆虐，使生存在这片土地上的人们陷入绝望的境遇中，他们或死去、或抗争、或苟且，似乎都渴望过这片土地上诞生一位明君，拯救他们于苦难之中，重振曾经创造的辉煌……

洪武二年（1369）九月癸卯，"诏以临濠为中都。……至是，始命有司建置城池、宫阙，如京师之制焉"。朱元璋称帝次年，在即将迎来其四十三岁生日之际，踌躇满志地下诏宣布了这一重大决策。

洪武三年的某个吉日，地处淮河南岸的凤阳一片沸腾，来自全国的工匠、民夫、移民、罪犯、军士云集，开工兴建中都城。朱元璋高度重视，开工之初，便亲临视察。

湮没的中都

玖. 天已经擦黑,郑夏来电话,问到哪儿了。告诉他已经在回宾馆的路上。于是,相约在餐厅碰头,郑夏问去定远的情况,友人回答:"一路上谈的都是战争。看了一些地方,吃了梅鲌鱼贴饼,感觉相当不错。"

郑夏说:"我们这块叫它为翘嘴白,或者梅鱼。它的命名与凤阳境内的梅河、梅市有关。它还有一个生拌吃法,鱼肉切成薄片,加细盐、白酒、白醋、蒜泥,淋上麻油,口感纯正、鲜美、细嫩,是下酒佳品。"

"没有想到,还能做刺生。让厨房搞个上来尝尝。"友人有些兴奋。

问服务员,回答没有翘嘴白,只好作罢。郑夏笑着又介绍了清蒸、煨汤两种做法,听得人直咽口水。临了,只能以他菜佐酒止馋。

说笑了一会儿,话题回到了朱元璋身上,聊起了他执意把首都建回家乡的真实原因。我以为朱元璋夺取天下后,视坐江山、保江山、传江山于万世,为头一等大事,处理一切事务的原则也是以此为准绳。自然,确定在自己的故乡兴建都城也不例外。笼络同为故乡人的淮西功臣,滞留公侯在身边,便于监视和管理,以图政权的长久稳固,应该是他的初衷。记得曾经看过中都的建筑分布图,公侯重臣的府第紧紧挨着皇城四周展开,中心便是朱元璋未来居住的皇城。在朱元璋还是吴国公时,重要将领的家属都被安置在应天居住,几乎成了人质。朱元璋执意如此,目的无疑是防备他们反叛。

郑夏表示:"既能够达到自己的预期,又可以满足淮西功臣衣锦还乡的心愿,一举两得。"

"朱元璋对待淮西功臣,一向小心谨慎。他们是自己利用的对象,又是需要限制、打击,甚至铲除的那帮人。这一阶段,刚立国,战争尚在继续,他需要淮西功臣的支持。"

友人说:"何况,故乡凤阳土地辽阔,犹如一张白纸,可以供这位雄心勃勃的开国大帝尽情泼墨挥洒,描绘出壮丽的画卷,成就一番前无古人的事业。

这样的豪情会不会左右他的决策呢？"

"有这成分，但非主要原因。"郑夏回答。

"主要原因，为了控制公侯重臣将领，维护自己的统治。"

如前所述，洪武二年（1369）九月癸卯，"诏以临濠为中都。……至是，始命有司建置城池、宫阙，如京师之制焉"。朱元璋称帝次年，在即将迎来其四十三岁生日之际，踌躇满志地下诏宣布了这一重大决策。

洪武三年的某个吉日，地处淮河南岸的凤阳一片沸腾，来自全国的工匠、民夫、移民、罪犯、军士云集，开工兴建中都城。朱元璋高度重视，开工之初，便亲临视察。这无疑是一项国家级的特大工程，辅助朱元璋开国立业的丞相李善长，特被委命主持工作，参与的还有许多淮西籍的王公大臣。建都凤阳，是以李善长、徐达为代表的淮西集团的热切期盼。

郑夏说："你可以想象，当年凤阳有多么的热闹，车水马龙、人声鼎沸。"

"举国家之力，搞得自然惊天动地！"友人有些醉意，大声嚷嚷。

……

翌日，我们去了淮河南岸的一个人口不足三千来人的村落，这个村落有个华丽的名字——琉璃岗，透射出曾经的喧哗和热闹。村里有河道连接淮河，直达中都城东北角。

沿着绿色铁栅栏封闭的火车道轨边的小道艰难行驶，进村不久就有杂货店，门前聚着不少老人在抽烟聊天，一个圆脸老汉见郑夏问路，热情地领着往淮河的岔河边跑，去寻找过去的痕迹。真没有想到，在农田里还能够轻而易举地拾得琉璃瓦、贡砖和古建筑构件的残片。郑夏解释："来这个村子的人少，散落的东西就多。我们来对了。"

"你也是头一次来？"

"是啊。过去只闻其名，不见其真容。"

由于没有发现窑址和烧制的痕迹，判断琉璃岗是当时的卸货码头，巨量的建筑材料在这里卸载、堆放，然后转运至中都城的建筑工地。

水运是古代重要的运输手段，来自全国各地的建筑材料，汇聚淮河南岸的凤阳段，等待驳运。明朝初年，凤阳境内的淮河南岸边上还有多少这样的码头，担负着驳运的职责，今天的人们已经无法准确地找到答案。然而，可以想象的是那时的场景，码头上云集着无数的民夫，他们背井离乡、别妻辞儿，艰苦劳作，为了帝王的一个心愿……

就是这样日夜搬运，似乎也无法满足体型庞大的中都城的饕餮胃口，就地取材、生产所需成了必然。近年来，在凤阳县境内陆续发现了明代早期的窑址，窑里挖掘出的完整的大型城砖和破碎的墙砖、瓦当，形制、材质、制作工艺，与中都城的墙砖及城内发现的瓦当碎片高度吻合，人们无法怀疑它们不是与中都城配套的建材生产基地。

俯身拾起一片破碎的琉璃滴漏，与中都城遗址上出土的完全一致，拾取地点是距中都城不足五公里，距明皇陵仅三公里的凤阳府城镇乔涧子自然村南。在这片绿色褪尽枯意渐浓的田野上，人们连续发现了十二座明代早中期琉璃窑。

2013 年 7 月初，安徽省文物考古研究所和凤阳文物部门联合对乔涧子窑址进行抢救性考古发掘。发掘的炉窑，窑结构由操作坑、窑道、火门、火膛、窑室和烟道六部分组成，十分完整。其中，半倒焰式馒头窑四座，窑壁为灰褐色烧结面，窑床为青灰色烧结面或砖铺底；半倒焰式马蹄窑八座，组成部分如同馒头窑，砖坯砌筑窑室，窑床为青灰色烧结面，有的残留有吸火孔痕迹。窑内出土了龙纹和花卉纹瓦当，龙纹、云纹和牡丹纹滴水，花卉纹雕砖，青瓷碗、盘、香炉，以及动物骨骼。瓦当，质地有琉璃素坯和琉璃成品两种；装饰有四爪或五爪团龙纹、花卉纹、模印狮形首面纹；滴水上则有龙纹、云纹和牡丹纹；花卉纹雕砖主要为模印缠枝梅花纹；青瓷碗多为青黄釉，内底刮釉。

——淮河访古行纪

● 考察琉璃岗

郑夏明确地告诉说:"乔涧子窑址是为修建明中都和皇陵所设置的官府窑场。距离明皇陵极近,且出土构件明显和明皇陵建筑材料密切相关,因此为研究明皇陵建筑用材和明代陶窑形制、窑业生产工艺等,提供了珍贵的实物资料和科学依据。"

无独有偶,在距皇陵东侧三公里处的岗集村附近,考古队又发现了十九座陶窑,一座座炉窑排列,似乎一眼望不到头,这样场面在其他地方很难看到。

岗集村有陶窑遗址,一直在当地流传,当考古队去钻探后,确认有十九座,令人惊讶和振奋。从钻探结果看,出土的龙纹瓦当、滴水和花卉纹雕砖都为高等级建筑材料,很可能用于明初营建皇陵和明中都城。从窑址形态来看,各部分均保存基本完好。窑内堆积和出土器物的时代比较明确，推测窑址的时代应为明代早中期。

抚今追昔，当这十九座陶窑一起生火开工，冒出青烟，在广袤的田野上那是何等壮观的场面，而日日夜夜劳作在窑场的人们，难道没有期盼着中都城建设早日完工，思念着与亲人团聚吗？

这样的想法，何止码头上、窑场里的劳工，许许多多参与建设的人们也在日思夜盼。

沧海桑田，曾经的原始森林到六百多年前的江淮流域，已经踪迹难寻，连高大的树木也难成片地发现，何况是珍贵的楠木？没有栋梁之材，怎能支撑起中都城一望无际的屋脊？

竖立在龙兴寺院内的一块石碑上，依稀的文字清晰地告诉今天的人们珍贵

● 破碎的建筑构件

木材的来源。洪武十六年（1383），朱元璋亲撰《龙兴寺碑》记载："洪武初，欲以（凤凰）山前为京师，定鼎是方，令天下名材至斯。后罢建宫室，名材为积木，因而建焉。"

朱元璋下令全国把"名材"采集运送到凤阳，甚至对当时尚未归入版图的四川，也派遣人员求大木。第二年，四川夏国的幼主为明昇（明玉珍之子）遣使敬献香楠木。直到中都营建工程即将竣工，朱元璋下令罢建中都宫室，名贵木材还有堆积，可见当时从全国各地采伐调运到凤阳来的木材的数量之多，实在惊人。

千里之外的木料运到凤阳，在六百多年前并非容易。据文献记载，由于运输营建的木料有的十分巨大，所以陆运时要装在特制的三十二轮大车上，二百人才能拉得动。

郑夏说，大木太重，木轮一压就碎，于是在木轮上兜一个铁圈。带铁圈的大车轮滚过石头路面时，磨擦得火星直冒，走不了一里地，铁圈散了，就得停下来换铁圈。因此一辆拉大木的车，除用二百人拉曳外，还要有二百人肩扛着铁圈跟着走，不时停下来换圈修车，一天才能走十里地。一根大木从产地运到凤阳，水陆转运共要花一万个工。这么多的大木从全国各地运到凤阳，要费多少劳力，实在难以估算。

水陆运输大军浩浩荡荡、日夜兼程，向凤阳进发，汇聚到中都建筑工地上的人海中，那是一个气势恢弘的场面。1369年至1375年间的六年时间内，两京（中都、南京）地界上聚集着多少劳工呢？据《御制大诰三编》记载："工作人匠，将及九万，往者为创造之初，百工技艺，尽在京城。人人上不得奉养父母，下不得欢妻抚子……所用人匠，将应用数目，立定限期，编成班次，使轮流而相代之。其九万之人，一班诸色匠人不满五千，以此轮之，四年有余方轮一交。不月编成，除当该赴工者在京，余有八万五千，尽皆宁家，各奉父母，

湮没的帝都

● 复原后的雕栏和石雕

保守妻子。"

这里朱元璋所说的仅是工匠一项"将及九万",还没有涉及从全国范围内调集的军士、民夫、移民、罪犯,今天的人们试图统计出准确的数据,但它消失在历史的浩卷中无法知晓,据《明史·食货志》记载:"明初,工役之繁,自营建两京宗庙、宫殿、阙门、王邸,采木、陶甓,工匠造作,以万万计。"

友人说:"当代有学者用科学的方法计算过,结论是明中都建设每年动用的劳动力在 100 至 150 万人之间。"

郑夏也认为这个数字可信度比较高。他又说:"根据明代永乐、正德、万历年间建造宫殿所需的人工、资财推算,营建中都所需的费用大约相当于当时全国六年税收的总和。"

"六年国税,这么多劳役,叫百姓的日子如何过呢?"

"他是帝王呀。"

六年,一座气势宏伟且营造精美的都城,已经初具规模,在凤阳拔地而起,矗立在淮河南岸一个并不著名的地方。

——淮河访古行纪

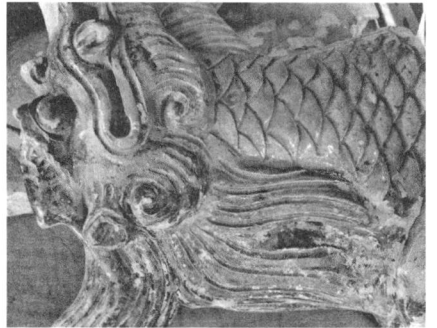

● 明中都城遗址内出土的建筑构件

登上城楼,临空眺望,尽收眼底的是一望无际的农田。仔细辨认仍能看到殿宇基址、门阙台基、白玉石街、内金水河、金水桥等基址和故道的痕迹。皇城的西墙全部、南墙西段1100米保留有昔日的气势;护城河宽达七八十米;中都城北垣和东垣的土垣高出地面10米。

然而,六百多年前是另一番景象,鳞次栉比的黄色琉璃宫殿和平整坦荡的街道,波光潋滟的内金水河和装饰华丽的金水桥,令人起敬的高墙深院和雕梁画栋的精美回廊,不由的让人发出雕栏玉砌今犹在的感叹。

壹拾. 再去中都遗址时,看到有工人在施工,似乎一切还是从午门开始的。午门前的中央大道正在铺设路面,一直通向曾经的洪武门,那里也成了建筑工地,这大道将延伸贯穿整个中都城,也就是人们常说的中轴线。中轴线统率着我国古代庞大建筑群的全局,帝都的中轴线又集中体现了皇权的专制与威严。

明中都城沿这根"中轴线"左右对称展开,体现了"三垣"理念的"三环相套"及外、中、内三道城的布局。所谓外城就是中都城最外面的一道城,城墙由洪武门展开,据《明史·志十六·地理·南京》"凤阳府"条记载:"洪武二年九月建中都城于旧城西,三年十二月始成。周五十里四百四十三步(按:29.51千米)。立门九:正南曰洪武,南之左曰南左甲第,右曰前右甲第,北之东曰北左甲第,西曰后右甲第,正东曰独山,东之左曰长春,右曰朝阳,正西曰涂山。"(中华书局,1974年版,第912页)而外城内的街、坊,皆有名称,据成化十二年(1477)成书的《中都志》记载,街二十四条、坊一百零四条,还有三市、四营、二关厢、十八水关。

郑夏引路,去看了当年道路的痕迹,他能够说明白,外城的那些街道现在成了什么模样,或大道或羊肠小路。至于坊,已经无法搞清楚了,有的成了农田,或盖了房屋。

之后,他又把一行人领到一段东西长140米、南北宽35米的土台基前,介绍说,土台基是禁垣南门——承天门,保存至今仅有的地表上遗迹,中间被道路分隔成东西两个土堆,高出周围农田2—5米,应该是当年的城门的位置。

郑夏介绍说,禁垣俗称中城,从存世不多的遗迹传递出的信息,可以测得城墙周长7.85千米,平面呈长方形,承天门以西200余米、以东780米的城墙地面遗迹明显,部分南墙也有地面遗迹。其余部分地面上已没有任何表象,东墙改造成城市道路,北墙和西墙成了现代流行的步行街。

"一般来说，它应该有四座门，还有门呢？"我问。

"不错，中城与明清都城中的禁垣一样，除南门承天门外，另建有北安门、东安门、西安门，日子久了三座城门没有了地表遗迹。"

"位置应该是明确的。"

"那自然。"

"三环相套"格局中，最里面的是内城，也就是人们俗称的紫禁城或皇城。明中都的皇城，周长 3.6 千米，占地 85 万平方米，近似方形，四面设门，南为午门、北为玄武门、东为东华门、西为西华门，占地面积比北京故宫大出了 1.2 万平方米。

"就是我们去过好几次的地方。"友人说。

"皇城是明中都的精华所在，布局合理，建筑大气，装饰精美。"郑夏脸上流露出几分自豪。

这时，一行人又回到了内城的午门前。历史上午门保存较好，门上的城楼已不踪影，留有夯土台基，它是中都城内城遗址上惟一经过修缮的建筑，城墙高 13.17 米，女墙高 1.98 米，合计高度 15.15 米；墙底宽 6.9 米，顶宽 6.4 米[①]，墙顶上平如大道，小型汽车能双向通过。城墙由长 40 厘米、宽 20 厘米、厚 10 厘米的特制大砖实心砌筑，砖上铸有文字，可以读到当年制作者的信息，既可以方便地统计制作数量，又可以查到具体部门。在历史的疾风骤雨中，中都皇城的城墙仅存几段，门几扇，比如还有我们去过的西华门。

走进午门，正券两侧及凹字形楼台基部四周，总长 500 多米的白玉石须弥座上，连续不断地浮雕着龙、凤、鹿、象、麒麟、双狮绣球、牡丹、芍药、荷花、西番莲、云朵等使人眼睛一亮；在西华门、东华门和玄武门也发现门洞两

---

① 《明太祖实录》卷之八十三记载："洪武六年六月……辛巳，中都皇城成。高三丈九尺五寸，女墙高五尺九寸五分，共高四丈五尺四寸五分。"

——淮河访古行纪

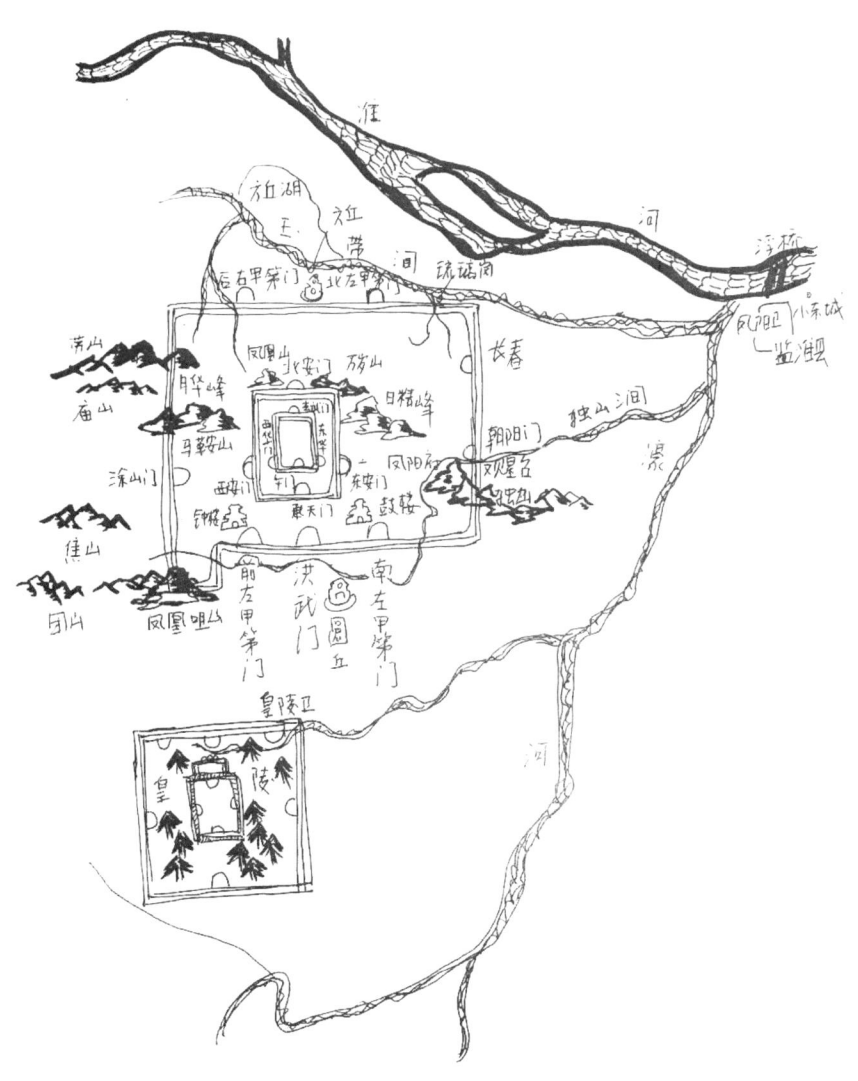

● 明中都城示意图（作者手绘）

湮没的帝都

侧基部砖砌须弥座上，镶嵌着模压的花卉、方胜等，形成了中都皇城的特点。①郑夏告诉友人："南京和北京的故宫午门基部须弥座上，仅嵌有少量花饰，相比之下，中都皇城午门浮雕在数量和精美程度上都是独一无二的，可见当年的奢华。"

"从中也可以感受到一个由社会底层逆袭成为帝王的人的渴求。"

登上城门，临空眺望，尽收眼底的是一望无际的农田。仔细辨看仍能看到殿宇基址、门阙台基、白玉石街、内金水河、金水桥等基址和故道痕迹；皇城的西墙全部、南墙西段1100米基本保留着昔日的宏伟气势；护城河宽达七八十米；中都城北垣和东垣的土垣高出地面10米。然而，六百多年前是另一番景象，鳞次栉比的黄色琉璃宫殿和平整坦荡的街道，波光潋滟的内金水河和装饰华丽的金水桥，令人起敬的高墙深院和雕梁画栋的精美回廊，不由的让人发出雕栏玉砌今犹在的感叹。

2015年深秋，紫禁城西城墙开始修缮，人们按照当地的风俗举办仪式，表现出对前人的敬畏，和对工程顺利的祈祷。可以推测，六百多年前一定也举办过一场仪式，只不过场面大了许多，那是皇家重大工程的开工典礼。

我发现，农田里种植的不是以往几次见过的玉米或者稻子，而是葡萄秧，便问友人。友人说："可能是提高经济收入吧。"

有知情人在一旁道破奥秘，遗址的开发妇孺皆知，动迁成了大势所趋。如果种普通农作物补偿有限，种经济型作物就不一样了。

紫禁城素来就是都城的精华汇聚之处，备受人们的关注，在北京故宫，人们流连忘返的脚步已经证明了这一点。明中都紫禁城是什么状况呢？

---

① 《明太祖实录》卷之八十三记载："午门、东华门、西华门城楼台基，俱高五尺九分，午门东南西南角楼台基，与城楼台基同。玄武门城楼台基，高五尺九寸五分，其东北、西北角楼台基，亦与城楼台基同。御道踏级文，用九龙四凤云朵；丹陛前御道文，用龙凤海马海水云朵。城河坝砖脚五尺，以生铁镕灌之。"

——淮河访古行纪

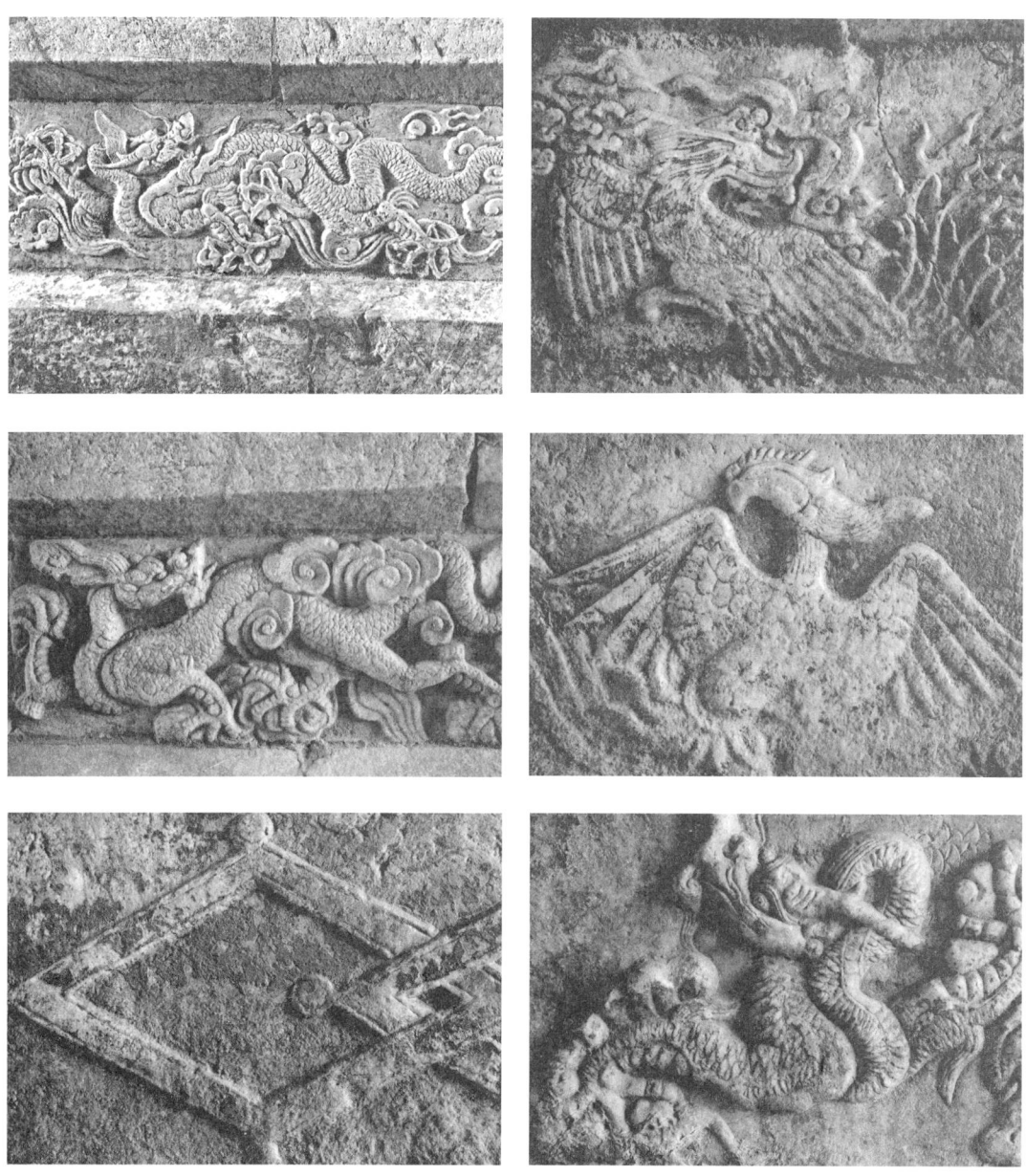

● 明中都皇城内精美的石刻

湮没的帝都

专家的研究和相应的考古发现表明，明中都紫禁城内的各建筑规整对称，排列于午门至玄武门中轴线的两侧。居中为三大殿，奉天殿、华盖殿、谨身殿，如今奉天殿的神秘面纱已经揭开，地基裸露在阳光下，令人想象当年的丰姿。三大殿左、右分别为东、西二宫，两翼分别为文华殿、武英殿。其前为奉天门，后为后三宫。皇城午门以南，左为中书省、太庙，右为大都督府、御史台、社稷。当年挖掘的几口大井，今天仍可使用，成了在这里生活的农民日用与浇灌的取水源。

中都皇城的生活区与北京故宫相近。它的布局是奉天殿左为东宫，奉天殿右为西宫，奉天殿北为后宫，奉天殿东北为后宫东宫，奉天殿西北为后宫西宫。生活区约占整个中都皇城面积的一半。

明中都皇城上承宋元宫城，下启南京和北京故宫。在中国都城史上，中都皇城的布局用建筑图式和语言，突出表现了中国传统文化中有关皇权至上的全部内容，开启了皇帝宫室的一代制度。

这些建筑不仅气派，而且精美。从中都殿址陆陆续续发现的蟠龙石础可以证明，大的石础 2.7 米见方，础面半浮雕蟠龙一圈，蟠龙圈高凸出平面 15 厘米，宽 32.5 厘米，外圈直径 1.9 米。圈外础面上雕有翔凤。

郑夏说："北京故宫太和殿石础直径仅为 1.6 米，且是素面朝天，没有像中都紫禁城宫殿石础那样'双龙五凤杂云气，巧匠一一穷雕镌'的精美。"

联想到文物管理所院子里，陈放的许多汉白玉建筑构件，它们是从中都皇城遗址里陆陆续续发掘的，已经在土地里沉睡了几个世纪。汉白玉建筑构件上面的雕刻，形象生动、工艺精湛，可以说每一件都是明代雕刻艺术的代表之作，这还仅仅是中都皇城建筑构件的极小部分。

"穷奢极欲，耗尽民脂民膏。"友人有一些愤慨。

"也为今天留下一份珍贵的文化遗产。"郑夏表示。

——淮河访古行纪

"代价太大,成本太高。聚天下财富而独享,非常无耻。"

郑夏没有再说什么,可见他也赞同友人的观点。但是,对这一文化遗产的热心守护者和研究者而言,内心复杂也属自然。

沉默了一会儿,一行人来到内城。漫步在农田间,脚踩曾经的紫禁城,也许有一种感应,脑际自然而然生成它壮丽的画面。

应该说,明中都城在建筑艺术上继承了宋元时代的传统,又开创了明清时代的新风格,在我国乃至世界都城建筑史上都具有重要的地位,是朱元璋集两千多年我国都城建筑之大成,悉心营建的一座豪华侈丽的都城。明景泰年间的临淮县训导沈镠在游览了中都城后,不无阿谀地写下《中都杂咏·禁城秋览》诗:"虎踞龙盘圣祖乡,金城玉垒动秋芳。芙蓉池苑风光转,榆柳宫墙露气凉。

● 人们正在清理遗址现场

湮没的中都

仙掌承来云汉润，御沟流出广寒香。镐京北望三千里，天地皇明社稷长。"

豪华侈丽的背后，往往掩遮不住的是血泪乃至生命和累累的白骨，《明史·刘基①传》就有"工匠死，骸骨暴露"的记载。不堪重负的劳工逃跑、反抗事件屡屡发生，《明史·薛祥传》记载："（洪武）八年授工部尚书。时造凤阳宫殿。帝坐殿中，若有人持兵斗殿脊者。太师李善长奏诸工匠用厌镇法，帝将尽杀之。祥为分别交替不在工者，并铁石匠皆不预，活者千数。"

1375年，也就是历史上的洪武八年四月，"功将完成"之时，朱元璋因受厌镇法震动，并下令大杀工匠，而后却假惺惺以劳费为由决定罢建中都——改变了明中都的命运，也改变凤阳的命运，甚至改变了中华民族未来六百多年的政治、经济、文化发展的格局。明中都城宫殿和中央官署的营建工程全部停止，不再继续下去。这一点得到当年参与中都城遗址考古挖掘的安徽省考古研究所阚绪杭研究员的证实："挖掘时发现，有的建筑材料是堆积在一起的，显然是当年建筑工地的备料，还没有使用完毕……"

建设大军悄悄地撤离，他们遗憾地没能看到中都城成为京师。但是，他们高兴的是可以与日夜思念的亲人团聚。经过六年乃至更长时间的背井离乡，他们中有的人已经再也看不到埋入黄土的亲人，演绎出多少生死离别的故事，在史籍上没有留下任何的痕迹。

是年突然的罢建，使明中都主体工程下马。但是，中都外城的城门、水关等未完成工程还在进行；钟楼、鼓楼还继续在施工，工地上传出的响动已经今

---

① 刘基（1311—1375），字伯温，浙江青田南田乡（今属文成）人。元末进士，官高安县丞、江浙儒学副提举等，旋弃官隐居。至正二十年（1360），受朱元璋聘至应天，陈时务十八策。劝勿尊奉韩林儿，为筹划用兵次第，献计先灭陈友谅，次取张士诚，然后北定中原。吴元年，授太史令，累迁御史中丞。明建国后，封诚意伯。曾与李善长、宋濂定明典制。洪武四年，以弘文馆学士致仕。后为胡惟庸所谮，忧愤而死。一说为惟庸毒死。谥文成。通经史，精象纬，工诗文，与宋濂并为一代文宗。有《郁离子》《覆瓿集》《犁眉公集》等。

—— 淮河访古行纪

非昔比，稀疏、孤零伴随着悲伤，似乎为着某种逝去和垮塌而歌唱、送行，如泣如诉……

历史的突变，通常伴随诡异和狡谲，在出人预料的同时也遵循着某些不变的规律。这么一个行将大功告成的工程，在朱元璋的猜疑、担忧中停止建设，成了烂尾工程。它的命运折射出怎样的历史风云和真实呢？

—— 淮河访古行纪

壹拾壹·洪武八年（1375）四月二十九日，朱元璋刚刚结束中都"验功赏劳"的行程，回到南京的当天，立马颁布此前已在凤阳圜丘焚香颂祷的《中都告祭天地祝文》，称：

> 昔者元政不纲，英雄并起，民不堪命，苦殃不可禁。荷蒙昊天上帝、后土皇帝，祗悯世民之艰苦，授命于臣，赐以文武，人多良能，八年以来，除民祸殃。臣蒙上帝、后土之恩，文武之能，非臣善为。当大军初渡大江之时，臣每听儒言，皆曰：有天下者，非都中原不能控制奸顽。既听斯言，怀之不忘。忽尔上帝、后土授命于臣，自洪武初平定中原，臣急至汴梁，意在建都以安天下。及其至彼，民生凋敝，水陆转运艰辛，恐劳民之至甚。遂议群臣，人皆曰古钟离可，因此两更郡名，今为凤阳。于此建都，土木之工既兴，役重伤人，当该有司，叠生奸弊，愈觉尤甚，此臣之罪有不可免者。然今功将完成，戴罪谨告，惟上帝后土鉴之。①

朱元璋令人惊愕地叫停了这项即将竣工的重大工程。显然，他在这近一个月的时间里，心理已然发生重大变化，从而彻底颠覆了中都的命运。文告简短，不足三百字，在回顾设置中都城时的争议和抉择的曲折后，朱元璋简单地用"役重伤人"的托词，宣布罢建中都。《明太祖实录》卷之九十九，也大同小异地记载说："诏罢中都役作。初，上欲如周、汉之制营建两京，至是以劳费罢之。"不过，它刻意删掉了"役重伤人，当该有司，叠生奸弊，愈觉尤甚，此臣之罪有不可免者"和"戴罪谨告"的字句，抹去了朱元璋曾经有过的负罪感。我以为这种负罪感完全是写给他人看看而已，好解脱自己。

友人自言自语："决定建时，也没有见有文字提及争议和抉择的无奈。到了罢建时，翻了老底。"

---

① 《明太祖文集》卷一十七，清文渊阁四库全书电子版。

● 农田与午门

"一个人的天下，想怎么说便怎么说，想怎么做便怎么做，永远都正确。"郑夏咕哝了一句。

"这么大的一个工程，说罢建就罢建了。还成了六百多年来的谜。"友人说。

"看似十分蹊跷，其实有规律可循。"我回答。

这一罢建，与朱元璋建国初年的战争无关，在决定建立中都时，明王朝尚处在战争中，直到朱元璋晚年战争才告段落，相当一部分民力用于了战争，中都的建设，徒增百姓负担是毋庸置疑的事实。难道说，由于战争的变化，拖累中都的建设，迫使工程下马？历史资料表明，这时朱元璋的军队处于战争优势地位，开疆拓域的步伐如期进行，没有迹象表明罢建是因为战争所致。

莫非朱元璋真的是为了减轻百姓负担、为百姓着想？可是仔细分析，工程已经近尾声，役已重、劳已费、人已伤，下达有损圣上自己威望的《祝文》，显然另有更深层次的原因。

这一切还是要从刘基说起。刘基,字伯温,浙江青田人。军事谋略家、政治家、文学家,明朝开国元勋,辅佐朱元璋完成帝业,尽力保持国家的安定。他以神机妙算、运筹帷幄著称于世,是我国古代的一位传奇人物,至今在中国大陆和港澳台地区,乃至日、韩、东南亚等地,仍然有着广泛深厚的民间影响。他对风水极有研究,认为"中都曼衍,非天子居也"(谈迁《国榷》卷四),竭尽全力想说服朱元璋。

郑夏说:"刘伯温是江南文人集团的代表人物,一开始便反对朱元璋在家乡建都,认为凤阳不可都,凤阳地形山低水浅,中间为平地,从军事上考量无险可守,成了凤阳自然环境重要的缺陷。"

凤阳有个叫殷家涧的地方,传说刘伯温为劝谏朱元璋,心生一计,建议朱元璋将中都城向南迁移一箭之地。朱元璋心想,只有一箭之遥,你这箭射程再远,总射不到外乡去吧。于是,传来一名武士,引弓满弦向南射了一箭。哪里知道箭射出后,突然飞来一只老鹰,猛地伸出爪子,夹住那支箭,一直飞到金陵城上空,才把箭丢下。朱元璋见此说:"此天意也,万不能违。"这样只好在南京建了都。殷家涧也就是"鹰夹箭"的谐音,故事也流传至今。

郑夏说起了民间传说,大家认为是民间茶余饭后编的谈资,并不能说明真实的原因。

刘基认为没有高山屏障的凤阳,地形具有军事上的不利因素,而且交通不便、资源贫乏,要成为全国的政治、经济、文化中心,控制全国,存在诸多不利因素。在人文上,凤阳虽然是"龙兴之地",但它也是淮西集团的发祥地。淮西集团的大部分成员,早年跟随朱元璋打天下,功勋卓著,在拥戴自己的伙伴当上皇帝后,已经显露出蛮横和自大,威胁皇权的权威和统治阶层内部的平衡。建都凤阳的种种不利,刘基在朱元璋起念建中都时和中都建设初期,已经

● 经过修复的明中都城墙

——淮河访古行纪

● 明中都的建筑构件

告诉了朱元璋。朱元璋心里也明白，但是这一切并没有动摇他的信念。刘基告老还乡之前，再三叮嘱朱元璋，"凤阳虽帝乡，然非天子所都之地，虽已置中都，不宜居"（《明太祖实录》卷之一百一），朱元璋不置可否。

"代表江南文人集团的刘基、宋濂，与李善长、徐达代表的淮西集团矛盾重重，建都凤阳是淮西集团兴高采烈地的事情，在朱元璋看来刘基反对也属正常。在决定建设中都时，朱元璋倚重淮西集团，考虑的是坐稳江山。"我说。

到了罢建前夕，淮西集团已经变得专横跋扈，不可一世，一人之下、万人之上。如果凤阳成为首都，长期处于弱势的江南文人集团将举家北迁，与具有地域优势的淮西集团朝夕相处，必然加深固有的矛盾。统治阶层内部的矛盾激化，将影响有效统治，朱元璋不可能不权衡这些。

"这时，已经做了七年皇帝的朱元璋，不需要过分依赖淮西集团。"我说，"这一点很重要。"

"刘基最后的命运，被淮西集团的首领之一、当朝丞相胡惟庸下毒，中毒后返回故里。1375年阴历四月十六日，六十五岁的刘基卒于故里……"友人说。

"现在学者分析，刘基的死与朱元璋脱不了干系。幕后主使者就是朱元璋。同时，他也看到了淮西集团驾轻就熟的杀人手段。"

朱元璋于当年四月初二离开南京，亲临中都城验工，总计行程二十八天。其间，他听到刘基的死讯。刘基的死对朱元璋一定产生影响，这影响是否与他作出罢建中都的决定有关呢？在这旬月之间他还看到、听到了什么，使他毅然决然地舍弃中都？

到达中都后，朱元璋来到距都城不远的皇陵祭拜，还祭扫了已故勋臣常遇春等人。突然发生的一件事震怒了朱元璋，有工匠刻制手持兵刃搏斗的木偶，置于宫殿屋脊隐蔽处，祈求报应主人，即所谓的"厌镇法"。被坐在凤阳宫殿中的朱元璋发现，一怒之下竟下令杀光全部工匠。幸有工部尚书薛祥曲护，才保下千余人的生命。

我问:"真的是工匠们的所作所为令朱元璋惶惶不安,使他改变中都的命运?"

郑夏说:"历史没有这么简单,如果这么简单,反而容易理解了。仅凭这个原因,是不可能让朱元璋横下心罢建中都的。"

那日,朱元璋登高望远,但见王侯之家,甲第相望,冠盖如云,反倒显得紫禁城十分孤零。朱元璋曾下诏令六公二十八侯在中都建造府第,占据地域优势淮西集团的一些人自恃功高,又是皇帝的同乡战友,纷纷超过标准建造豪华庞大的府第,兼蓄养众多属下和家丁。这些王公贵族关系盘根错节,如果聚众谋反,可一呼百应,立成气候,再高再厚的皇城墙也挡不住朱元璋感受到的威胁。他在《中都告祭天地祝文》中就有"叠生奸弊,愈觉尤甚"的表述,显然,这不会是单指厌镇法事件,应该还有许多其他的诡诈、舞弊和蒙骗。

朱元璋的判断似乎不是无稽而生,之前他与淮西集团的矛盾已经有所显露。据《明太祖实录》卷之七十五记载:洪武五年(1372)八月,朱元璋因功臣勋旧有侵掠民田及走私等不法行为,特召见而谕之曰:"不以功大而有骄心,不以爵隆而有怠心,故能享有荣盛,延及后世。大抵敬谨为受福之本,骄怠为招祸之原,惟知道者可以语此。"由于勋臣不守王朝法令,和政府争夺劳动人口,影响朝廷的赋税收入,危害王朝的利益,成为王朝统治的不安定因素,朱元璋决定限制和打击。这样做势必遭遇反扑。孤独的皇城,会不会成为众矢之的呢?

刘基的死,和他身前的告诫,又联系到实际的处境,动摇了朱元璋当初的信念——让公侯相邻而居,便于掌控和监视,防备他们谋反,这是他建设中都城的初衷之一。如今,在他心里感觉将酿成大患。生性多疑的朱元璋,意识到自己的抉择可能断送千秋万代的梦想,在权衡利弊后,结束了中都作为首都的命运,曾经的兴致一泄而逝……

"也许，正是此时此刻，促使朱元璋暗下决定，铲除一切功臣勋旧，尤其是淮西集团的那些老兄弟们。"我说。

"这极有可能。一年后他借助行政机构改革，削弱了胡惟庸的权力，四年后便诛杀了他。因此，淮西集团在中央没了代理人。顺便把宋濂、李善长也搞掉了。在统治阶层中，他成了独大。"

"朱元璋真可是手身不凡呢，轻而易举端掉了他以为的敌对势力。"友人表示。

"这一套帝王的权术，集中体现在法家的经典著作里，自战国时起便有人教会了帝王，后来在实践中又得到完善和发展。对帝王而言，驾轻就熟，按现在的词讲，也是套路，就看皇帝自己怎么用了。"我说。

"治世模式不变，治世方法也不会变。千年不变，万古不朽。"

继而，话题又回到明中都的罢建上，几个人一致认为这是历史上罕见的一例。建中都城很大程度上源自独裁者内心的意念；罢，也是因为他脑际孕育而成的猜疑和担忧。所有的一切，在他的澎湃豪情和不尽妄想之间决定了兴衰的命运。

"独裁者的瞬间意念害死人。朱元璋的意志转移，耗去百姓无数的血汗，这不是穿旧衣、吃粝食、烧绫罗绸缎，克勤克俭可以抵消的。历史在记录他的勤俭时，不应该忘记他对于权力的挥霍。虽然，到了暮年他曾为此忏悔，但一切来得太迟和苍白。"我继续说，"这样处理天下事的方法，应该结束了。如果，随着罢建令下达，朱元璋反思自己的独断专行，放弃他的治世模式，中国的历史就不是以后的样子了。"

友人也感慨："朱元璋胸中的激变，改变了明中都的命运，却不改变一袭千余年的帝王专制统治，反而变本加厉，愚弄百姓，欺压黎民。"

郑夏调侃我俩有点老愤青的样子，为了数百年前的故事大可不必。接着他又说："现在很难在明朝正史中发现更多的关于中都城这段历史的记载，众多的御用史官有意无意地在讳避这一话题，似乎给这位皇帝隐瞒着什么，仅在凤阳的地方志上发现一些。"

即使后人在讲述明朝的那些事时，也较少提及中都。历史学家吴晗在《论明史》《朱元璋传》两部著作中，仅用了寥寥数语；明清史专家王剑英在《明中都》一书中，关于中都兴衰的原因也用字极少。以至于今天的人们，大多只知道南京和朱元璋第四个儿子朱棣在北京建立的首都。

被历史封存的明中都，沉睡在凤阳的土地里，静静地渡过了漫长的岁月。它仿佛碎金般坠入东去的淮河，流入浩瀚的汪洋。这座庞大且精美的都城与历史上消逝的都城一样，仅仅留下了遗迹，发出深沉的叹息、诉说着昔日的辉煌，在召唤人们回忆的同时，启示我们许多……

朱元璋崛起后，中都的兴废，把淮河流域置于更深的悲剧中，两岸沉睡了多年，较之汉代，它形成的文化，远远落后长江文化、黄河的中原文化以及以后的珠江文化。当这些文化，与海洋文明相交融时，淮河文化——尤其在中上游，失去优势，这优势包括自身吸纳性、融合力和地域优势。曾经燿璨的淮河文化，陨落于华夏，直到晚清，洋务运动兴起，才出现了复苏的迹象。

壹拾贰. 继续与凤阳有关方面协商纪录片的拍摄工作，却迟迟未见进展，涉及经费，似乎困难多多。但是，准备工作还得照样做，这样有点风险。友人好意规劝我，认为继续下去会得不偿失，是否考虑等经费落实后再进行。我说，已生兴趣，一切就不是利益可以左右的了。

那天，对友人表示，想去看看淮河。于是，友人驾车去了淮河南岸的河滩村。由于没有郑夏一干当地朋友的陪同，走了不少弯路，沿途问了不少农人，才摸到那儿。

淮河水比想象的干净，阳光下波光粼粼。静静地看了一会，友人说："我去找一家农户，搞一些土菜吃吃。"

"离饭点还早吧。"

"哎，饭菜要早准备，最好用土灶做哩，费工夫。"友人回答，兴致勃勃地去了。

想到在汉武帝执政后，帝王专制的中央集权制度加强，由于他采纳了董仲舒"推明孔氏，抑黜百家"的建议，使淮河流域的文化遭到儒家文化的沉重打击。淮河流域在几千年的历史进程中没有成为专制王朝的政治中心，而是以自己独特的创造力和鲜明的个性屹立于世，但在帝王专制的中央集权支撑下的儒学，重重地覆盖在淮夷文化、楚文化之上，旷日持久，使淮河文明在政治、经济、科学、文化、艺术等方方面面，处在窒息状态，创新已成过去，衰退渐露端倪。

帝王专制的中央集权制度为什么支撑儒学？儒学有它积极入世的一面，唯上的一面，更主要的是与帝王专制的中央集权利益有关。儒学的创始人孔丘生活的年代帝王专制的中央集权制还没有出现，他要努力保护的是周礼，即分封制下的人伦纲常。同时，倡导人的忠勇刚毅。后来到汉武帝时，把它拿过来，去维护帝王专制的中央集权制度，削弱它对人的其他要求。到了宋明时候，弄到灭人欲存天理的地步。专制制度把儒学捧为与之相适应的主体思想，其实他们提倡的是后儒学，根本上是法家的那一套，学界称为儒表法里。法家尚法，这个法，本质是维护至高无上的皇权，而不是近现代以来所崇尚的法理观念。

儒学被曲改成了服务于皇权需要的显学，是帝王专制制度花了大力气才做到的，同时无数文人趋之若鹜，缺乏个性，不单单使淮河文明奄奄一息，即使整个中国社会也被搞得长期迟滞发展。

沉思中，忽然听到友人在远处嚷嚷："有了，一定让你吃得终身难忘。"

"什么这么好吃的？"

"老鹅。有特色吧！"

"蒸！就像当年朱元璋给徐达的蒸老鹅一样。"我玩笑地说。相传徐达身患严重的背疽，不能吃鹅，朱元璋怕徐达威胁朝廷，赐他一大碗蒸的老鹅吃。徐达明白朱元璋的用意，把烧鹅悉数吃尽，全身溃烂而亡。

"蒸不了，让农家用老卤煮。活杀的。"友人得意洋洋。

"没有两三个小时恐怕吃不上。"

"差不多。反正有时间。"

把先前的想法告诉友人，友人告诫："别忘记战争。战争对这片土地是刻骨铭心的，还有自然灾害的摧残，这摧残不仅是对人的生存环境，还有人心人性，加上思想的禁锢，三重因素，淮河边产生恶果就成了必然。"

"我们不能把朱元璋视为淮河边结出的恶果，客观很重要。"这时，河道里有拖船吃力地驶来，大概拉的是沙子，船身吃水很深，汽笛声有些刺耳。

友人领着我，由河岸边往上行，来到岗坡上的农家小院，小院收拾的颇干净，小屋边有一块不大的菜地，长着绿油油的菠菜（当地叫豁菜）。屋后有一个水塘，张着网，隐约可见有鳊花和红鲤在游动。

小屋的烟囱冒着青烟，空气中飘浮着一丝饭菜香。主人七十多岁，利利落落的样子，搬一张小方桌放在院中央。听说我们是从上海来的，他高兴地告诉

—— 淮河访古行纪

● 淮河滩涂

说，他的三个儿子全在了上海，有卖菜的、搞绿化的、做保安的，现在家里就剩下老俩口。

"孙辈呢？"

"全在上海。噢，有个孙女在县城念高中，每月底会回来一趟。说是在上海念，不能考大学。生都生在上海了，没有户口就不能！"老人口音很重，听起来有点费力。

"儿子回家看你吧？"我问。

"少，逢年过节回来，热闹热闹。不过，平时家里有事，去电话，他们也回。"

"你们可以去上海住呀。"

"不自在，也没事干，不得劲。"

湮没的帝都

"钱够花？"

"够花。每年政府给一千多，地包给别人种，加上政府补贴，也有些收益。养鸡、鸭、鹅，搞点钱，种些菜，自己吃，花销不多。"

这时，女主人端着菜出来，心直口快地说："过去我们在城里摆摊卖卤食，也攒了些，不差钱。现在年纪大了，不干了。待家养老。"

友人说，那就一块坐上来吃吧。女主人不愿意，因为友人说过是付饭钱的。"不碍事，一起来。"

女主人说等锅里的红鱼熟了就上桌。其实，到末了也没有来，就见她在伙房里扒完一大碗米饭，一直在忙活。

等桌上放上了老咸肉炒大蒜、葱花炒鸡蛋、蒜泥炒豁菜三四样后，老人捧来一大圆口瓶的土酒，说是已经存放了二年，好喝。酒很纯，喝到嗓子里有些辛辣，蛮够劲。老人说，慢慢喝，煮鹅费工夫，一时半会出不来。老人喝酒很慢，几乎在抿。友人与他拉家常，好像在问他的儿子是怎么到上海去的。

我呆呆地望着远处流淌的淮河，战争、自然灾害、思想禁锢，使这片土地逐渐消沉。尤其是朱元璋崛起后，中都的兴废，把淮河流域置于更深的悲剧中，两岸沉睡了多年，较之汉代之前，它形成的文化，远远落后长江文化、黄河的中原文化以及以后的珠江文化。当这些文化，与海洋文明相交融时，淮河文化——尤其在中上游，更失去优势，这优势包括自身的吸纳性、融合力和地域优势。曾经煌璨的淮河文化，陨落于华夏。直到晚清，洋务运动的兴起，才出现了复苏的迹象。

孤独的中都，在淮河边只能是座华而不实的标识。

见我走神，友人问："你又转到朱元璋身上了？"继而端杯晃着："当下，还是对着淮河干两杯。"友人提议。于是，与友人碰了个满杯。老人继续抿着。

女主人端出炖熟的红鱼，酱汁浓稠，肉质白嫩，老人说这红鱼就是红鲤鱼，

——淮河访古行纪

带点泥腥味，放大料炖就吃不出来了。这时，老人突然问，你们从上海来这块做啥？玩耍，又不是旅游地；公务，一个偏僻的小村又没啥可干。我说看淮河。友人说了我们的目的，为了拍明中都的纪录片作准备。老人说，在城里做小买卖时，得空就去皇城里转，还找了一些破瓦片、滴漏什么的，绿色、黄色、蓝色的都有，后来买卖不干了，搬回这块住，也就丢了。

"一块也没带回家？"友人问。

"有一块大砖，用来磨刀的，带了回来。"老人吩咐老伴，把那块磨刀砖搬来，砖已成了凹形，看来用了不少年头。友人看后，认定是中都内城上的用砖，说尺寸、质地和横头上模印的文字可以证明。字迹已经十分模糊，依稀还可辨认出"南昌府"三个字。

"现在政府回收。这块恐怕回收了去也没用。"

老人问："回收去了，重盖？重盖也是个假东西，没必要。烂着就烂着吧。"

这时，女主人喜滋滋地把那道"硬菜"卤鹅端上了桌，皮黄肉红，香气四溢，入口咸鲜，肥而不腻，酥而不烂，就米饭特别可口。吃了一些米饭和卤鹅。临了，还是喝了个满杯。友人说，先吃饭后喝酒，这不合规矩。我说这不是馋老鹅吗。

友人不依，说要罚酒一杯。酒有点上头。

这时，脑海里突然想起唐朝诗人祖咏①的《渡淮河》诗："天色混波涛，岸阴匝村墅。微微汉祖庙，隐隐江陵渚。云树森已重，时明郁相拒。"

回县城途中，又有凤阳的朋友来约晚上的酒，也许是中午酒多了，含含糊糊地谢绝了，回到宾馆闷头大睡。凌晨，被微信的提示音打搅，醒来见有陈姓

---

①祖咏（699—746），洛阳（今属河南）人。擅长诗歌创作，少有文名。唐开元十二年（724）进士。长期未授官。后入仕，又遭迁谪，仕途落拓，归隐汝水，渔樵终老。诗多状景咏物，写隐逸生活。友人王维在济州赠诗云："结交二十载，不得一日展。贫病子既深，契阔余不浅"（《赠祖三咏》）。

● [唐] 祖咏《渡淮河》

朋友发出的信息"女儿一路走好"。心里咯噔一下,有点震惊。这位朋友是浙江人,原本是山区里的农民,农闲时外出作木匠,上世纪八十年代初到上海,承揽建筑装潢,现在已身价不菲,是个可圈可点的人物。他女儿年纪大概也就三十来岁,不知出了什么变故。

八点左右,另一朋友来电话告知,陈的女儿跳楼身亡,留下一双儿子,痛不欲生,遂起念去吊唁。与友人一说,他表示依照目前的情况,拍片子的事未必有结果,一起去无妨。况且,他与陈姓朋友也有过一些交往。

车到上虞已是上半夜,大光灯照到一块路牌,上书"王充墓3公里"。隐隐约约的记得王充会稽上虞人,连忙上网查看,果然如此。

王充(27—约97),字仲任,会稽上虞(今浙江上虞)人。东汉思想家、无神论者。少游洛阳太学,曾师事班彪,博览百家而不守章句。王充以道家的自然无为为立论宗旨，以"天"为天道观的最高范畴；以"气"为核心范畴，由元气、精气、和气等自然气化构成了庞大的宇宙生成模式，与天人感应论形成对立之势。其在主张生死自然、力倡薄葬，以及反叛神化儒学等方面彰显了道家的特质。有《论衡》八十五篇、《养性论》十六篇，《论衡》为其代表作品，也是中国历史上一部不朽的哲学著作。

"王充思想是道家的东西，怎么会出现在这里，而不在淮河边？"我有些好奇。

友人说："你问得怪怪的，为什么这里不能生出道家的传承人和发展者？"王充的思想颇得益于桓谭（字君山），是古淮河边沛国相（今安徽濉溪）人。他讲究求实，曾在光武帝面前冒着杀头的危险非议谶纬神学，对俗儒的鄙俗见解深恶痛绝，常常调笔讥讽。王充十分欣赏，在《论衡·定贤篇》有言："世间为文者众矣，是非不分，然否不定，桓君山论之，可谓得实矣。论文以察实，则君山汉之贤人也。"

淮河边产生的文化，在钱塘江边结出了硕果。王充的思想属于道家，他发展了道家思想，弥补了这一学术过于空泛无着的缺陷。他出现在董仲舒"罢黜百家，独尊儒术"被汉武帝采纳为正统思想之后，站在道家思想原点，对逐渐神化的儒家进行挑战，彰显出他的伟大人格。

"那么，怎么看待董仲舒呢？"友人问。

"董仲舒学说以儒家宗法思想为中心，杂以阴阳五行说，把神权、君权、父权、夫权贯穿在一起，形成帝制神学体系，影响长达两千多年。他的思想和学术是帝王们所需要的。"

"淮河文化与中原文化再一次的交锋。"

"儒学政治化后，其他学术和思想性变得孱弱起来，王充可谓是一座丰碑。"我说。

葬礼颇具越地风俗，灵堂设在旧宅里，有戏班子在院子里唱地方戏，腔调似越剧，声韵婉转。见到陈姓朋友，一副朴素打扮，神情悲伤。说了几句宽慰的话，话题转到他的旧宅。

"你在上海待了这么长时间，生意做得那么大，老家的房子倒没有翻新过。"

"其实，这房子自从我父母离世后，一直没有人居住。我回乡，住在县城的宾馆里，懒得动。"

"那为什么把女儿葬回老家？她长在上海，成家在上海。"

"叶落归根呀。我死后也会葬回老家。"

送葬那天，人们绕村一周，停落在村口时，又有戏班子，好像演的是《西游记》中的一折。午间，陈姓朋友安排来宾在村民活动中心午餐，席间上酒。有了酒，话自然多了起来，说到越剧，说到王充。邻座回答，王充墓就在附近，

● 王充墓

——淮河访古行纪

五六分钟便到。酒宴结束,一行人经过陈姓朋友的旧宅,与他匆匆道了别,便去了王充墓。

回程时,友人见我迷迷糊糊的犯困,也不搭讪。此时,想到下列文字:

王充知道邻近朱孟村的女子在上海豪宅跳楼自尽,目睹她的一双儿子在墓地哭泣完后,从那女子居住过的老宅子前面走过,吃力地上了坡,去了自己的墓地。

天很蓝,有云朵,阳光下的茶树浓绿,样子像层层波浪。他站在岔路口,看着林荫蔽护的墓道,十分淡然。活着的时候婉拒人邀,好静独处,生后的喧嚣没有什么意义。

静思独处的好处,能使人独立思考,让所思成所著,实话实说。那女子轻盈飘落,问可否再转世。王充答,你精气血脉已竭,化为尘埃,何以再转?所谓再生,一定是人们的想象,也许是悲悯你那双小儿。

女子窃声,不是都说有来世?王充说,告诉你来世是诳言。你不应跳楼,好好地活着,才是真实。女子无语。

我作《论衡》想的就是破解迷惑,使人知道什么是真什么是假,一晃两千余年过去,又有多少人读过。

许多人说你的书诋毁孔子、羞辱祖先是异端,必遭冷遇、攻击和禁锢。

那是因为,我的话别人害怕,又与他们的需要格格不入。异端邪说,成了自然。

实话实说,也残酷。

自然。实话是许多人不愿听的,尤其当事者。他们拿梦想、希冀、诳骗、无知搅和在一起,告诉别人,并且不断重复,弄成真理。把实话实说者打成罪人,比如说我把真实的祖辈杀人越货的故事告诉后人,却遭人诽谤,以为我是不肖之人。

王充继续前行，女子跟随，到坟冢前止步。

两千多年未变，实乃悲哀。

女子又问，如何不悲不哀？

王充回复，独立之思考。

女子轻盈而去，已远……

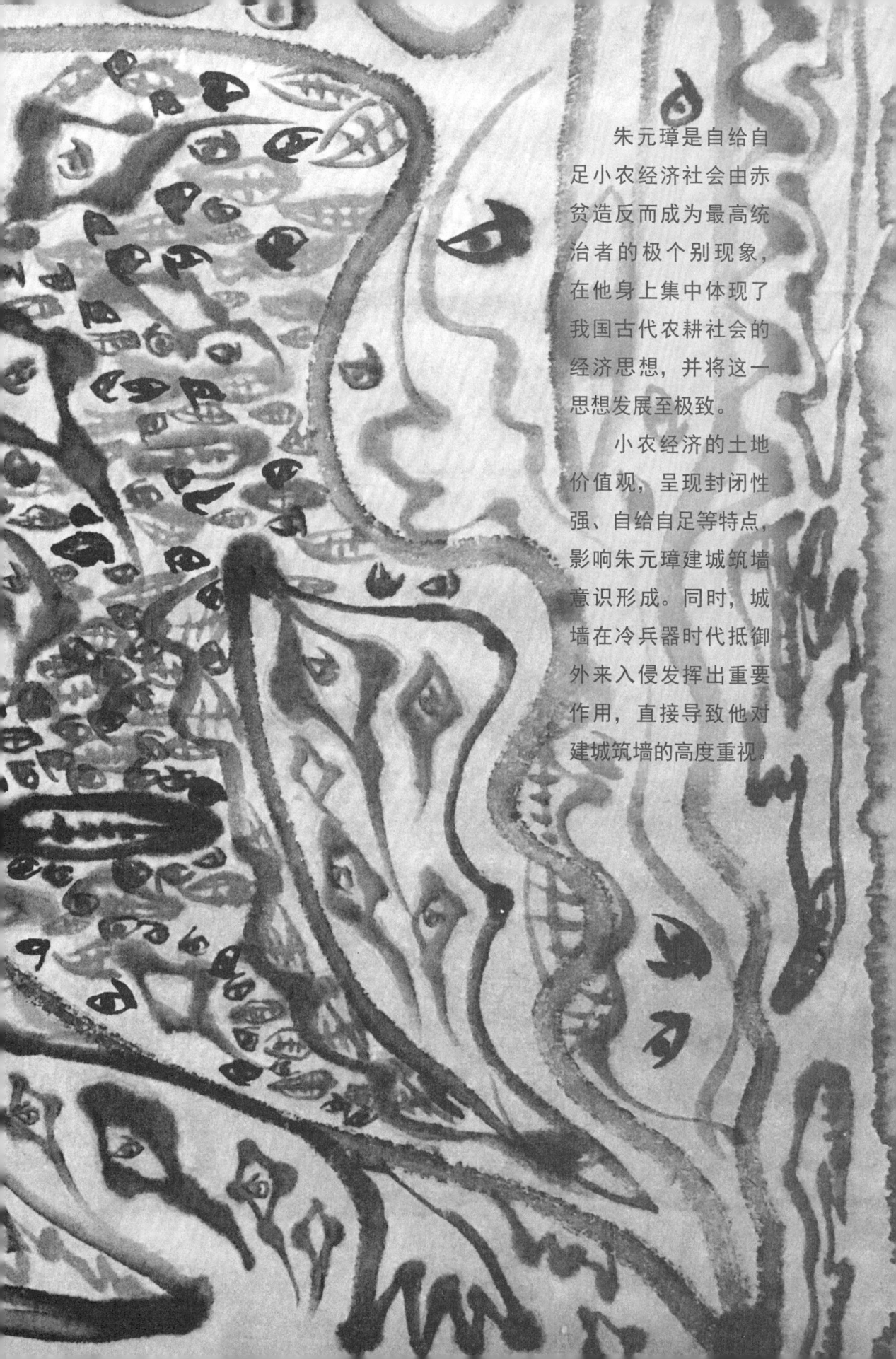

朱元璋是自给自足小农经济社会由赤贫造反而成为最高统治者的极个别现象,在他身上集中体现了我国古代农耕社会的经济思想,并将这一思想发展至极致。

小农经济的土地价值观,呈现封闭性强、自给自足等特点,影响朱元璋建城筑墙意识形成。同时,城墙在冷兵器时代抵御外来入侵发挥出重要作用,直接导致他对建城筑墙的高度重视。

壹拾叁 ·

这一程，回到上海没有去滁州和凤阳。友人说，随他们去协调，看看结果。上海的一个长远没有联系的旧友来电话说，他老家浙江诸暨六百五十年前发生新州大战，邀我写一篇相关文章。我说，刚去过上虞，怎么又与浙江挂上号呢？况且"不知道这场大战"。

"新州大战是元末朱元璋率军击败张士诚主力部队的战役。听说你最近一直在做这方面的研究，应该有文章可写。"旧友有些恳切。

我想也是。于是，查看了一些资料，发现一个现象，就是朱元璋推崇建城筑墙。新州城因战事而建，也是他的主张。新州城与明中都城有着怎样的相同和区别呢？经杭州，赴诸暨，与来自北京、上海、南京的二三十位明史专家一同去了新州城遗址踏勘。

遗址在诸暨城南三十公里外的新州村，一个普普通通的浙中北部山区小村，显得富裕、安详、整洁，老人坐在休闲区的长廊下闲聊，身后便是他们富丽堂皇的乡村别墅和门前的豪车。当地乡贤老周说，这里许多人早年纷纷离开老家，外出闯天下，成功的企业家不少。联想到刚失去爱女的陈姓朋友，"他们在改革开放初期，放下农活，跑去大城市施展自己的才能，几十年下来，积累不少。"老周点头称，"几代人都这么干了。"

爬上高坡，远眺四周。老周指着左边的山头说，"那是大刀山，再上去是五指山；右边的是球山，远处是勾嵊山。山峰连绵起伏，左右相距不过两公里，构成婺（金华）越（绍兴）通道的咽喉，兵家必争之地"。

"依山傍势，凭险而据。"

原先新州村留有完整的护城河，残存的城墙一米多高，后来村里人盖房子常来挖城墙砖，护城河也被填埋了许多，仅留下一截。直到十五六年前，村里修机耕路，挖掘机碰到坚硬的石块，一段灰黑色呈长方形的基石显露出来。有一位村民，跑去跟村支书说了这事，村支书也觉得非同寻常，便没有再挖下去。

—— 淮河访古行纪

● 新州村

如今，新州村地表上还有一些当年留下来的遗迹，一小段护城河和堆放在农舍旁的老墙砖。

由士兵成长起来的统帅朱元璋，不仅在战争中认识到建城筑墙的军事意义和价值，在建立大明帝国后，依然高度重视建城筑墙，认为天地山川间，筑城修墙是重要的防御手段。

朱元璋是自给自足小农经济社会由贫民造反而成为最高统治者的极个别现象，他身上体现出农耕社会的经济思想，并将这一思想发展至极致。小农经济的土地价值观，呈现封闭性强、自给自足等特点，影响朱元璋建城筑墙意识形成。同时，城墙在冷兵器时代抵御外来入侵发挥出重要作用，直接导致他对建城筑墙的高度重视。朱元璋攻下徽州时，听取当地老儒朱升[①]提出的"高筑墙、广积粮、缓称王"的建言，作为战略思想。高筑墙是指加强军事防备，巩固后方；广积粮是指发展经济生产，储备粮食，增强经济实力；缓称王则是指不要过早称帝，以免树敌过多。"高筑墙"不仅是朱元璋的战略思想，也成了朱元璋的战术手段。在战时他运用自如，即在军事要地建城筑墙，比如新州城据战略要冲，可使战线推进两百余里，实际上已是兵临诸暨城下了。此城既可作婺州（今金华）之屏障，御敌于百里之外，使进退有充分的余地，又可作行军之跳板，突袭诸暨、绍兴等地。

朱元璋建国后重视建城筑墙，命令各府县普遍筑城，小到县治、中到州府、大到边防，都要建城筑墙。自朱元璋始的整个明朝历史中，城池得到修缮、扩建和建设。近年来国内许多地方陆续发现的古城墙，大都为明代修建，便是重要的佐证。

[①] 朱升（1299—1370），元明间徽州府休宁人，字允升。元末举乡荐，为池州学正。后弃官隐居石门，学者称枫林先生。朱元璋克徽州，召问时务，献策："高筑墙，广积粮，缓称王。"明初为翰林学士。于五经皆有旁注，而《易》尤详。有《枫林集》。

——淮河访古行纪

● 新州城墙遗址

无疑,朱元璋是我国历史上最为推崇建城筑墙的帝王之一,我国原始长度以及现存长度、规模最大的明南京城墙和明长城的建设,都与朱元璋有着密切的联系。诸暨州城是朱元璋部将胡大海①修筑,新州城也在朱元璋主导下兴建。朱元璋时代规划的重要城池,有的还留出大量可供耕作的土地,以确保城内的粮食供给,防止长期围困带来的粮食短缺和无法供应。

至正二十年(1360),朱元璋招纳刘基、宋濂等人为谋臣。采纳刘基建议,确定先灭陈、后攻张、统一江南、再北上灭元的方略,置主力于西线。至正二十三年(1363)七八月间,朱元璋领军二十万,与陈友谅号称六十万的大军

---

① 胡大海(?—1362),字通甫,泗州虹县(今江苏泗洪东南)人。初从朱元璋起兵,为前锋。渡江后,授右翼统军元帅。从取婺州、诸暨、处州等地,积功为江南行省参知政事,镇守金华。军纪严明,不妄杀人,不掠妇女,不烧民房,所至延聘豪俊。至正二十二年(1362)二月,为所部苗军降将蒋英所杀。追封越国公,谥武庄。

决战于鄱阳湖，双方激战三十六天，朱最后一役以火攻大败陈军，射杀陈友谅，创造中国水战史上以少胜多的范例。次年（1364）正月，朱元璋在应天（南京）自立为吴王，置百官。1365年张士诚的部下李伯升重兵攻新州，朱元璋的重要将领李文忠率部从严州（今浙江建德）星夜驰援，由西北侧后夹击，大败李伯升部，收复诸全州（今浙江诸暨）。1367年九月攻克平江（今江苏苏州），俘张士诚（至应天，自缢死）。不久，迫降割据浙东的方国珍。至此，朱元璋统一江南。

朱元璋亲自督战了许多战事，战斗中每次攻城克池将士伤亡最大，城池的堡垒作用显而易见。反之，在抵御快马利刀时，城池发挥出的优势同样令人不得不特别重视。大约1359年前后，朱元璋调兵遣将，征战在诸暨这片土地上，并亲自下命令兴建新州城，这些事实在史籍和民间传说中都得到验证。

建城筑墙古而有之，笔者曾经到过的尉迟寺遗址，已经有了城廓雏形。上古时代农耕族群知道使用土木、砖石等材料，在集居地四周构建起防御性建筑体，或者说是城墙的早期形态。城墙逐步发展成古代防御设施，由墙体和其他辅助军事设施构成防线。

城墙根据功能可分为广义和狭义两种，广义的城墙分为二类，第一类如长城，它构成一个区域、国家的战略防御体系；第二类属于城池防御建筑，由墙体和附属设施构成封闭区域，诸暨城和新州城的城墙属于后者。狭义的城墙由墙体和附属设施构成的封闭型区域，封闭区域内为城内，封闭区域外为城外。

明朝的城墙基本依照我国古代城市的城墙结构和功能而建，主要由墙体、女墙、垛口、城楼、角楼、城门和瓮城等部分构成，绝大多数城墙外侧有护城河。诸暨城和新州城的城墙建设，客观上应该符合这些结构和功能的要求，由于当年没有留下来图纸和相关历史资料，人们只能作出类推。

长城在明代不称长城，而为边墙，明代建城筑墙的理念、技术、工艺集中

——淮河访古行纪

● 新州城墙留存的墙砖

体现在它身上。明长城古北口段由朱元璋修建,洪武十四年(1381)修建老龙头边墙、小河口边墙。正统八年(1442),辽东都指挥佥事毕恭,始建辽河西和辽河套一带的边墙。成化三年(1467),辽东副总兵韩斌提督辽阳,负责修建抚顺至鸭绿江一线的堡垒、边墙;成化八年(1472),延绥巡抚余子俊奏修榆林一千一百五里边墙、崖堑;成化十年(1474),宁夏巡抚徐廷章修建"自黄河嘴起,至花马池止,长三百八十七里"的河东边墙。弘治十五年(1502),总制尚书秦纮奏筑固原以北边墙近千里。正德元年(1506),总制杨一清增筑宁夏河东外墙。嘉靖九年(1530)后,长城不断得到修缮、扩建,陕西三边总制尚书王琼于固原复筑边墙一道,辽东总兵李成梁修建辽镇边墙(九门口长城)。嘉靖十九年(1540),肃州兵备李涵在嘉峪关以西修边墙一道,南至讨来河,北至石关儿,共二十里。嘉靖二十五年(1546),陕西总督曾铣在三边建造边墙。嘉靖三十年(1551)于北京北部、东部大修边墙,把东至山海关,西至镇边城的墙体相连,四年才结束。①

明长城的主要特点是夯土筑城,后期才出现包砖边墙。嘉靖三十七年(1558),戚继光在蓟镇建立包砖边墙,加厚城墙,又建空心敌台,能存放兵器火药,十六年内一共建空心敌台一千零十七座。

我国古代的城墙建设从建筑的原材料和形态区分,有版筑夯土墙、土坯垒砌墙、青砖砌墙、石砌墙和砖石混合砌筑多种类型。版筑夯土墙的制作技术在修建明长城之前,已经运用得非常成熟,它以木板作模,内填黏土或灰石,层层用杵夯实修筑而成,当时的造价为三尺约耗一两银子。洪武二年(1369),明中都城的外城墙用此项技术建成;土坯垒砌墙技术在明初也有使用,但一般在取土不便之地。新州、诸暨城墙用前一种技术和工艺建造的可能极大,如果

---

① 参见明魏焕《巡边总论·论边墙》、明刘效祖《四镇三关志》,以及《肃镇华夷志》。参见国学大师 http://www.guoxuedashi.com/.

——淮河访古行纪

出现砖块砌墙，一般为后来所为，即包砖。纯粹用砖块砌城墙，出现在明中都皇城，之后扩建南京皇城也不是全部的实心砖墙，依此推断新州城、诸暨城的城墙主体不可能是实心砖墙，但是，不排除局部为实心砖墙和石墙。

出现这样的状况与朱元璋时代，尤其在初期，征收城砖并非易事有关，往往遭到农民反抗。至正二十七年（1367）四月，朱元璋命徐达进攻苏州。徐达遣使谕松江府，知府王立中纳城归顺并下令各属县查验民间田地，征收城砖九千万块，松江一府为之惊扰不安。时居上海县城西王湖桥（今闵行华漕吴家巷附近）、相传为吴越王钱镠后裔的钱鹤皋，见人心惶惶，即竖旗举事，集结张吴败兵，聚众三万余人，先占领上海县城（今黄浦区旧城内），继而攻陷松江、嘉定，派其子遵义率部赴苏州联络张士诚。遵义部半途遇阻击被歼。继而，徐达遣部将葛俊直攻松江，钱鹤皋率兵抗击，城破被俘杀，事告失败。① 应该说，反抗征收城砖的事件绝非上述一例，征收的困难，间接证明实心砖墙的使用受到限制。

明朝自始至终对北方防御体系的建设非常重视，边墙、关隘、墩堡的修筑工程，在明朝的二百七十多年中几乎没有中断过，逐步形成了"九边"分区防守、分段管理和修筑边墙的制度。据《明史·兵志·边防》记载："初设辽东、宣府、大同、延绥四镇，继设宁夏、甘肃、蓟州三镇，而太原总兵治偏头，三边治府驻固原，亦称二镇，构成九边。"明长城对于明朝政权的巩固，北部地区农牧业生产的安定，国家的安全都起了积极的作用。在防务布局上采取列镇屯兵，分区防守；在修筑工程上采取分区、分片、分段包修。1952年在居庸关、八达岭城墙上发现的万历十年（1582）的石碑上就记载着长城的包修办法；长城边还发现了来自凤阳的工兵营遗迹,显然是营造长城和守卫边关的官兵留存。

① 参见明末谈迁《国榷·丁未·四月》、清毕沅《续资治通鉴·元纪·顺帝·至正二十七年》、清夏燮《明通鉴·前纪四·元至正二十七年》。

试想诸暨城和新州城的建设，是不是有凤阳籍的军士、工匠参与，修筑工程也采取了分片、段包修的办法呢？

朱元璋时代建城筑墙的技术已经到高度成熟的地步，他的子孙继承他的遗志，演绎成一个新的高峰。

在新州村待了一下午，回到诸暨城。晚餐后，准备次日在研讨会上的发言。我想能够做的题目应该是朱元璋与建城筑墙，已知的明朝都城可以提供丰富的信息，从而了解一般的州县城市的规划、设计、技术、工艺。这样，文章做起来比较顺手。

明朝建有三个都城，南京、北京和中都凤阳——一个已经建得八九不离十，却没有启用的首都。

明中都城已经说得很多了（参见本著壹拾章），这里需要强调的是它的规模和营造特点，严格按照《周礼·考工记》的规制进行设计和建设，上承唐宋，下启明清，中轴线鲜明，两翼展开的建筑或气势磅礴、或规整划一，整座城市的外城墙为版筑夯土墙。明中都虽因变故未能成为政治中心，但其规划之布局，尤其是宫殿营建，却为后来的南京改建和北京兴建绘制了范本。

南京为朱元璋做吴国公时的宫城，他在犹豫中才决定将它作为首都。南京的道路系统呈不规则布置，城墙的走向也沿旧城轮廓和山水地形屈曲缭绕，宫城偏于一隅，使全城无明显中轴线，一反唐、宋、元以来都城格局追求方整、对称的传统，呈现出山、水、城相融合的城市景观。

《明史·志十六·地理·南京》载："太祖丙申年（按：1356年）三月曰应天府。洪武元年八月建都，曰南京。十一年曰京师。永乐元年仍曰南京。洪武二年九月始建新城，六年八月成。内为宫城，亦曰紫禁城，门六：正南曰午门，左曰左掖，右曰右掖，东曰东安，西曰西安，北曰北安。宫城之外门六：正南曰洪武，东曰长安左，西曰长安右，东之北曰东华，西之北曰西华，北曰玄武。皇城之外曰京城，周九十六里（按：约55.3千米），门十三：南曰正阳，南之西曰通济，又西曰聚宝，西南曰三山，曰石城，北曰太平，北之西曰神策，曰金川，曰钟阜，东曰朝阳，西曰清凉，西之北曰定淮，曰仪凤。后塞钟阜、仪凤二门，存十一门。其外郭，洪武二十三年四月建，周一百八十里（按：约103.68千米），门十有六：东曰姚坊、仙鹤、麒麟、沧波、高桥、双桥，南曰上方、夹冈、凤台、大驯象、大安德、小安德，西曰江东，北曰佛宁、上元、观音。"（中华书局，1974年版，第910页）明南京城为南北长、东西窄的不规则形，城墙用大石条奠基，全部用青砖包砌，有垛口13616个，藏兵洞200座，平均高度12米左右。城墙北起狮子山，南到聚宝山，西包清凉山

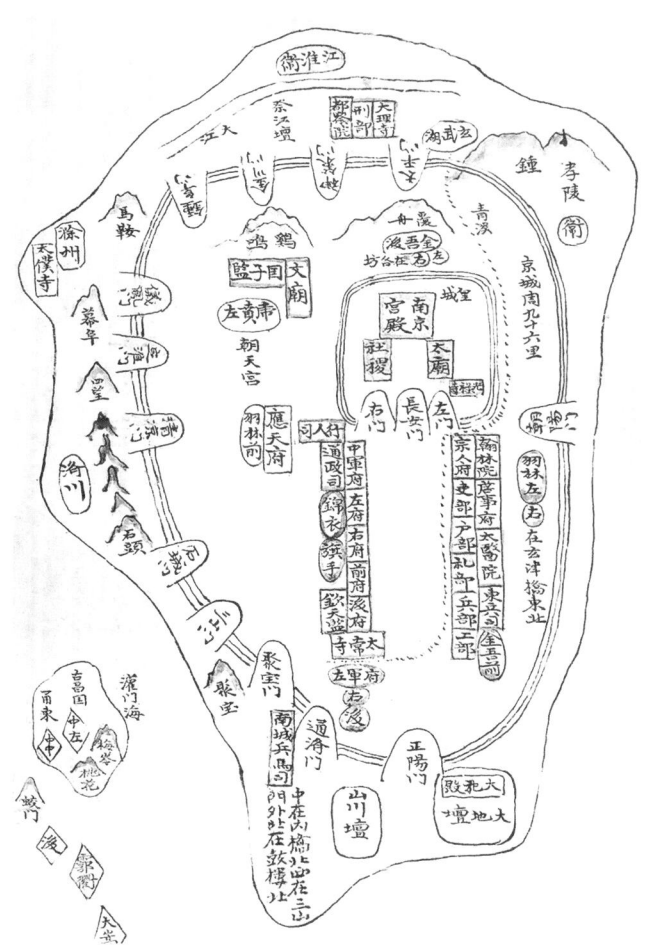

● 南京城图（取自《大明统一山河图》）

（石头城），东尽钟山之麓，依山带水，占据地利。

南京的城墙用长40厘米、宽20厘米、厚10厘米左右的大型城砖垒砌两侧外壁，中实夯土，仅有皇宫区东、北两侧的城墙用砖实砌，墙基用条石铺垫，与新州城古遗址发现的城墙基础部分用条石砌成的建筑方法一致。

北京由朱棣在元大都基础上扩建而成。洪武三年（1370），朱元璋封朱棣为燕王，就藩北平城。朱棣夺位后，改北平为北京，开始筹划迁都，实施了一系列扩建北京城的计划。《明史·志十六·地理·京师》"顺天府"条载："永乐四年闰七月诏建北京宫殿，修城垣。十九年正月告成。宫城周六里一十六步（按：约3.48千米），亦曰紫禁城。门八：正南第一重曰承天，第二重曰端门，第三重曰午门，东曰东华，西曰西华，北曰玄武。宫城之外为皇城，周一十八里（按：约10.37千米）有奇。门六：正南曰大明，东曰东安，西曰西安，北曰北安，大明门东转曰长安左，西转曰长安右。皇城之外曰京城，周四十五里（按：约25.92千米）。门九：正南曰丽正，正统初改曰正阳；南之左曰文明，后曰崇文；南之右曰顺城，后曰宣武；东之南曰齐化，后曰朝阳；东之北曰东直；西之南曰平则，后曰阜成；西之北曰彰仪，后曰西直；北之东曰安定；北之西曰德胜。"（中华书局，1974年版，第883页）永乐十九年（1421），朱棣实现了他向往多年的迁都计划。此时，恐怕他早把老家凤阳的烂尾工程忘得所剩无几。

时过一百三十二年，也即1553年的北京，"嘉靖三十二年筑重城，包京城之南，转抱东西角楼，长二十八里（按：约16.13千米）。门七：正南曰永定，南之左为左安，南之右为右安，东曰广渠，东之北曰东便，西曰广宁，西之北曰西便"（同上书）。

新州城因战争需要而兴建，强调它的战争功能，主要由墙体、女墙、垛口、城楼、角楼、城门和瓮城等部分构成，瓮城部分可能占有重要地位。还有护城

——淮河访古行纪

河连接自然江湖，围绕城墙而在。

兴建于1359年（至正十九年）的诸暨城墙，不可能在规模上与都城相比较，但是从明都城的史料中，可以间接地了解到一般城市的形态。诸暨城的规划也不可能与都城相比，其周长仅为南京城的十分之一还不到；中都城墙有大量的精美石刻，其他城市不会出现这样的现象，尤其在战争年代修建的诸暨、新州城墙；中都内城墙用特制大砖砌筑实心墙，南京的城墙是建在条石铺砌的基础

● 1940年南京城墙以及护城河（海达·莫理循摄）

上，墙身两侧用砖垒砌外壁，中实夯土，皇宫区东、北两侧的城墙才用砖实砌，可以想象一般州、县城市的城墙基本上采用版筑夯土墙、土坯垒砌墙的方法建土墙，诸暨和新州城墙也不能例外，发现的城墙砖极大程度上是后来包砌，但是在重要的部位，也有实心墙。这在我实地走访时，从村民口中得到证实，新州城墙在关键的城门四周，用的都是实心墙。

关于城市规划中的中轴线的问题。其实，中轴线并不是都城的专利，一般州、县城市大多存在中轴线，明朝诸暨城的南迎薰门至北朝京门之间，必然有着大道相通，左右两侧官署、民居散开。它不可能如都城中轴线开阔，两边的建筑高大、精美，具有皇权内涵和价值。诸暨城的中轴线统率着城内的建筑群，又由于诸暨城是老城，原有的建筑会影响中轴线的笔直和两翼的均衡。

诸暨位于浙江省中北部，北邻杭州，东接绍兴，南临义乌，在战略上具有重要的地位。诸暨是越国故地，为古越民族聚居地之一。秦王政二十五年（前222），设诸暨县，属会稽郡。诸暨是於越文化的发祥地。

旧城，筑于何年无考。唐李吉甫《元和郡县图志》卷二十六"诸暨县"条载："秦旧县也。界有暨浦、诸山，因以为名。越王允常所居。"南宋施宿嘉泰年间所撰《会稽志》卷十二"城池"条："县城周二里四十八步，高一丈六尺，厚一丈。（见《旧经》）唐开元中令罗元开建东、北门。唐天宝中令郭密之建西、南门。天祐初，吴越武肃王尝遣裨将王永修之，今废。"

彼时朱元璋的军队克诸暨、衢州、处州等地，将军胡大海筑州城，诸暨城得到修建。

清嵇曾筠《浙江通志》卷二十四"诸暨县城池"条载："至明初，改筑围九里三十步（按：约5.23千米）。为门五：东曰迎恩，南曰迎薰，北曰朝京，西曰西施，而水门不名。后以承平日久，民皆据其址为居室。嘉靖中，知县林富春重筑。左临浣水，右倚长山，围四里，高一丈有八尺。陆门四：东曰禹封玉帛，南曰勾乘云物，西曰蠡湖烟月，北曰概浦禾桑。水门三。国朝顺治十五年，增高并堵。"（清文渊阁四库全书电子版）自胡大海筑诸暨城至明朝中后期，诸暨城得到修缮和翻建。

唐天宝年间诸暨城仅"县城周二里四十八步，高一丈六尺，厚一丈"。经过五代十国吴越王钱镠时期的重修和以后历史时代可能存在的扩建，约四百五十年后朱元璋时代已经把诸暨城建设为"围九里三十步"，几乎翻了两番，基本结构和功能决定它具有墙体、女墙、垛口、城楼、角楼、城门和瓮城等部分，具有一定规模的县级城市。以后清顺治十五年（1658），雉堞增高六尺，并二为一，数堞增一炮台，清乾隆三十一、三十四年（1766、1769）再修，都在明代基础上进行，可以说明代奠定诸暨城的最终格局和规模。

诸暨城西陶朱山雄峙，城东浣江环流。城内旧有五湖，水流萦绕，脉络贯通，处处相联。水自城外西南隅入，至紫山下渟潴为一湖，即三官殿前湖。由紫山下迤北至酂祠前为一湖，称酂祠前湖。酂祠前迤东，用徐公堤，堤东名学湖，或称学前湖，堤西为琵琶湖。北出采芹桥，抵北城又为一湖，称火神庙前湖。今仅存酂祠前湖之一部。城内湖与城外河相通，依据古代城市建设特点判断，城墙外围历史上存在过护城河。

1939年，日寇据杭州，威胁浙东，县长夏高阳恐有城反资敌用，发动民夫，逐段拆除，仅留东南一隅，为障水之用。1985年，城墙残长440米，残高3.5米，宽3.8米，被列为县级重点保护单位。

新州城情况如何？据《明史·胡深传》载："癸卯九月，诸全叛将谢再兴以张士诚兵犯东阳。左丞李文忠令深引兵为前锋，再兴败走。深建议以诸全为浙东藩屏，乃度地去诸全五十里并五指山筑新城，分兵戍守。太祖初闻再兴叛，急驰使诣文忠，别为城守计，至则工已竣。后（1364年）士诚将李伯升大举来侵，顿新城下，不能拔，败去。太祖嘉深功，赐以名马。"癸卯即1363年，也即至正二十三年九月，胡深筑诸全新州城，它依山傍势，南北长五里，东西宽四里，大陈江贯穿其中，江上建有栅栏大闸。南北城墙高十丈厚三丈，设有垛口和烽火台；护城河宽五丈深二丈，设四门。新州城由胡大海养子胡德济戍守，在战争中发挥了重要作用。

逾年（1365），李伯升率重兵再攻新州，李文忠率部朱亮祖等驰援，由西北侧后夹击，胡德济则自城中鼓噪杀出，大败李伯升部，逐北数十里，斩首甚众，溪水尽赤，收复诸全州全境[①]。

新州城在朱元璋与张士诚的博弈中，起到十分重要的作用，它与诸暨旧城互成犄角之势，从而有效地保卫了诸全州。它是朱元璋听取部下建议后指示李文忠"别为城守计"，仅仅用一年时间建成的，两次打败敌人的重兵包围和进攻，足以证明朱元璋建城筑墙的思想价值。

我把这些思考，通过手机告诉了在上海的友人。友人有一些光火："啥辰光啦？深更半夜，讨论这种问题。"不过，他还是听我说完了。

"这篇文章可做，你应该去一趟西安，看那里的城墙。"他建议道。我告诉他，去过西安。他说："过去去是为了别的，现在专门去看城墙，不冤枉的。感悟一下明朝的城墙，你会找到感觉。"

于是，诸暨的会议一结束，决定飞西安……

今天的西安格局是明代形成的，名称也源于明代。洪武二年（1369）三月，大将军徐达进兵拿下奉元路，明朝廷即改奉元路为西安府。

据传，朱元璋曾想采取两京制，把西安定成北方首都。洪武二十四年（1391）七月至十月派太子朱标巡视陕西，不幸途中染病，次年四月病死。朱标过世，不免引发朱元璋联想，遂断了建都西安的念头。这个说法可疑之处很多，至少

[①] 参见《明史·李文忠传》，北京：中华书局，1974年版，第3741—3743页。

——淮河访古行纪

● 西安城门

湮没的帝都

把没设都西安归结为单一的原因,似乎缺乏说服力,就像建都凤阳仅仅是荣归故里的虚荣作祟,是不真实的一样。不过,自唐朝以后,西安再也没有以大一统国家首都的面貌出现在历史舞台了,成了历史的事实。

西安城墙包括唐城墙和明城墙,现在一般指的是明城墙。现存的明城墙建于洪武三年至十一年(1370—1378)之间,明中都在建时,西安这里也在修城筑墙,它的设计和主要施工人员会不会是同一波人呢?我无从考证,却感到他们中间的一部分人,有可能穿梭往返于凤阳与西安之间。

下飞机后,直奔市中区,远远看到城墙有些吃惊,古朴、雄伟、厚重、敦实。车驶过城门,便停了下来。大概是进入了市中心,又是交通中转枢纽,来来往往的人不少。当地接待的朋友打来电话,让我在城门边的空地上等着。不一会,两人见了面。我称赞城墙壮观。朋友说:"西安城墙大致呈长方形,东墙长2590米,西墙长2631米,南墙长3442米,北墙长3241米,总周长约为11.9千米。"

"这种浑厚、敦实,固若金汤的感觉从何而来?"我急切地问。

"不急,先到画廊坐坐。"

朋友的画廊在永宁门附近,取了极具秦汉古风的名称,布置得简朴大气,陈列着刘文西的人物画、贾平凹的字,还有其他人的字画。

朋友让店里的姑娘沏了一壶茯茶,汤汁注入小圆玻璃杯里,显得橙红透亮,喝一口感觉醇厚悠长。

朋友颇为自豪:"西安城墙高12米,顶宽15米,底宽18米,基座宽,大于墙高,这样极易让人产生你说的感觉。"

"这比明中都的紫禁城矮了些,却宽许多。明中都的紫禁城墙底宽6.9米,顶宽6.4米。"我说。

"功能不同。西安的城墙出于战略防御体系需要,墙高与顶宽一样,城墙

—— 淮河访古行纪

顶可以双向跑马和战车，兵丁操练自然不在话下。紫禁城的城墙顶上不需要跑这些东西。如果仅打到了紫禁城，皇帝老儿多半要跑路了。"朋友笑答。

"崇祯就没跑。"

"他是另类。"

聊了一会明城墙，又扯到字画市场，朋友叹口气说："不容易。字画生意不好做。苦撑着呗。"

沉默一会，两人一同上了城墙。

● 明代修筑的西安城墙

明城墙在隋唐皇城的基础上建成，完全按照防御战略要求营建，城墙包括护城河、吊桥、闸楼、箭楼、正楼、角楼、敌楼、女儿墙、垛口等一系列军事设施。朱元璋建造时，为夯土城墙，四面各辟一门：东长乐门，西安定门，南永宁门，北安远门，每个城门都由箭楼和城楼组成。晚清至1930年代，城墙四周陆续辟有券门、豁口共十六处，以方便出入。朋友介绍说。

我说："把建造初期的城墙，笼统地称为夯土城墙并不准确，一般的情况，重要部位还是砌实心砖墙，比如城门两侧。诸暨的新州城是这样做的，何况西

西字楼梯

安呢?"

朋友说自己没有考证过,仅仅根据看到的简介略知一二。

西安明城墙建成之后,又经历了三次大的整修。隆庆二年(1568),明廷陕西巡抚张祉主持工作,使土城第一次变成砖城;乾隆四十六年(1781),清廷陕西巡抚毕沅主持对城墙和城楼的整修,将城墙外壁及顶面增砌,加厚包砖,并加设排水道、宇墙垛口等,形成了今天的外观;自1983年以来,陕西省和西安市政府对这座古城墙进行了大修缮,补建被拆毁的东门、北门箭楼、南门闸楼、吊桥,并建成环城公园,使之重新焕发往昔的风采。

我抚摸着城墙砖问:"中都城墙砖长40厘米、宽20厘米、厚10厘米,这里的城墙砖,明显比中都的大一些。"

朋友说:"你看到的这是清代砌砖,一般长45厘米,宽23厘米,厚10厘米。里面的才是明代砌砖,长38厘米,宽18厘米,厚5厘米。比你说的正好小一些。"

"明中都城墙砖产于明初,西安明城墙砌砖产于明中后期,会有些不同。原因无法考证,可能与制作工艺有关。"我说。

前面的西安城墙顶面以二至三层青砖铺设海墁,每隔40至60米,设一砖砌溜水槽和吐水嘴。墙顶内沿筑0.85米高的女墙,外沿辟垛口5984个。城内除四门楼左侧各有一登城马道外,沿城另有6处马道。城墙外壁四周有马面98座,间距120米,马面宽20米,伸出11米。城四隅各筑有一个突出城墙的角台(楼),除西南角台保持元代建制为圆形外,其余均为方形。

城外环护城河,河宽18米,深6米,长14.6千米,与城墙、城门组成三位一体的城防建筑体系。1983—1991年对城墙进行了全面整修,早年及近年整修过程中,于西墙及南墙内均发现有唐代城墙和城门遗迹。从隋唐皇城算起,西安城墙已经有一千四百多年的历史,从明初扩建府城算起,它已经有六百多年的历史了,呈现出完整严密的古代城市军事防御体系的风采。

晚上，找了回民街上的一家著名羊肉泡馍店，要了羊肉泡馍和几样开胃菜，与朋友喝了一会酒。西安的朋友说，不远处有个园子唱老腔，可以去听听。

"华阴老腔？"

"正是。"

步入戏园子，观众寥寥，有年头的戏台上正有七八个老人在酣畅淋漓地吼唱，声腔刚直高亢、气势震撼人心，落音处能听出渭水船工号子的曲调，拖腔一人唱众人帮合，加上檀板的拍板节奏，听来令人顿生凄怆豪迈之慨。

朋友问什么感觉。

"痛快。少了凤阳花鼓的阴柔、悲凉。是一种悲怆。"我说。

"发源地不同罢了。"

—— 淮河访古行纪

● 华阴老腔表演

出了朱元璋后,淮河流域长时期没有出现过思想、文化、科技上的重大创新。他有意无意地终结了淮河文化与生俱来的特质——开放性、包容性和创造力,明朝第一流的思想家、科学家、文学家、艺术家几乎都远离淮河,以至清中期,淮河文化并没突破性的创新,比较春秋战国、两汉以及魏晋南北朝时期,它的创新能力相当孱弱。

这条历史上因黄河改道而失去出海口的淮河,能有多少作为呢?

――淮河访古行纪

壹拾肆 . "'说凤阳，道凤阳，凤阳是个好地方。自从出了朱皇帝，十年倒有九年荒。'凤阳花鼓里的唱词或许是一种夸张，发泄着对朱元璋的不满。毫不夸张的是，淮河边自从出了这位至尊，老百姓非但没有脱离苦海，他反而有意无意地终结了淮河文化与生俱来的特质——开放性、包容性和创造力，归附于极权的帝王文化，把帝王文化发挥到登峰造极的地步。"那一天，我对友人说。

这时，我已经离开西安，回到上海，再由上海去了凤阳，和友人穿梭在迷宫般的政府大院，去筹集资金的不足部分，效果并不理想。回到宾馆，郑夏等一帮子朋友已经坐在大堂里闲聊。他们身后是高大的黄杨木制屏风，雕刻的是朱元璋和他的淮西将领群像，颇有气魄。

友人好像并不赞同我的说法："晚清时，这块土地开始苏醒。所以，你说的有失偏颇。"

"晚清的淮河流域文化崛起，准确地说应该偏向于是江淮文化。这与海洋文明由东南沿海地区向西扩散有关。淮河流域自身几乎没有了创新能力。"我说了自己的判断，"这与它丧失了开放性、包容性相关，也与它没能直接接触到新的文化体系有关系。"

覆盖在淮河边的中原文化，经过演变、提炼趋于成熟，价值取向单一，借助政治力量压迫淮河文化，使后者发生巨大的变化，开放性、包容性和创造力减弱、失缺。朱元璋政权出现后，帝王文化沉重地压制了淮河文化，更使它无法喘息，帝王文化的核心思想由王道和霸道两者构成，用来治天下。王道以儒家学说为主，讲的是忠孝仁义礼仪廉耻；霸道以法家学说为主，讲的是威权统治严法苛政。折射在这两者思想之后的伦理价值观，都是牺牲小我而满足群体利益，在帝王专制的中央集权体制下，群体利益最终归属于皇帝，从某种程度上来说，牺牲小我本质上是满足皇帝以及他主导的统治集团利益。儒、法两家都根植于这一基础认识社会,儒家似乎柔性地协调个体与群体的关系,往往强调个体通过修身达到群体的要求;法家则以严苛地要求个体服从群体的利益,最后膺服皇权。然而,从皇帝这方来说,似乎更喜欢法家的这一套方法,方便直接、效果明显。这样做通常会出现暴政不绝,有亡天下的危险。于是,许多采用"儒表法里"的方法,进行统治。所谓的一张一弛、表松里紧,一定程度上法家的那一套占的成分更多。

儒法两家价值体系主导下的文化与淮河形成的文化特质并不相同,前者以强大的力量覆盖淮河两岸上,逐渐削弱它的文化特质。而淮河频繁的自然灾害、战争,在元末以及以后的岁月里不断上演,沿岸人民生活雪上加霜,大批人员离开淮河,跟随朱元璋南征北战,或驻扎边关,或异地加官进爵,使淮河两岸尤其在它的中部呈现人力资源严重缺乏的局面,以至于一片荒芜。朱元璋亲眼目睹了这一残酷,把东南沿海地区的民众移民至此,聚集在淮河边,试图振兴家乡的经济。血腥的移民并没让淮河文明补充到更多的外来养分,他们的后代有的成为明朝的官员,成为思想、科学、文学艺术界巨人的几乎没有,整个明朝以至清中期,淮河文化并没突破性的创新,比较春秋战国、两汉以及魏晋南北朝时期,它在思想、科学、文学、艺术上的创新相当孱弱。

明朝时期重要的思想家、科学家、文学家、艺术家,几乎都出生江浙闽赣湘等沿大江大海的地区,远离了淮河流域。哲学思想界的王守仁(1472—1529),出生在浙江余姚。他是我国杰出的哲学思想家,文学家和军事家。弘治年间进士,历任兵部主事,右副都御史,左都御史,总督两广兼巡抚。明世文臣用兵,无出其右者。心学唯心主义集大成者,与孔子、孟子、朱熹并称为孔、孟、朱、王。提出知行合一、致良知、心即理等命题,有《王文成公全书》三十八卷,要者为《传习录》《大学问》等。严复、梁启超、孙中山等均极推崇,其学术思想在日本、朝鲜半岛以及东南亚等地有重大影响。李贽①、黄宗羲②、顾炎武③、王夫之④等,均非淮人,且都在中国思想史上占据着重要地位。

在科技、翻译、地理学中,松江府上海人徐光启(1562—1633),明末科学家。字子先,号玄扈,天主教圣名保禄。崇祯朝礼部尚书兼文渊阁大学士、内阁次辅。毕生致力于数学、天文、历法、水利等方面的研究,勤奋著述,尤精晓农学,著译《农政全书》《徐氏庖言》《几何原本》《泰西水法》等书。为17世纪中西文化交流作出了重要贡献。徐光启还特别注重火炮的制造,对火器与城市防御,火器与攻城,火器与步、骑兵种的配合等各个方面都有所探求,可以称得上是中国军事技术史上提出火炮在战争中应用理论的第一个人。同样出生在苏南的还有徐霞客⑤,宋应星⑥则出生成长在赣西北。

---

① 李贽(1527—1602),明思想家、文学家。福建晋江人。原姓林,名载贽,后改姓李,名贽,字宏甫,号卓吾。以孔孟传统儒学的"异端"自居,对男尊女卑、假道学、社会腐败、贪官污吏,大加痛斥批判,主张"革故鼎新",反对思想禁锢,表现出对专制皇权的不满,成为明末清初启蒙思想民本思想的先导。重视小说戏曲在文学上的地位,曾评点《水浒传》《藏书》《续藏书》等。
② 黄宗羲(1610—1695),明末清初经学家、史学家、思想家。字太冲,一字德冰,号南雷,别号梨洲老人等。浙江余姚人。有中国思想启蒙之父之誉。主要著作有《明儒学案》《宋元学案》《明夷待访录》《孟子师说》《南雷文案》《易学象数论》等。后人编有《黄梨洲文集》。
③ 顾炎武(1613—1682),明清之际思想家、史学家、语言学家。本名绛,字忠清;后改名炎武,字宁人,亦自署蒋山傭。江苏昆山人。治经重考证,开清代朴学风气。著有《日知录》《天下郡国利病书》《肇域志》《音学五书》等。其名言:"天下兴亡,匹夫有责",数百年来影响了中国人的精神世界。
④ 王夫之(1619—1692),明清之际思想家、哲学家。湖南衡阳人。字而农,号姜斋,晚年自署船山病叟、南岳遗民。著述涉及哲学、政治、法律、军事、历史、文学、教育、伦理、文字、天文、历算乃至佛道等,以哲学研究成就卓著,主要著作有《周易外传》《尚书引义》《黄书》《春秋世论》《张子正蒙录》《读通鉴论》《噩梦》等。
⑤ 徐霞客(1587—1641),明末地理学家。名弘祖,字振之,号霞客。江苏江阴人。博览图经地志,专事旅行,足迹北至燕、晋,南及云、贵、两广,沿途所见,按日记载,经三十余年考察撰成《徐霞客游记》,开辟了地理学上系统观察自然、描述自然的新方向,在国内外具有深远的影响。
⑥ 宋应星(1587—?),明末科学家、文学家。字长庚,江西奉新人。其著作和研究领域涉及自然科学及人文科学,《天工开物》被誉为"中国17世纪的工艺百科全书";还有《野议》《谈天》《论气》等其他著作,在思想上对极权统治和学术传统持批判态度。

淹没的古都

另外，汤显祖①、冯梦龙②、张岱③、吴伟业④等人身上，体现出明朝文学戏曲的光彩，他们分别来自临川，苏州、绍兴，也没有一个是从淮河流域走出来的。

友人说："例外的有，吴承恩。"

"嗯，他倒是个异数。"我说。

郑夏表示去过吴承恩在淮安的故居，有一个挺大的园林："好像与其贫老而终的生平介绍，有些出入。"

吴承恩（约1500—约1582），山阳（今淮安）人。字汝忠，号射阳山人。《西游记》的作者⑤。其家到他父亲这辈由学官沦落为商人。吴父廷器，以卖彩缕文褐为生，好谈时政，有所不平时辄抚几愤惋，意气郁郁。吴承恩自幼聪明过人，天启《淮安府志》载其"性敏而多慧，博极群书，为文下笔立成"。然科举失意，直至知天命之年才由秀才补为岁贡生。后流寓南京，长期靠卖文

---

① 汤显祖（1550—1616），明戏曲剧作家、文学家。江西临川人。字义仍，号海若、清远道人，晚年号若士、茧翁。以戏曲创作著名，《还魂记》（《牡丹亭》）《紫钗记》《南柯记》和《邯郸记》合称《临川四梦》。这些剧作不但为中国人民所喜爱，而且已传播到英、日、德、俄等很多国家，被视为世界戏剧艺术的珍品。另有诗文集《红泉逸草》《问棘邮草》《玉茗堂集》。
② 冯梦龙（1574—1646），明文学家、戏曲家。长洲（今苏州）人。字犹龙，又字公鱼、子犹、耳犹，号龙子犹、墨憨斋主人、吴下词奴、姑苏词奴、顾曲散人等。其作品强调感情和行为，《喻世明言》（又名《古今小说》）、《警世通言》《醒世恒言》，合称"三言"，是中国白话短篇小说的经典代表。另有《古今谭概》《智囊》《桂枝儿》《山歌》《墨憨斋定本传奇》等。
③ 张岱（1597—1689），明末清初散文家、史学家。字宗子，又字石公，号陶庵，别号蝶庵居士。浙江绍兴人，久居杭州。擅于茶艺鉴赏，崇老庄之道，喜清雅幽静。不事科举，不求仕进，精小品文，工诗词，著述终老。著有《琅嬛文集》《陶庵梦忆》《西湖梦寻》《夜航船》《快园道古》《张子文秕》《石匮书》（今存后集）等。
④ 吴伟业（1609—1672），明末清初诗人。江苏太仓人。字骏公，号梅村，别署鹿樵生。工诗文，善词曲，亦精书画，与钱谦益、龚鼎孳并称"江左三大家"，又为娄东诗派开创者。长于七言歌行，自成一格，创立"梅村体"。有《梅村家藏稿》《绥寇纪略》、传奇《秣陵村》、杂剧《临春阁》《通天台》等。今人辑有《吴梅村全集》。
⑤ 一般公认吴承恩是《西游记》的作者。胡适与鲁迅根据清代吴玉搢《山阳志遗》、阮葵生《茶馀客话》和丁晏《石亭记事续篇》等书的考证，得出此结论。亦有质疑者，著名的有俞平伯《驳〈跋销释真空宝卷〉》（1933年），章培恒《百回本〈西游记〉是否吴承恩作》（1983年），二位为文发表了不同意见。

——淮河访古行纪

● 吴承恩故居

为生。花甲之年出任长兴县丞，一年后却被诬赃入狱。冤情得洗，遂拂袖而归。后补授荆府纪善，不就。耽情诗酒，晚景凄怆。吴承恩一生创作宏富，惜家贫，又无子嗣（独子凤毛早夭），作品多散失。据载另有志怪小说《禹鼎志》已佚。其甥外孙丘度搜集其残存之稿，编《射阳先生存稿》四卷。淮安知府陈文烛赞其"李太白、辛幼安之遗也"；《长兴县志》称他"性耽风雅，作诗缘情体物，习气悉除。其旨博而深，其词微而显，张文潜后殆无其伦"；清朱彝尊《明诗综》谓其诗"一时殆鲜其匹"。

吴承恩身上体现出强烈的淮河文化特质，这一特质在一定程度架构起中国人的精神世界的另一个侧面，天性中的一个组成部分，它顽强的体现出来，不是儒法文化在强权支配下可以殆尽的，在一定的外部条件下，它会变得强烈。我补充说："儒法文化长期的灌输，会沉淀在中国人的性格中，构成性格的组成部分。很难说老庄文化就不是中国人性格的一个组成部分，性格并非单一。"

"老庄的东西不需要太多的教化，是人的天性的反映。所以老庄不是教育家，孔子是。或者说，这些学说都是对中国人性格的不同侧面的概括和提炼。老庄更接近人的天性。"友人说。

话归正题，从上述人物可以看到，出生在淮河流域的绝无仅有，尤其在安徽境内的更是遍觅不得。倒是出现了许多的王公贵族、武将文臣，去努力服务于一个王朝，即便到了清代也是，比如李鸿章[①]这样的淮系人物。

[①] 李鸿章（1823—1901），清末洋务派和淮军首领。安徽合肥人。字少荃，晚号仪叟，别号省心。道光进士，授编修。1853年（咸丰三年）在籍办团练抵抗太平军，1858年入曾国藩幕。1862年（同治元年）编成淮军，调上海，擢江苏巡抚，攻取太平军所占苏州、常州等地。1865年署两江总督，继代曾国藩为钦差大臣。督军镇压捻军于直隶、山东诸省。晋直隶总督兼北洋大臣、武英殿大学士。先后请派学生留学欧美，设立武备海陆军及学堂、广方言馆、机器制造局、轮船招商局，开煤、铁、金矿及建筑铁路、电线、织布局等。同治九年始，相继充全权大臣代表清廷与侵华列强签订《中法新约》《马关条约》《中俄密约》《辛丑条约》等条约，曾署总理外务大臣。卒封一等侯，谥文忠。与曾国藩、张之洞、左宗棠并称为"中兴四大名臣"。有《李文忠公全集》。

——淮河访古行纪

友人表示，朱元璋开创的明朝处于古代专制统治的顶峰时期，理学占据统治地位，加上高度的集权以及对文化的禁锢，不仅使淮河流域创新能力下降，从整体而言，明朝文化艺术呈现世俗化趋势，远远没有达到两宋的高度。

"在朱元璋死了七十二年后，明成化六年（1470），苏州出生了一个大才子——唐寅①，唐伯虎。我曾经读过他写的《把酒对月歌》：'李白前时已有月，惟有李白诗能说。李白如今已仙去，月在青天几圆缺？今人犹歌李白诗，明月还如李白时。我学李白对明月，白与明月安能知？李白能诗复能酒，我今百杯复千首。我愧虽无李白才，料应月不嫌我丑。我也不登天子船，我也不上长安眠。姑苏城外一茅屋，万树桃花月满天。'从中可以看到唐伯虎洒脱超凡的精神追求，诗风多俗语，大有民歌特征，与朱元璋的文风可有一拼。"我笑着说。

"明朝诗歌的一大特点。"

"明朝的市井小说趋于通俗，对汉语发展贡献巨大，现在读起来依然觉得不错。"郑夏表示，"还是蛮好看的。"

"明朝后期出现了反专制民主思想，文化艺术有一定发展。比如李贽，一个极具个性的哲人，旗帜鲜明地宣称自己的著作离经叛道，最后自刎在狱中，正如其言'我可杀不可去，我头可断而我身不可辱'，表现出为真理而献身的烈士般的决绝态度，给中国的文化思想界带来了一线生机，产生了影响后世的启蒙意义。"友人说。

李贽作为我国早期启蒙思潮的思想旗帜和一代思想文化巨人，在哲学界被誉为"中国人中罕见的典例"。笔者对李贽的感悟，总觉得他的人格特征更接

---

① 唐寅（1470—1523），明画家、文学家。字伯虎，又字子畏，以字行，号六如居士、桃花庵主、逃禅仙吏等。吴县（今江苏苏州）人。弘治十一年（1498）乡试第一，会试时因涉科场舞弊案而被革黜。游名山大川，以卖画为生。山水、人物、花鸟，无所不精。宁王朱宸濠厚礼聘之，寅察其异志，佯狂而归。筑室桃花坞，与客日游宴其中。与沈周、文徵明、仇英并称"明四家"。诗文亦工。有《画谱》《六如居士集》。

近于淮河流域魏晋南北朝时期的那些性格鲜明的思想家、文学家、诗人。但是，16世纪的淮河流域没能出现李贽，他诞生在遥远的东南沿海，并且在那里度过了人生十分重要的少年阶段，中年他在淮河流域滞留过，可能更多的是与已经消失的淮河文明作出旷世的对话，吸纳先贤们的精髓。

李贽批判重农抑商，扬商贾功绩，倡导功利价值，符合明中后期社会发展需要的社会价值观。明朝帝王没有给李贽以及他自觉代言的社会新型阶层空间，他成了旷世的悲哀。

李贽三十六岁时，嘉靖四十一年（1562），徐光启出生在南直隶松江府上海县法华汇（今上海徐家汇），从他日后对科学、思想、政治、军事的贡献，可以看到中西文化碰撞后迸发的光芒。万历二十二年（1594），徐光启在广东韶州（今韶关）结识耶稣会士郭居敬，第一次见到世界地图，知道在中国之外的世界；第一次听说地球是圆的，西洋人麦哲伦在八十年前就已率领船队绕地球环行了一周；第一次听说意大利科学家伽利略制造了天文望远镜，能清楚地观测天上星体的运行。这些，对他而言，都是闻所未闻。这年之后的四十年里，徐光启接触的西方传教士达二十多人，与利玛窦的交情尤深。

万历二十八年（1600），徐光启到南京拜访恩师焦竑，与利玛窦初次晤面。以后两人又长期住在北京，经常来往。万历三十四年（1606），他和利玛窦两人合作译欧几里得《几何原本》，次年译完前六卷（平面几何部分）并刊刻传播。之后，由利玛窦口述，徐光启又翻译了《测量法义》一书。《几何原本》后九卷的合译因故没有延续，直到晚清时期，其翻译才由李善兰（1811—1882）完成。

徐光启在与西方传教士交往中，逐渐接受了天主教的教义。万历三十一年（1603），他在南京由耶稣会士罗如望施洗，入天主教会，教名保禄（Paulus）。

"徐光启的特质和机遇，只能产生于大江入海口的地方，淮河边尤其在其中上游无法形成。"

—— 淮河访古行纪

● 徐光启纪念馆庭院中的塑像

湮没的帝都

"这么绝对?"

"不是绝对的问题,而是有着历史和现实的社会发展规律性的契合,才能决定的。"我回答。

这一次的西学东渐,不是从北方的丝绸之路传入,而是由海上传来,澳门成了桥头堡。背景是1534年,耶稣会由西班牙贵族伊纳爵·罗耀拉在巴黎创立,1540年得到教宗保禄三世批准,之后不久便向世界各地派出传教士,在传教布道的同时,传播文艺复兴以来的欧洲文化,使得中国能够了解世界。但是,传教士为敲开大明帝国这扇封闭已久的大门,付出了艰辛甚至生命。被誉为"历史上最伟大的传教士"方济各·沙勿略神父,因为海禁无法上岸,遭受饥饿和病魔折磨,困死在广东沿海上川岛上。后来,传教士的基本轨迹是由南方沿海地区向长江中下延伸,一直到达北京,忽略了在淮河边的停留,与淮河尤其它的中部失之交臂……

淮河流域的文明后来出现一个小波澜,是到了清朝的后期或者称为晚清的时候。这次西方列强以旷古未有的残酷打开了大清帝国的大门,它的血腥程度极高,伤害的不是入侵者,而是华夏民族。同时,西方的政治、文化、伦理道德以及科学技术传入封闭久远的中国,对中国社会现代化进程起到加速作用。淮河边出现了李鸿章的淮系,以及袁世凯[①];文化上出现了《老残游记》的作者刘鹗[②],他不仅是小说家,而且是实业家、考古、水利学家。他们与外来文

[①] 袁世凯(1859—1916),中国近代政治家、军事家,北洋新军的创始人。字慰亭,号容庵,淮河主要支流沙颍河中游河南项城人。清末新政期间推动近代化改革,1911年辛亥革命期间逼清帝溥仪退位。1912年3月,宣誓就职临时大总统。1913年10月,任正式大总统。1916年元旦改中华民国五年为洪宪元年,恢复帝制,遭到全国人民的反对;3月22日宣布撤销帝制,恢复民国年号;6月6日因病不治而亡。

[②] 刘鹗(1857—1909),清末小说家。字铁云,又字公约,别署洪都百炼生。江苏丹徒(今镇江)人。诸生。以荐官候补知府,旋弃官经商。八国联军侵华期间,低价收购俄军掠夺的粮食救济饥民,后竟以私售仓粟罪戍新疆,病死。通算学、医术、水利,喜收藏金石甲骨。撰《老残游记》,被称为"晚清四大谴责小说"之一。还有《治河七说》《黄河变迁图考》《铁云藏龟》等著。

——淮河访古行纪

● 刘鹗故居

化相结合，在不同方面开启了近代文明之风。但是，他们大都没有迈出旧式框架，故事没有发生在淮河边，只不过他们出生在淮河流域而已。

友人叹息："历史上已没有了出海口的淮河，能有多少作为呢？"

我不语。这时，又来了当地好几个朋友。于是，吆喝着一起上楼喝酒。

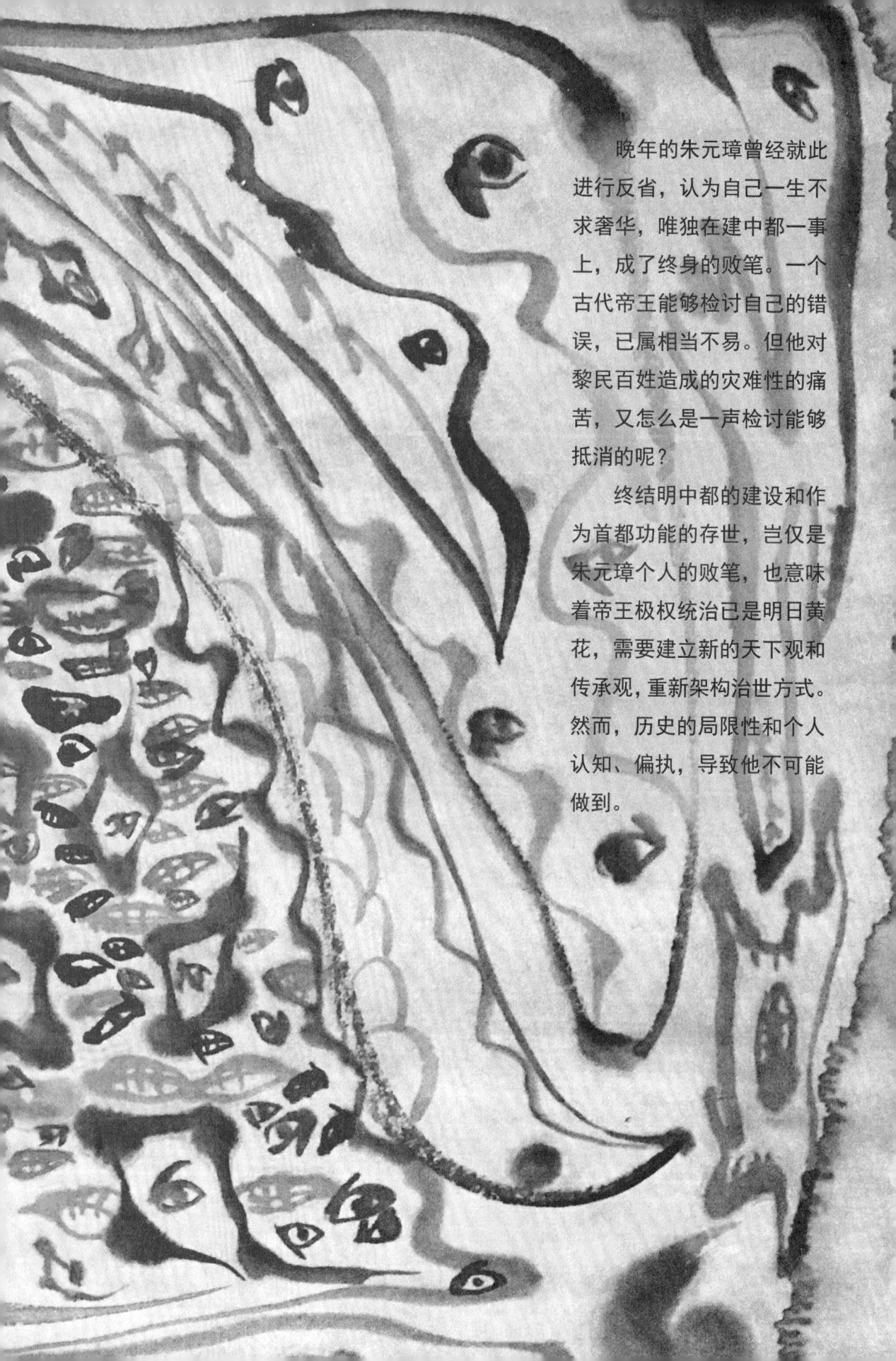

晚年的朱元璋曾经就此进行反省,认为自己一生不求奢华,唯独在建中都一事上,成了终身的败笔。一个古代帝王能够检讨自己的错误,已属相当不易。但他对黎民百姓造成的灾难性的痛苦,又怎么是一声检讨能够抵消的呢?

终结明中都的建设和作为首都功能的存世,岂仅是朱元璋个人的败笔,也意味着帝王极权统治已是明日黄花,需要建立新的天下观和传承观,重新架构治世方式。然而,历史的局限性和个人认知、偏执,导致他不可能做到。

壹拾伍· "中都罢建后，朱元璋没有想好如何处置这一庞大的建筑群？"友人问。

"仓促下马，自然这样。"我答道。之后，朱元璋缓过神来，便将一部分没有用完的建筑材料陆陆续续运往南京，营建那里的宫殿和满足改造、拓展旧城的需要。问题是中都已经建成的建筑怎么办？这令朱元璋头皮发麻，成为一块心病。

洪武八年（1375）十月，中都罢建五个月后，朱元璋无奈地诏令将设在十里之外原临濠城内的凤阳府机关，迁至中都外城与禁垣之间的会同馆内（址今凤阳中学），本以帝制规模修建的建筑，只能改成府一级政府机关的办公场地。此时的凤阳府已非京都首府，管辖的区域逐年缩小，却占了一大片房屋。中都外城实际上成了府城的城墙，周长五十余里的中都外城，除九座城门为砖砌，东城墙、北城墙各有一段砖墙外，其余均为土质城墙。仅几十年后，土城墙禁不住风雨侵蚀，逐渐倒塌，呈现出了衰败迹象。

设在中都城的公署，大体分如下几类：一是中央或南京有关衙门设于凤阳的常设机构，如都察院巡抚行台、巡按行台、河南按察兵备行台、南京户部分司、高墙、东公馆、西公馆等。二是地方政府机构，如凤阳府、凤阳县等。三是地方教学机构，如凤阳府儒学、凤阳县儒学等。四是守护皇城的军事机构及其他机构，如中都留守司及八卫一所[1]等，大都使用中都城的建筑。但也只占城内面积不到三分之一。

这年，朱元璋侄孙靖江王朱守谦在桂林胡作非为、暴横一方，且不服管

---

[1] 洪武二年（1369）诏以临濠为中都，置留守卫指挥使司，隶凤阳行都督府。十四年（1381）始置中都留守司，治中都（凤阳府）。统辖八卫一所：洪武二年置凤阳卫于中都（倚郭）；十一年（1378）置凤阳中卫、凤阳右卫于中都西城西；十二年（1379）置留守左卫、留守中卫于中都西城西；洪武二年置皇陵卫于中都西南皇陵城；四年（1371）置怀远卫于中都；四年置长淮卫于中都西北长淮关；十一年置洪塘湖屯田守御千户所于临淮县东北洪塘湖。参见《明史·志第五十二·职官五·留守司》。

束。朱元璋琢磨着怎么处置，忽然想到中都城，押至故里与皇陵相伴，接受再教育，不忘祖辈的贫困和打天下的艰辛，向祖先谢罪。没想到，关了七年的朱守谦依然忘却家族初心，出去不久故伎重演，再次被召还，又关押在中都城。后"复以强取牧马，锢之京师。二十五年（1392），卒"①。这样朱元璋便开了在中都城里软禁犯法的皇族子弟的先例。之后，明朝的各代皇帝加以效仿，干脆在中都外城与禁垣之间陆陆续续设立特殊监狱——高墙，关押犯了法的皇族子弟，他们中有叛乱的、凶暴的、奸淫的、偷盗无赖的。当然，也关押宫廷内部争斗的牺牲品和知道宫廷内幕太多的犯罪宦官。靖难之役后，建文帝朱允炆与其长子朱文奎不知所终，年仅两岁的少子朱文圭落入朱棣手里，被幽禁在中都广安宫，称为"建庶人"，经历了永乐、洪熙、宣德、正统、景泰五朝，历时五十五年。至天顺，明英宗朱祁镇复位，他经受过幽禁的日子，能体会其中的滋味，动了恻隐之心。于是派人到凤阳另外盖房建屋，竣工后送给朱文圭居住，婚娶出入可自由。同时，赐阉者二十人，婢妾十数人，并敕令军卫有司供给柴米及一应器具。但好景不长，朱文圭没过多久就死了。②说来十分可怜，当这位被囚的老翁重见天日时，竟然不能分辨牛马。他也许是在高墙内被囚时间最长的一位了。

  值得一书的皇族子弟是律学家、历学家的朱载堉，他是朱元璋的九世孙。嘉靖二十七年（1548），皇帝修斋醮，诸王争着派人进香，朱载堉父郑恭王朱厚烷不愿迎合，进上《居敬》《穷理》《克己》《存诚》四箴，对世宗皇帝好神仙、兴土木，予以劝谏。帝怒，适京人诬告叛逆，被削去王爵，囚禁于凤阳高墙，直至隆庆元年（1567）才得以恢复王爵。朱厚烷被囚后，朱载堉为行孝

---

① 参见《明史·列传·诸王三·靖江王守谦》，北京：中华书局，1974年版，第3612—3613页。
② 参见《明史·列传·诸王三·惠帝诸子·少子文圭》，同上，第3615页。

道，亦为了抗议父亲无辜入狱，在宫门外搭一土室，席蒿独处，十九年如一日，潜心钻研乐律、数学、历法，为最早阐明十二平均律理论者。近代著名诗人、语言学家刘半农曾经发表《十二等律之发明者朱载堉》一文，在对中西等程律发明作了广泛的比较研究后，认定朱载堉彻底解决十二律不能周而复始的难题，是对音乐学和音乐物理学的一大贡献，也是世界科学史上的一项重要发明。朱载堉在其父死后，放弃了王爵，而以著述终身，有《乐律全书》《律吕正论》《嘉量算经》等著，考辨详确。

"朱家王朝对皇族子弟管理还是蛮严格的。"友人说。

郑夏解释："对宗亲实行惩治，并不是王子犯法与庶民同罪的概念。对犯罪的王子王孙执行的是家法，由家族成员开会决定处罚，明确降、黜，不加行刑。一些罪责较重的迁往中都，关押在高墙内。"

朱元璋在亲自主持编撰的《皇明祖训》中明确规定："皇亲国戚有犯，除谋逆不赦外，其余所犯，轻者与在京诸亲会议，重者与在外诸王及在京诸亲会议，皆取自上裁。其所犯之家，止许法司举奏，并不许擅自拿问。"[①]

"这是执行家法，与老百姓是不同的。"

"关押到高墙里的人有多少？"我问。

"每朝不等，有多有少。少则三四十人，多则三百余人。明末崇祯，为二百多人。"郑夏回答，"宫廷内有些犯罪的大宦官也往这里关押。比如，明末崇祯——朱由检清洗阉党首领魏忠贤，下诏将其放逐凤阳守陵。没想到，魏忠贤在行路途中，照旧威风不减、招摇过市，再次惹怒了崇祯，令锦衣卫速往严惩，捉拿追随者。魏忠贤闻悉后半夜里上吊自杀。"

"这些人在高墙里如何生活？"

[①] 引自《明会典》卷一百三十二《明祖训》，清文渊阁四库全书电子版。

"政府养起来。他们的生活比起平民百姓来说,可谓是好得多,以粮米为例,每人每月多则一石多,少则六斗①。罪宗子女还可成婚,彩礼什么的同样由朝廷拨付。他们都是太祖血脉,只是恨铁不成钢。"郑夏回答。

"对于百姓来说,真是天堂。"友人说。

● 皇城模型(摄于凤阳县博物馆)

———————————

①明制:一石= 10 斗= 100 升,一升≈ 1.5 斤米。

——淮河访古行纪

"家天下的好处便是如此。朱元璋建立朱氏王朝，根本上是不想让自己的子孙吃二遍苦，受二茬罪。他要紧握权柄不放手，就是这个道理。最好自己再活五百年，那歌可是唱出了他的心声。"我说。

友人说："何止五百年，朱元璋想的是千秋万代。"

在场的人都笑了起来。

● 龙兴寺一角

成也太祖，败也太祖。洪武十六年（1383）四月朔日，他下令因罢建中都而搁置的材料用于龙兴寺的建造，仅半年便于是年九月甲子日竣工。然而过后不到一甲子的正统五年（1440），龙兴寺遭遇火灾，其毁也速。再过二十年，天顺四年（1460）寺院讲经宗溪等人奏请明英宗，拆禁垣内的中书省等衙门房屋五百多间，重建龙兴寺。①

---

① 参见《明太祖实录》卷之一百五十六《洪武十六年》；清龙文彬《明会要》卷七十五《方城五·寺观》，北京：中华书局，1956年版；谈迁《国榷》卷二十四《庚申正统五年·七月辛丑朔》与卷三十三《庚辰天顺四年·二月戊申朔》，北京：中华书局，1958年版。

龙兴寺是朱元璋由於皇寺移位而兴建的皇家寺院。於皇寺给朱元璋留下了不可磨灭的记忆，他成为皇帝后，踏访故地，见到毁于元末战火的於皇寺遗址，内心十分沉重，重建成了他的心愿。朱元璋亲自撰写的《龙兴寺碑》文，将兴建龙兴寺的原因和经过写入了碑文。他下诏召询於皇寺旧僧，对恢复寺庙有了一致的想法。但旧寺附近已经开始构建皇陵，不宜拓展。于是在原於皇寺东北处，凤阳城北凤凰山曰精峰南麓选址，建造寺院，取名大龙兴寺。

碑文表明："寺昔於皇，去此新建十有五里，奠方坤位，乃於皇旧寺也。"同时，也明确兴建龙兴寺的材料，来自中都："洪武初，欲以山前为京师，定鼎是方，令天下名材至斯。后罢建宫室，名材为积木，因而建焉。"作为皇家寺院的龙兴寺，建成时规模极大，有房三百八十一间，有僧童骑马关山门的说法。

朱元璋专门制定了一部《御制大龙兴寺律僧法》，内容详尽，对僧人的修持规范、衣食住行坐卧、交往事项、外出纪律、对违法僧人的惩戒等等，都有明确的规定。他试图以这部《律僧法》为样板，治理全国佛教。朱元璋深知元末佛经失传，谬误较多，滥建寺院，危国害民，因此他要限制僧道寺庙数量，规范僧人行为，整顿丛林。朱元璋明白宗教的力量，在兴建皇家寺院的同时，限制宗教的发展。一个开国皇帝专门为一座寺庙立法，这在历史上，可谓少见。

经历四次兵火的龙兴寺，到了民国时期，已经是一座极其简陋的小寺院。如今人们看到的是经过修缮扩建后的龙兴寺。时势变迁，这座曾经辉煌的寺院，遗留下来的当年器物已经所剩无几，硕大的铜镬由于自身的坚固，战胜了各种磨难，虽锈迹斑斑依然静静地安卧在寺内，令今天人们好奇地猜测它当年的用途；还有那相对而居的铜钟、铜鼓，据传也是建寺时的老物件，如今依然发出悠远且铿锵的声音，回旋在凤阳城上空，久久不能散去，让人隐约感知到它们的诉说。

在整个明朝中后期，中都城依然得到保护、修缮。随着岁月的变迁，日晒

——淮河访古行纪

雨淋的削磨和淮河水的泛滥，明中都城坍塌、腐蚀，但不能使这个庞然大物消失，真正摧毁它的是战争和动乱。首推是张献忠，崇祯八年（1635）正月，他率领麾下衣衫褴褛的农民军毁了龙兴寺，火烧宫殿皇陵，使身在北京的朱由检魂不守舍，百般无奈。历史似乎又一次重复着什么……

但这不足让这庞然大物彻底毁灭。又一次农民起义——晚清兴起的太平军再次焚烧了地表上的建筑，鼓楼、龙兴寺和官府。原来，清初凤阳县的官衙也设置在明中都城内，系拆皇城禁垣、钟楼等就地取材修建而成，太平军见到官府衙门，其结果可想而知……

"明中都的兴衰、毁灭似乎有一双手左右着，有着一定的内在逻辑。"

"有这么高深？"友人听后反问。

我微笑不语。

以后随着一些人为的因素，明中都被岁月湮没，到了 1970 年代，留存在地表上的遗址已经不多。

我想到，暮年的朱元璋曾经对自己壮年时作出的决定进行过反思和检讨，认为自己一生不求奢华，唯独在建中都城一事上，成了终身的败笔。一个古代帝王能够检讨自己的错误，已属相当不易。但他对黎民百姓造成的灾难性的痛苦，又怎么是一声检讨能够抵消的呢？

终结明中都的建设和作为首都功能存在于世，不仅仅是朱元璋个人的败笔，也意味着帝王极权统治已是明日黄花，需要建立新的天下观和传承观，重新架构治世方式。然而，历史的局限性和个人认知、偏执，导致他不可能做到。

他的继承者们不仅没有吸取他的教训，反而竭力帮着掩盖这一历史真相，让后人很难在官方修订的史书里找到更详细的关于中都城的记载。类似明中都命运的故事在后世不断上演，其中的原因发人深省。

岁月如尘粒飘落在寂静的明中都城上，覆盖着那庞大的躯体，让它安静地

湮没的帝都

沉睡，任地上的庄稼和蔬果尽情地生长，滋养土地上辛勤劳作的人们。裸露出地表的残垣破壁面向苍穹，仿佛期待着历史赋予它新的生命，一晃已经过去了许多年。

1969年夏，一个中年男子瘦弱的身影出现在明中都废墟上，从此，他把后半生与这座湮没的帝都紧密地联系在一起。他叫王剑英，出生在鱼米之乡的太仓，系名门之后，文史专家。王剑英自幼酷爱文史，南京中央大学本科和燕京大学研究院毕业。时任人民教育出版社历史编辑室编辑，因历史问题被下放到地处凤阳的教育部五七干校劳动改造，负责喂猪宰豕，干着肮脏繁重甚至有点血腥的体力活。

王剑英是一个内心强大的读书人，坚信总有一天会回到北京，继续自己喜欢的文字工

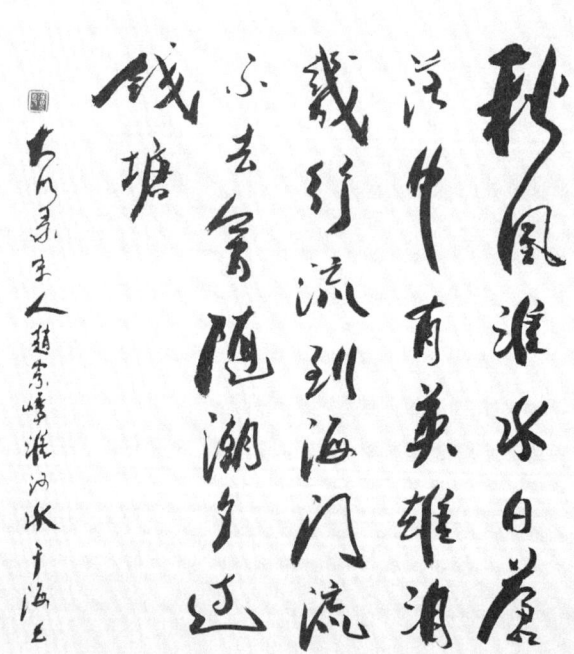

● [宋] 赵崇嶓《淮河水》

作。到那时需要有一副强壮的体魄，他这样想，且每天坚持打上一套太极拳或舞上一阵太极剑，还常利用节假日到公路上去练长跑。

王剑英发现裸露在地表上的明中都遗址遭到破坏，他自觉地对遗址进行了实地勘察和记录，白天背着水壶、相机，带着干粮、咸菜，奔波在遗址上，晚上回到宿舍奋笔疾书，终于在1975年初写成了《明中都城考》。回北京后，他继续进行研究，呼吁对遗址实施保护。1981年，他出版了《明中都》一书，获得到叶圣陶、单士元等人的高度评价，引起重视，继而引发省、市、县对遗址进行勘测、发掘和保护。1982年3月，明中都及皇陵石刻被国务院公布为全国第二批重点文物保护单位，实行"保护现状，重点维修，分期实施"的措施。王剑英的研究奠定了明中都研究的基础，为它的研究、保护、利用作出了贡献。

近半个世纪过去了，明中都遗址正在被唤醒，它不再拥有昔日的辉煌，却以曾经的沧桑屹立在淮河南岸，诉说着别样的故事……

郑夏的小车出了曾经存在过的洪武门，向东南行驶不一会，便看到一处圆形大土墩，郑夏说"这就是了"。车停在远处，一行人徒步前往。

眼前的土墩子四周各边长度在230多米，外边加宽30米的圈深沟，遗址中部土台高5米，北部高8米，上面长着杂草，郁郁葱葱，生机勃勃。郑夏说："经调查勘探，证实整个圜丘是一座直径1100米的圆形建筑区，外围建有护墙，四条宽20米由石块铺成的通道，从四面通向圆心的祭天圜丘。"

圜丘是皇帝举行冬至祭天大典的场所，又称祭天坛。明中都圜丘始建于洪武四年（1371）。王剑英来到这里时，圜丘遗址内还有大量的琉璃瓦、凤滴水碎片，瓦简占了绝大多数，厚度1.6—2.6厘米不等，质量上乘，涂有细腻的灰白色釉面。琉璃全都是青绿色，与洪武十年（1377）以后改为青色的记载相符。有一种说法，朱元璋在圜丘落成时，来到中都，站在圜丘中央对天朗诵了《中都告祭天地祝文》，宣告中都的终结。

友人说："刚刚建成，便废止，十分晦气。"

据英宗朱祁镇复位后敕令李贤等人在天顺年间（1458—1461）编修的《大明一统志》记载，中都圜丘是"本朝初祭天之所"；成化十二年（1477）由凤阳人柳瑛撰修的《中都志》记载了它的方位，可知当时尚完好。到了天启元年（1621）刊行的《凤阳新书》，记载发生了变化，圜丘"殿垣久废，基址存，松柏森立"。可见，朱元璋的子孙并不怎么爱惜老祖宗留下的遗产，或者老祖宗自身也没有爱惜过。

改朝换代后的清康熙二十三年（1684），《凤阳府志》刻本出版，记载圜丘已经是"殿垣久废，基址尚存"，遗址旁建有寺庙，名"圜丘寺"。圜丘寺一直到乾隆年间（1736—1795）的《凤阳县志》仍有踪迹可寻。1949年后，圜丘主要殿址已不存，留有遗址。再后来，遗址成了今天的国家重点文物保护单位。

郑夏的小车载着我和友人，继续去看那些依稀的遗址，涂山门、观星台。比如观星台，历时两年修建完工。台为三层，可摆放浑天之仪、璇玑、玉衡铜盘天文仪器。平面呈南北长方形大平台，南北长65米，东西宽45.5米，面积约3000平方米，四周有宽1—2米的圩埂，平台中部呈一圆形山顶，高出平台约10米。顶尖为一直径5米的圆平面。由于中都城建在原土层上，地层未经扰乱，遗址清晰可见。

庞大的凤阳明中都城沉睡在地下久远，裸露在地表上的部分经受着大自然风霜雪雨的侵袭，经受着人们燃起的战火和无知的蹂躏，无言面向苍穹已经许多年。这些遗存虽然千孔百疮、破损不堪，但是流韵仍在，昭示曾经有过的璀璨和沧桑。

郑夏介绍，明中都保留在地表上最为完整的是鼓楼。洪武八年（1375）建成，二百六十年后被农民军张献忠所焚毁。崇祯曾经诏令修复。乾隆三十五年（1770）又修。咸丰三年（1853）初，太平军李开芳、林凤翔率领北伐军途经凤阳，攻占府城，中都鼓楼再遭焚毁。"文革"期间鼓楼遭遇严重破坏，政府部门于1982年拨款进行修缮，目前是我国地表上最大的一座鼓楼。

友人补充说，"就是那座刻有万世根本的楼。"

来来回回多少次，却一直没有停留仔细看。于是，趁天没有黑去一趟。

鼓楼位于现凤阳县城的繁华地段，楼前建有广场，广场上有不少人在休闲，也有不少来往的人车，似乎有一点当年"谯楼归市"的景象，也透射出中部地区县城的质朴和现代时尚的交融。

余晖中鼓楼上的"万世根本"四个大字有点疲惫，据说它出自朱元璋之手，很远的地方就能望见。

鼓楼又称谯楼，位于明中都城外城与禁垣之间，构成中都城的重要附属建筑，与坐落在西边的钟楼相距三公里，对称屹立在中都城中轴线的两侧，遥遥相望。钟楼本已无踪迹，这两年，凤阳在原址上盖了起来。钟楼的匾额上书写"丹凤朝阳"四个字，应对着"万世根本"。郑夏笑着说："好像还是有点不对应。"我默然。

即使鼓楼、钟楼都有了，晨钟暮鼓的景象难现，人们已经不需要它们的报时，但日作夜息的生活规律，对芸芸众生来说，又何尝会有多少改变。

郑夏说："鼓楼的方向与其他地方的鼓楼不同，一般鼓楼大多是南北向，而凤阳鼓楼却是东西向。"

"这是什么原因？"友人问。

郑夏没有回应。

鼓楼是古时候报时的地方，通常设有"铜壶滴漏，铜点更鼓，以警朝夕"。凤阳鼓楼在建筑布局上异于他地而别具一格，东西向布局符合中都城总体规划，

● 新建的钟楼

也是对"席山建殿,枕山筑城"的中都城的点缀和平衡,因此鼓楼把中都宫阙衬托得更加雄伟壮丽。

鼓楼由台基和楼宇两部分组成,台基南北长72米,东西宽34.25米,高15.8米,相当一部分是明代的遗址。台基上楼宇初建成时,当时的文人以这样的文句赞美它:"层檐三覆,栋宇百尺,巍乎翼然,琼绝尘埃。"后来,原先的楼宇散尽,1990年代末得到重建。楼殿层檐三覆、斗拱、歇山顶,上下两层均七开间,周围出廊,南北长45米,东西宽19.2米。整个鼓楼高40多米,雄浑大气,较之北京、南京、西安的鼓楼形制更大,堪称历代皇家鼓楼之冠。

皇家鼓楼代表天意向人们报时。皇权天授、人天呼应的建筑圜丘、观星台、朝日坛、夕月坛……都沉睡在地下,再也发挥不了人们期盼它们的作用。只有高高的鼓楼长时间地伫立在明中都的废墟上,见证着曾经的辉煌,亲历着时势的变迁。曾经的鼓声,是否惊扰沉睡于不远处皇陵地下的朱元璋的骨肉至亲们?

● 鼓楼与街道

面对众多的史料和不同专家对朱元璋褒贬不一的评价,分析后的基本判断:朱明政权的传承永续为其根本诉求,是处理天下一切事务的准绳,其他的一切都是围绕着这基本中心展开,为之实现而奋斗。认识到这一点,似乎可以准确地解读朱元璋身上呈现的矛盾、病态,以及他所开创的朝代。

但是,一切并没有依照他的旨意进行,悲剧还是在发生……

——淮河访古行纪

壹拾陆 · 登上鼓楼,有朱元璋生平的陈列展览,进门便可见一尊的坐像,说不清楚容貌是否真实,传说其长相奇特、丑陋,尊容绘就令他大怒,以至杀了画师。而眼前的却是端庄、安详、坦然,一副可容天下的模样。

大概是参观者甚少,展厅的灯没有全部打开,光线有点昏暗。郑夏吩咐女工作人员开亮电灯,回绝了她的讲解,弄得伊人有些尴尬。

与友人等一边浏览,一边议论,颇感轻松。"朱元璋的万世根本到底是指什么呢?"

"宋濂说过亿万年无疆的政权,万世大概是指这个。根本的意思又讲的是什么?有点费解。"友人说。

"不会是指黎民百姓?"

友人大笑:"你太高估了朱元璋吧。"

"是不是可以理解为紧握权力不放手,江山方可传万代的意思?以告诫他的继承者。"

"这个有点像,根本就是权力。"郑夏说。

中国有句俗话,皇帝的心思难琢磨。我曾苦苦地花了许多时间与这位作古六百多年的大帝进行对话,试图走进他貌似丰富且充满矛盾的内心世界,透过现象看清他的核心价值。以此为准绳,评判发生在他身上的一切故事。关键是需要弄明白到底什么是他的核心价值观,面对众多的史料和不同专家褒贬不一的评价,分析后基本判断:朱明政权的传承永续为其根本诉求,是处理天下一切事务的准则,其他的都是围绕着这基本中心点展开,为之实现而奋斗。认识到这一点,似乎可以准确地解读朱元璋身上呈现的矛盾、病态,以及他所开创的朝代。

明朝(1368—1644)是最后一个由汉族建立的大一统王朝,朱元璋和他的子孙统治华夏二百七十七年。常见的简介一般是这样书写:元末民不聊生,

● 鼓楼陈列的朱元璋坐像

——淮河访古行纪

爆发红巾军起义，朱元璋加入了郭子兴的起义队伍。后来，朱元璋所部迅速发展壮大，于1364年称吴王，建立西吴。1368年朱元璋称帝，国号为大明。因皇帝姓朱，又称朱明，定都于应天府（即南京）；1420年他的儿子朱棣迁都至顺天府（即北京），以应天府为陪都。

明初历经洪武之治、永乐盛世、仁宣之治的六十年，政

● 朱元璋画像

治清明、国力强盛。中期经土木之变由盛转衰，后经弘治中兴、嘉靖中兴、万历中兴，国势复振。晚明因东林党争和天灾外患导致国力衰退，爆发农民起义。1644年李自成攻入北京，崇祯帝自缢殉国，明朝覆灭。明朝宗室在江南建立南明，随后清朝趁乱入关，击败大顺、大西、南明诸政权；1662年（康熙元年）永历帝被杀，南明灭亡。1683年（康熙二十二年）清军攻占台湾，奉明正朔的明郑政权告终。

一些学者这样评价朱元璋和他建立的王朝，认为明朝是继汉唐之后的古代黄金时期，无汉之外戚、唐之藩镇、宋之岁币，天子守国门，君王死社稷。他们引用清朝康熙皇帝对朱元璋的评价，称之为"治隆唐宋"，引用《明史》对朱棣的评价，称之为"远迈汉唐"。

这些关于明朝的文字，遭到另一部分学者的猛烈抨击，认为这些溢美之词，专门为朱元璋和他的子孙统治涂脂抹粉，歌功颂德。他们把矛头指向朱元璋当

湮没的帝都

上皇帝后,屠杀功臣名将、大搞独裁和特务治国、大兴文字狱、大肆封赏子孙、恢复殉葬制、实行闭关锁国,导致整个王朝宦官肆虐、党争不止,不能进行改革和自我的吐故纳新,认为朱元璋和朱明王朝把中国古代社会引领到帝王极权的高峰,从而走上衰亡之途。

"对朱元璋的评价天壤之别,撕裂了知识界的感情,有点悲剧的味道。"我说,"帝王专制社会统治术数千年不变,原因是由上而下的统治模式没有变,高度集权,权力由上赐下,下唯听命于上。上的根本价值为亿万年的政权不变,悲剧便会重演。"

"比如秦始皇的大一统和他的暴政。对他的评价也是这样的。"友人说。

集中权力,紧握权力不放手,成为独裁者的共性,也是他们实现江山万代传的最直接可控的方法。朱元璋为了巩固极权,实现江山家族化传承,清洗一切异己分子,费尽心机以赐蒸鹅、毒酒;给他们戴上通倭、谋反的帽子,不择手段不断清除。他利用以李善长为首的淮西集团与刘伯温为首的江南文人集团的矛盾,巩固自己的权力,编织罪名而次第铲除之。有一种说法,朱元璋指示左丞相胡惟庸毒死刘基。然后,在洪武十三年(1680),将胡惟庸以谋危社稷,私通日本、蒙古的罪名打倒,以胡案为引绳,不断升级罪名,最后发展到串通早已退休的开国元勋李善长谋反,把胡惟庸以及亲戚、同乡、故旧或其他关系的臣属加以连坐族诛,此案先后杀掉三万多人。事隔十年后,连七十六岁的李善长也不放过,将他与妻女弟侄七十余人一并处死。

淮西集团成员大都为朱元璋的老乡、发小、亲戚后辈,功勋卓著,构成朱元璋的心腹大患。洪武二十六年(1393),他认为开国大将蓝玉居功自傲,私蓄奴婢假子数千人,贩卖私盐,侵占民田,在军中擅自黜陟将校,进止自专,不听命令,于是以谋反罪将蓝玉凌迟处死,抄斩三族,并穷究党羽,牵连被诛者达一万五千人,史称"蓝狱"。

——淮河访古行纪

除胡、蓝两个大案之外,其他的开国功臣,包括他的侄儿朱文正、外甥李文忠等,也分别被各种罪名加以整肃。明朝开国元勋中,三十四个功臣名将被朱元璋杀掉了大多数,除早死的外,祸及十余万人,只有汤和等寥寥几人幸免于难。

"有人说,这些功臣都是骄兵悍将,依仗自己的战功胡作非为,不好管束。朱元璋怕自己死后,继承者管不住他们,所以滥杀。"友人说。

"缴开国功臣的权力,是高度集权的古代社会的常态,方法无非是文武两道。文道是杯酒释兵权;武道是狡兔死走狗烹。通常的做法是罗织罪名,弄死功臣,保证皇权的稳固和传承。所谓的骄兵悍将、胡作非为,大都是官史记载,许多为子虚乌有。朱元璋直接或间接杀的李善长、刘基、胡惟庸、蓝玉、冯胜、宋濂、傅友德等人,基本找不出什么犯罪实证,都是莫须有罪名。"我告诉友人。

"也有人认为,朱元璋称帝后大肆封赏子女,对功臣却相当吝啬,害怕死后功臣们把不满撒在自己的子孙身上,子孙遭遇不测。"郑夏说。

"这仅仅是种推测,没有依据。"我说。

确保皇权的稳固和有效传承是朱元璋的核心利益,历史的经验告诉他,跟随他开创王朝的功臣,往往是他实现心愿的重要障碍,铲除他们是必须做的功课,他明白这个道理,也向自己的接班人表露过自己的心迹。这样,一批一人之下万人之上的开国元勋,沦为阶下囚和屈死鬼。古代专制社会,选择文道解决这一问题的少,选择武道的多,朱元璋用的武道又是空前的血腥。

我与友人、郑夏等继续在展厅里。那位"伊人"一直跟着,郑夏不解,她回答:"听你们讲的有意思,比我还专业。"

友人玩笑:"那可是要交学费的了。"

之后,继续着先前的话题。

"胡惟庸被抄家灭族后,朱元璋宣布撤销中书省,罢除丞相,提高吏、户、礼、兵、刑、工六部的地位，由六部分理朝政，直接对他负责。这样，丞相的职权就由他自己来兼任了，各行省的权力集中到中央，也就是集中到他的手里。既是董事长，又是总经理。"我说。

"朱元璋早把丞相这个位置视为心中刺、眼中钉，必须拔掉。胡惟庸的结局一定悲惨。"郑夏解释说，明初的国家机构基本上沿袭元朝的制度，行中书省由中央的中书省分设出来，总揽一省的行政、军事和司法，职权很大，号称"外政府"。经过几年的运行，朱元璋认为这种体制指挥起来十分不顺手，丞相的权力过大，"凡钱粮、兵甲、屯种、漕运、军国重事，无不领之"[1]，形成"人君不能躬览庶政，故大臣得以专权自恣"[2]的局面，容易产生皇权旁落的弊端，若发生内忧外患，中央根本指挥不动，俨然成为独立王国。他决心进行改革，使权力不专属于一个部门，而属于朝廷。他首先从地方入手，洪武九年（1376），朱元璋宣布废除行中书省，分设承宣布政使司、提刑按察使司和都指挥使司，分管行政（包括财政）、司法和军事，三个机构彼此独立，互相牵制，都直接隶属朝廷指挥，便于中央的控制。这一系列改革，发生在搞掉胡惟庸之前。郑夏说："洪武十三年（1380），朱元璋改制行中书省的第四年，便着手铲除胡惟庸，先让人告发他谋反，然后抄他家灭他族。权力统统归到他的手里。这不会是巧合。"

"一定是朱元璋做的局，胡惟庸无处可逃。"友人说。

我赞同友人判断："这样，具有一千六百多年的君主主导与官僚结合的统治模式土崩瓦解，世袭的君主制的弊病，无法得到一定程度的弥补，把中国古代社会领进了死胡同。"

---

[1] 明宋濂等《元史》卷九十一《志四十一·上百官七·行中书省》，北京：中华书局，1976年版，第2305页。
[2] 明余继登《典故纪闻》卷二，北京：中华书局，第38页。

郑夏说:"可是朱元璋不是这样想的。他认为秦始皇设丞相,不久便亡了,汉、唐、宋虽然有贤相,也有不少是专权乱政。他将不设宰相,作为一项重要的制度规定下来,要他做皇帝的子孙必须遵守,如果有大臣提议设立,一律凌迟,并全家处死。"

在废除行中书省的同时,朱元璋加强对军队的绝对控制,这是他极权的重要组成部分,根本的根本。他凭着刀枪打下天下,也要用刀枪去维护自己的统治。为了防止军中出现第二个权威,他撤销了中央军事机构大都督府,自然而然也就没有了大都督一职。大都督府的管辖权,被拆分为前、后、中、左、右,五个军都督府,分别管辖全国的都司和卫所的军队。五军都督府职能管理军籍、军政,但无权调动军队;兵部掌管军令,但无权直接指挥军队,"征伐则(天子)命将充总兵官,调卫所军领之;既旋则将上所佩印,官军各回卫所。"(《明史·兵志一》)这样既可防备将领擅自调军队反叛朝廷,又使军权集中到他的手中。朱元璋还授予分封的亲王军事权力,规定朝廷调动诸王封地内都司卫所的守镇兵,"须有御宝文书与王,并有御宝文书与守镇官。守镇官既得御宝文书,又得王令旨,方许发兵"(《皇明祖训·兵卫》)。这样,亲王事实上成了他在地方上的军事代表,起着监视各地驻军翼卫朝廷的作用。

"这样做实际上使王子王孙的作用大增,构成了他稳固政权的又一股力量。也导致了这一群体的猖狂和嚣张,成为明朝最大的利益获得者。"

郑夏说:"猖狂和嚣张,朱元璋未必喜欢看到。最大的利益获得者,一定是他想看到的。他的一切的努力,皆为子孙过上好日子,为天下人仅仅是口号而已。"

为稳固和传承皇权而绞尽脑汁的朱元璋,在洪武十五年(1382),改中央监察机构御史台为都察院,下设十三道监察御史,把监察的权力紧紧握在手中。

"独裁者,自己玩的花招。"友人说。

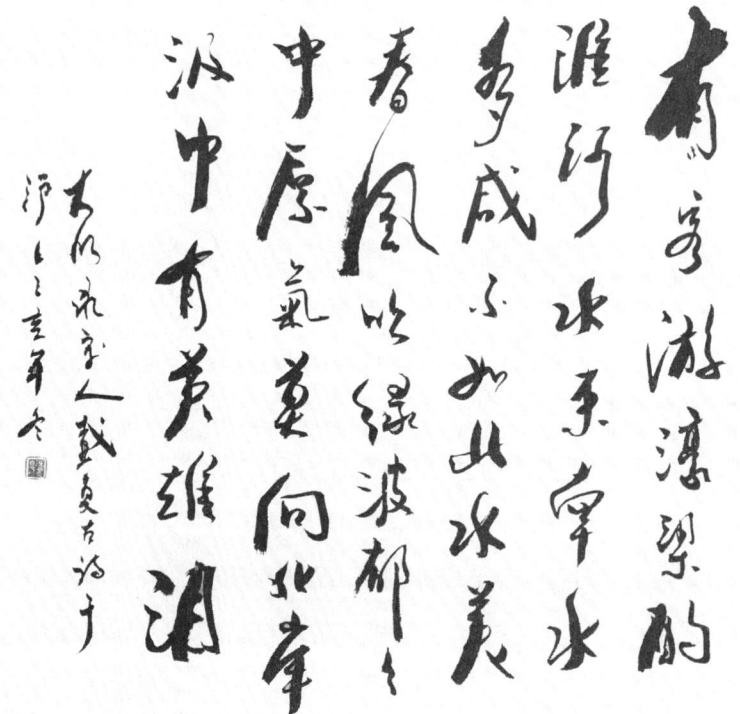

● [南宋]戴复古《频酌淮河水》

郑夏接着说:"不单是花招。朱元璋也玩真格的,监察百官和皇亲国戚。他和马皇后亲生女儿安庆公主的丈夫、附马都尉欧阳伦,不顾朝廷禁令,多次派家奴去陕西偷运私茶出境贩卖,案发后,被赐死。可谓是铁面无私。"

"关键是他意识到女婿的行为,损害自己皇权永传的核心利益,不得不下狠手。"友人补充了一句。

在强化帝王专制中央集权制度形成极权的同时,朱元璋严厉整肃吏治。元末吏治腐败，激起大规模的农民起义，给他留下深刻的印象。他说："所畏者天，所惧者民。苟所为一有不当，上违天意，下失民心，驯致其极而天怒人怨，未有不危亡者矣。"（《明太祖实录》卷之三十二）认识到"不禁贪暴，则民无以遂其生"（卷之二十九），"此弊不革，欲成善治，终不可得"（卷之六十八）。他登位后，制定了一整套官吏的考核制度，分为考满与考察两种。考满的对象包括官员吏员，侧重考核其政绩；考察的对象仅限于官员而不包括吏员，侧重考核其素质品德。考核之后，官吏有好的表现，即给予表彰、奖赏和提拔，如有违法乱纪行为，则严加惩处。他认为，"吏治之弊，莫甚于贪墨，而庸鄙者次之"（卷之一百四十八）。因此，对贪污行为的处刑尤重。规定"官吏受赂者，必求通贿之人并罪之，徙其家于边"（卷之一百三十六），"凡官吏人等犯枉法赃者，不分南北，俱发北方边卫充军"（《明史·刑法一》），贪污"赃至六十两以上者，枭首示众，仍剥皮实草"（《明会要·惩贪吏》），就连因公乘坐官府的牲口车船附载私人物品超过规定重量的，也要处刑。

在他统治时期，对违法乱纪、贪污受贿的官吏，除去平时的打击外，还进行了大规模的清洗。洪武十八年（1385），有人告发北平布政司、按察司官员与户部右侍郎郭桓勾结作弊，贪污税粮。朱元璋把六部左右侍郎以下的数万官吏处死，追出赃粮七百余万石。供词牵连到的各地地主富豪、中产以上的家庭，被弄得倾家荡产。由于措施得力，吏治腐败的现象得到逐步控制，官吏守令畏法，洁己爱民，吏治清明。但牵扯面过大，民怨不止。朱元璋不得不将审刑官吴庸等人处死。（《明史·刑法二》）

"对官员贪腐严惩，有他的早年经历的烙印，更多的是他认识到贪腐会坏了他的江山，铁腕反腐的本质在于此。"

"噢，现在明白了，朱元璋为什么用酷刑反腐了。"友人说。

"老百姓从中得到的好处不多。但相对清廉，可以减轻老百姓的负担，缓解社会矛盾。"郑夏表示。

朱元璋召集儒臣制定了《大明律》，并先后颁布《御制大诰》四编，与《大明律》一并施行。明律相对降低了各级官僚的法律特权，提高劳动者的法律地位，减轻对间接触犯统治行为的惩处，增加了一些反映土地私有制进一步扩大、商品货币经济进一步发展的有关律条。同时，又大大加重对直接危害极权统治的惩处，严格保护皇权的无上权威和君主的绝对专制，将反对极权的各种行为定为"谋反""谋大逆"之罪，一律按重罪加重的原则处刑，列入不在常赦之列。为了保证皇权的高度集中，明律规定国家文武官员的任用权专属皇帝，臣下必须无条件地服从皇帝的命令，否则都治以重罪。就连读书人想隐居不出也绝对禁止，"寰中士大夫不为君用，是外其教者，诛其身而没其家，不为之过"。明律还进一步强化皇帝的审判权，加强朝廷对司法的控制。《大明律》规定，各府、州、县只能判决徒、流刑以下的案件，死刑的案件都要报请皇帝裁决。

经过一番改革和整顿，朱元璋把全国的军、政、司法大权都集中于中央，最后统揽于自己手里，专制的中央集权制度发展到新的高度。他认为这套极权统治制度是确保朱家王朝"万世一统"的最好制度，在《皇明祖训》序中明确规定："凡我子孙，钦承朕命，无作聪明，乱我已成之法，一字不可改易。"

"这些措施，他认为可以确保子子孙孙享受他的恩泽。所以，一而再则三地告诫。"郑夏点头回应。

朱元璋很爱他的子孙，身前立下许多规矩，教他们如何做好皇子皇孙、做好皇帝的接班人。他告诫他们，他立的规矩不可改，否则即为不肖。他处心积虑地这样做，还不是为万世江山永姓朱吗？

大明帝国传承了二百七十七年，不幸的是权力传承并没有完全依照他的意图行使，来自皇族内部的篡权者很快出现，终结了他指定的接班人短暂的执政。这种现象，在以后的日子里不断冒出，有的成功有的失败。而末了，来自朝廷

——淮河访古行纪

外部的农民起义与满清入关,汇成洪流巨浪,终结了其江山万世的宏伟梦想。

"从朱元璋的核心利益来看,他的一切手段几乎都合乎逻辑,并不矛盾,只要保证政权在手,什么事都可以干,无所谓。"我说。

聊到此时,鼓楼上的万世根本已经隐却在夜色里,模糊不清。有朋友过来通知说,弄好了酒菜,一起过去便是了。

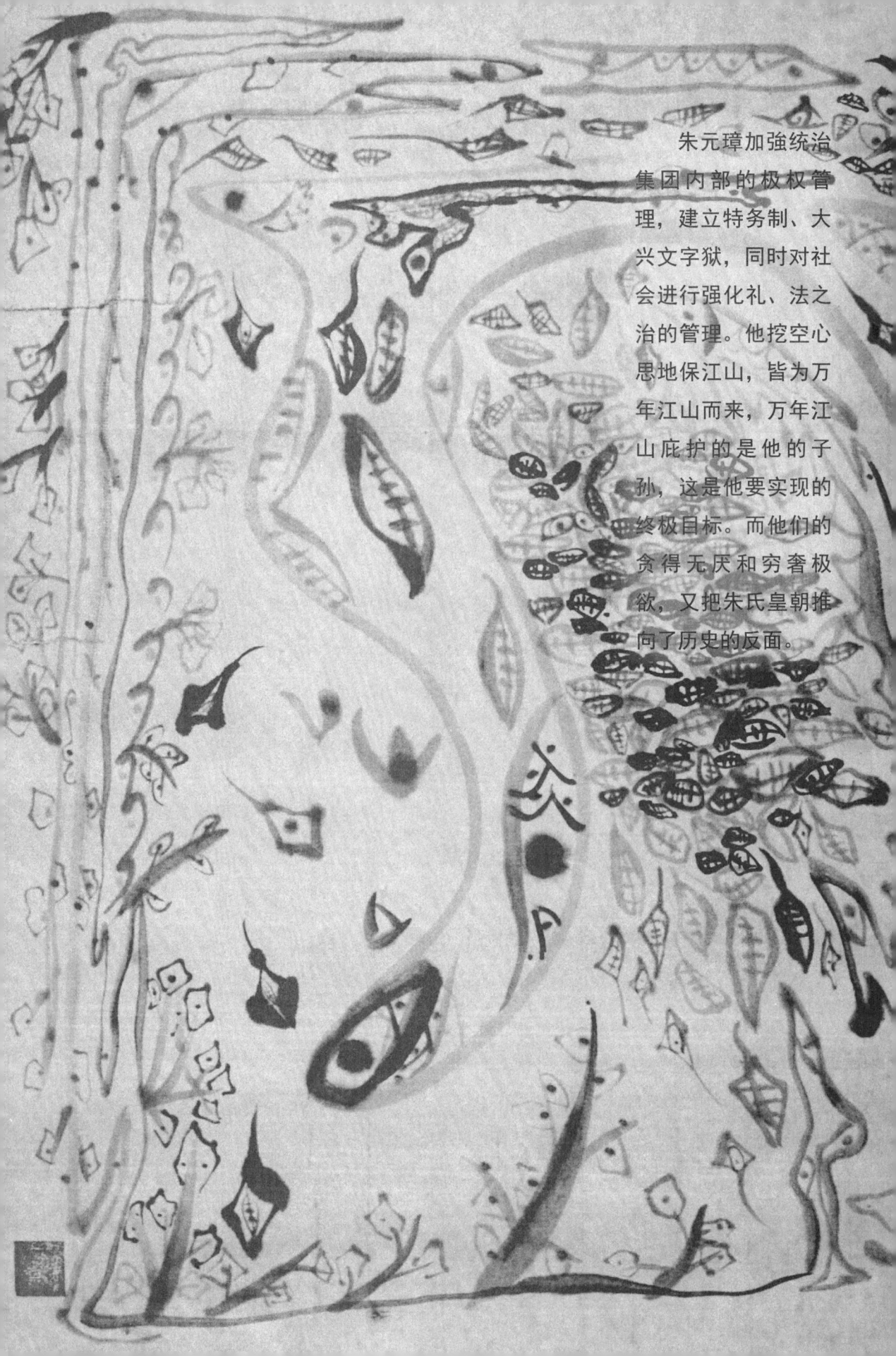

朱元璋加强统治集团内部的极权管理,建立特务制、大兴文字狱,同时对社会进行强化礼、法之治的管理。他挖空心思地保江山,皆为万年江山而来,万年江山庇护的是他的子孙,这是他要实现的终极目标。而他们的贪得无厌和穷奢极欲,又把朱氏皇朝推向了历史的反面。

——淮河访古行纪

壹拾柒 . 终于，朱元璋没能在凤阳的紫禁城里行使帝王的权力，遗憾地在南京这个历史上的亡国之都号令天下。席间，友人叹息："皇帝不好当，尤其是开国皇帝。难怪中国有句老话，五百年出一个。"

"神呀？妖怪吧。"郑夏嘟哝了一句。

"应该就是人。"我说。朱元璋的成功，得益于他听从谋士建议的"缓称王"，从而缩小了自己的目标，避免过早地成为众矢之的；得益于他注重军队建设，并具有不同寻常的军事才能，善于运用战争动员的手段，战略思想的独特；得益于他重视战时经济，推行"广积粮"的措施，他还是小明王龙凤朝名义下的江南行中书省平章时，就设营田司，除负责修堤防、管水利外，带领各地戍守将士开荒屯田。同时又鼓励农民还乡进行耕桑。这些，仅是朱元璋技术层面上的操作手法。本质上，他一定程度顺应了时势发展需要，解决了元末社会的矛盾，民族、等级、贫困和土地问题，这是他成功的重要原因。当然，也不能排斥他的性格、作为和机遇。这就是所谓的时势造英雄。

"时势迫使他修练自己的品行、铲除群雄、赶走异族统治，释放生产力、保护老百姓利益，这样才能坐天下，实现理想。"我说。

友人反问："问题是坐天下以后怎么办？"

"他是一个病态的理想主义执政者。理想便是万世江山，病态就是无底线地使用一切手段实现自己不可实现的理想。"

郑夏说："精辟。"

友人说："没坐天下时是一套，坐了又是另一套。"

"他的工作重心变了，之前为了夺取政权，之后是为了保住江山永续。不一样就成了必然的了。"

这时，女服务员陆陆续续端上大盘的歪歪肉腌菜烧豆腐、红烧土公鸡、红烧鲫鱼、豆饼子炒青椒等七八样菜蔬。我问，歪歪肉是什么肉？她回答是河蚌肉，并预告鱼煮饭和锅巴要到临了才能上，大家伙儿先喝起来。

郑夏告诉我："这是官塘人做的，蛮有特色。"

"鱼煮饭是鱼与米煮成的饭，腥气。"

友人说："别先下结论。吃了，你就知道了。"

于是，敷衍着喝了三小杯开场酒，不吭声地一门心思吃菜，又不敢吃得过饱，生怕没胃口吃鱼煮饭。这时，友人与东道主一个脸圆圆的中年男子欲"炸雷子"，拉上了我，一块儿端起面前的圆形分酒器（100毫升，约2两酒）—— 也就是当地朋友俗称的"雷子"，站起身，一饮而尽。

肚里有酒，嘴里话多，自然与酒、朱元璋相关。郑夏讲了一个故事，大意说有一天宋濂在家摆宴请客，第二天上朝，朱元璋问，昨晚请了哪些客人、喝了什么酒、吃了什么菜。宋濂如实回答，朱元璋笑着说，卿没骗我。可见，朱元璋监控手底下人的能力。

"不但监视官员，连老百姓也监视。还有他认为可能滋事的场所，都派专人侦查。无孔不入，特务治国。"友人说。

"应该是这样的。特务体系与极权统治是一对孪生兄弟，哥俩好着呐。"我表示。

伴随古代专制集权统治模式的是特务体系的运用，专制越厉害，特务体系越发达，特务体系构成专制集权统治的重要组成部分，汉朝的诏狱和绣衣直指，三国时魏、吴的校事官，唐朝的丽景门和不良人，宋朝的皇城司，等等。到了朱元璋这里，登峰造极，成了明朝特务制的滥觞。最初，他使用检校专门察听在京大小官员的言行，就在他改中央监察机构为都察院的洪武十五年（1382），设立了以武官为主导的锦衣卫。锦衣卫专理诏狱，指挥使正三品，职位不高，权力极大。除朱元璋之外，一切人员皆受它的监控。历史学家吴晗认为锦衣卫的设立，目的是为朱元璋实现江山传承，有计划地栽赃告密、有系统地诬告攀

——淮河访古行纪

中原父老莫空谈
逢着王人诉小堤
却是归鸿不能语
一年一度到江南

大风夜来宋人杨万里初入淮河
平海上观旭楼

● [宋]杨万里《初入淮河》

连，有目标地灵活运用，更方便地在法外用刑。后来，朱元璋见它过于血腥，且想杀的人杀完了，便把锦衣卫指挥使杀掉，解脱了自己多年授意屠杀的责任，甩了锅。

锦衣卫之后，明朝又出现了东厂、西厂、内行厂等特务机构，它在局部和微观上解决了帝王的心病，了却帝王的心愿。从总体效果来看，发达的特务体系不仅没有为明朝江山稳固起到正面作用，形成的特权反而导致了他们徇私舞弊，贪赃枉法，诬陷好人、打击异己，制造了无数起冤假错案，增加了社会不稳定因素。而且，随着它的运行成本不断增加，国家财政雪上加霜，日益捉襟见肘；大量从业者利用手中特权，贪得无厌，中饱私囊；他们与各地封王勾结，制造了无数奇冤大案，动摇了社会稳定的基础，加快了朱明王朝的末日降临。

友人表示，如果朱元璋和他开创的明朝，不搞特务制，未必有近三百年的江山可坐。

郑夏赞同：" 朱元璋的治世模式，决定了他只能用这个方法来实现自己的理想，至少江山可以不在他自己手里丢掉，何况还延续十几代。"

" 那么，用特务手段统治是合理的吗？"

友人仗着酒劲，大声说：" 朋友，帮帮忙。那是 14 世纪，朱元璋用这种手段有合理性。我们不能用现代人的标准衡量古人。"

" 是呀，不能苛求六百多年前的帝王。但是，后来者不能用他的方法来治理。何况，许多后来者有过之而无不及。朱元璋开了一个坏头。" 我说。

友人认为：" 朱元璋的皇子皇孙大多像夜壶，时代变了他们不变，年深日久，贮满了骚味儿，到后来终究要被历史淘汰。"

东道主见酒桌上起了争执，圆圆的脸上堆满笑容，又是劝酒，又是催问鱼煮饭。他与友人私谊不错，友人不领他打圆场的情，又把话题扯到了文字狱上：" 比如文字狱，朱元璋能不搞吗？不搞，对他而言，江山就坐不稳。"

——淮河访古行纪

"搞文字狱荒唐可笑，纯粹是病态的体现。对他的政权和我们的民族，有百害而无一利。"郑夏对此嗤之以鼻。

"可他的认识却不是这样的。"

文字狱是用来打击知识分子的重磅炮弹，摧残知识分子人格的利器。从洪武十七年（1384），到朱元璋临终前三年，长达十三年的时间里，他炮制了许多个文字狱冤案，受害的文人不计其数。于是，文人的模样就成了他墓前石翁仲的样子，无休无止地陪伴着他。

"这是对民族的摧残，打断了民族的脊梁骨，只利于保全朱氏的江山。"我说。极权统治者为了迫害知识分子，故意从文字中摘取字句，罗织成罪，史称文字狱，这样的做法一般而言与极权统治相伴同行。

"扼杀人的思想，摧残民族的创造力。"郑夏补充了一句。

文字狱的制造，不外乎由极权者个人根据自己的好恶或以为会对自己的统治造成不利而设定。当时，朱元璋看到杭州府学教授徐一夔在贺表中有"光天之下，天生圣人，为世作则"的文句大怒，在他看来"光"意思是没有头发，"生"与"僧"同音，意思是骂他做过和尚；"则"与"贼"音近，意思是他做过造反的贼。于是，杀了徐一夔。这样的事情发生不少，浙江府学教授林元亮说"作则（贼）垂宪"被杀、常州府学训导蒋镇作《正旦贺表》有"睿性生（僧）知"被杀……后来文字狱发展到匪夷所思的地步，说"体乾法坤"是暗示"发髡"（古代一种剃去罪人须发的刑罚），被杀；说"拜望青门"是站在和尚庙门口发呆，被杀；说"遥瞻帝扉"缺乏恭敬之心，被杀；说"天下有道"就是"天下有盗"，被杀……这一切给人一种谵妄、卑劣、惨无人道乃至丧心病狂的感觉。

以维护极权统治而设定的文字狱，本质上充满邪恶。文字狱的出现由制度决定，执行自然也是那种制度下的自觉行动。历史记录朱元璋因文字狱亲自下令杀的人毕竟有限，许多人被那个制度所杀。与朱元璋的文字狱相配套的是锦衣卫，用来监督言行，锦衣卫的爪牙游荡于市井，潜伏至暗室，什么人写了什么诗，说了句什么话，干了什么事儿，他们了如指掌。文字狱与锦衣卫造成的血色恐怖是帝王极权制度下必然的产物，最终打垮知识分子的独立思考能力和人格特征，从而卑躬屈膝地为极权统治服务，成为宋濂那样的御用文人。这样无疑对朱元璋以及后代有利，帮助他们实现自己的政治理想，对这个民族有害无益，导致民族的多难多灾和发展迟滞。

朱元璋在处心积虑地加强统治集团内部的极权管理、建立特务制、大兴文字狱的同时，对社会也进行强化礼、法之治的管理，可谓是双管齐下。元代实行"外汉内蒙"的基本国策，儒学和儒士被边缘化。朱元璋执政后，以儒家思想、程朱理学作为治国的指导思想，强调礼治，实际也就是德治。德治强调道德仁义和以德服人，施行仁政，用道德教化，用争取民心归附的方法来治理国家。同时兴办学校、推行科举，推动儒家文化的复兴，规定各级学校都要祭孔。所有学生都要研读"四书

● [宋] 刘克庄《忆秦娥》

——淮河访古行纪

五经",科举考试一律以"四书五经"出题,对儒家经典的解释一概以宋代的程、朱注疏为准。在儒家思想、程朱理学的指导下,又开设礼、乐二局,"广征耆儒,分曹究讨",相继制定各种礼乐制度。礼制对臣民使用的各种礼仪、饮食、服饰、房舍和器具作出严格的规定;乐制则包括各种祭祀、朝贺、宴飨之乐舞器服制度。礼用以辨异,分别贵贱的等级;乐则用以求和,缓和上下的矛盾。礼乐并用,相辅相成,起到维护社会等级、巩固统治的作用。①

友人讥讽地说:"朱元璋真是个旷世奇才,方方面面都考虑到了。雄才大略,细微过人!"

"他把十八般武艺全用上了,目的无非在于朱氏王朝不变。真可谓是人精。"我想,之所以成为人精,一定与他外公曾经的预言有关。他外公是否讲述了陈涉后续的故事呢?

这时,厨房端飘来鱼肉和米饭混合在一起的特别味道。伙房的大厨跑出来说,鱼煮饭即刻上桌。东道主大声嚷嚷:"好的就是这一口,快上。"

"好呐!"大厨高声应诺。

所谓大厨,整个儿就是当地老农的样子,告诉席间的人,他挑的是大"螺丝混子"(青鱼,当地俗称)做饭,肉细而不腻,味道鲜美,加上好的新大米。

"想做好鱼煮饭,需要工夫,不是炒菜,拨弄个三五下,几分钟就能上桌。"大厨说,"做的时候,我与烧锅的老婆全部心思都要盯在上面,不能有丝毫马虎。"

满满一大盆鱼煮饭端上了桌,米饭白白软软,大块粉褐色的鱼肉与之混合,青葱切细洒在饭上,屋里充满香气。我尝了一口,没有担心的腥味,口感甚佳。众人纷纷称赞,又是给大厨递烟又是敬酒,闹得他怪不好意思的。

---

① 参见明宋濂等《元史》卷四十七《志二十三·礼一》,北京:中华书局,1976年版,第1223页。

湮没的帝都

真是热饭热菜堵不住嘴，友人含着食物不吐不快："朱元璋勤政爱江山！他曾经在八天时间里，批阅各类奏札一千六百多件，处理国事近三千五百件，平均每天批阅奏札二百余件，处理国事四百余件，像急转的陀螺不停歇。"[①]

"爱江山呀！"我说。细想一下不禁要问，这样高的强度，他批阅和处理的政务都是正确的吗？有多少是凭着自己的经验、好恶和一时的兴致而作出的决定？即使他精力旺盛过人，这种状态又能维持多久呢？到了垂垂老矣，不可避免地趋于昏聩，作出决断往往荒谬有害。其实，这种状况，绝非在他晚年才出现，中都兴废是他壮年时的决策。

"他不仅爱江山，更爱美人。"友人说。

"没有听说过这一折。朱元璋更多的是把女人看成生育机器，为他传宗接代，使他的江山源远流长。"

"你没有看到，朱元璋爱他的女人爱到同年同月同日死。这位太祖爷临死遗命其几十名妃嫔都要陪葬，这爱难道不铭心刻骨吗？"友人打抱不平。

"这不是爱，是对人性的摧残。如果说这是爱，只能说是他的变态。"

我认为："朱元璋爱他的子孙，胜过爱其他任何人。他们是大明江山的接班人。"朱元璋挖空心思地坐稳江山，皆为万年江山而来。他的万年江山庇护的是他的子孙，这是他首先要保护的利益群体。看看他的子孙，得到的是怎么样优渥的生活和政治特权就明白了。这是他打江山坐江山的终极目标。

毋庸置疑，朱元璋是历史上冷酷到令人发指的皇帝，对百姓、臣工、故交甚至嫔妃，残酷无情。唯独对自己的子孙，俯首甘为孺子牛，充满爱意，温柔体贴得无以复加。明朝建立不久，功臣尚未分封，他急不可待地封所有的儿子为亲王，即使是刚刚一岁的儿子也没有漏掉。他还规定皇族子孙不受法律约束，

[①] 参见张宏杰《倒退的帝国：朱元璋的成与败》（上）《从流氓到天子》，重庆出版社，2019年版。

不归官府管制。诸王的府第、服饰和军骑，次于皇帝一等，公侯大臣见了都要"伏而拜谒"（《明史·列传·诸王一》）。他给自己的子孙制定超高标准的俸禄，皇子封为亲王后年俸万石，是年俸最高官员的七倍，还不包括大量的土地等其他各种赏赐。他规定皇族不必从事任何职业，每一个皇族后代，所有消费皆由朝廷供给（参见《明太祖实录》卷之二百四十二）。

明朝建立的第二年，朱元璋亲自主持编撰明朝典籍《皇明祖训》，内容是对后世子孙的训诫，告诉他们如何做皇帝和王子王孙，接好班，坐好江山。四年后书成，七年后又加修订；二十六年后重新定稿，这时他已经是六十八岁风烛残年的老人，足见他的用心。

朱元璋时代起，规定只有王储可留在首都的皇宫里，其他王子在成年后必须离开，前往自己的封地。亲王的嫡长子继承头衔和地产，其他的子孙也被分封爵衔和皇室土地，这些土地从各省州府名下，越来越集中到皇族手里。明朝中后期，全国人均土地面积不断下降，而皇族占有土地不断扩大。许多王府拥有的土地动辄万顷，景王、潞王在湖广等地庄田多达四万顷，福王庄田二万顷，桂王、惠王、瑞王的庄田各三万顷。吉王在长沙，有地七八十万亩，长沙、善化两县田地的百分之四十也归他所有。河南全省土地，居然有一半归各王府所有。"盖中叶以后，庄田侵夺民业，与国相终云。"（《明史·食货志·田制》）

皇族的穷奢极欲和皇族人口的增长，意味着财政支出几十倍、上百倍的增加。山西晋王府，明初只需年俸一万石，到了嘉靖年间，增长到八十七万石。河南周王府，由一万石增长到六十九万石。湖广楚王府，由一万石增长到二十五万石……从明朝中叶开始，各省的行政领导吃惊地发现，本地的财政收入已经不够供养居住在本地的皇族，比如山西地方财政收入为一百五十二万石，而山西王爷们每年消耗的俸禄为三百十二万石；河南年财政收入为八十四万石，而需要供给王爷的是一百九十二万石。

不仅如此，许多地方的藩王利用特权，控制了当地的食盐销售。他们不顾百姓承受能力，任意抬高盐价，以致最底层的老百姓长年买不起盐吃。

稀缺的自然资源，比如土地、山林和矿山，只要有利可图，皇族通过向皇帝恩准或者巧取豪夺的方式，抢占到自己手里。各地王府所圈之地，"皆取之州县中极膏腴田地"。比如皇帝赐给福王两万顷土地，本来定在河南，但河南好地圈尽仍然不够，不得不跑到湖广、山东去圈占一些良田。《明史·食货志·田制》记载"占夺民业而为民厉者，莫如皇庄及诸王、勋戚、中官庄田为甚。"许多地方的收税权陆陆续续划归了各地王府，周王拥有开封的税课权，潞王占有河泊二十六处，潞城县的商税被赐给了清源王，屯留县的则归辽山王所有。平遥王说自己家口太多，生活不宽裕，于是皇帝下诏将黎城县一年的商税划给他。

通过种种巧取豪夺，皇族们集聚了天下最多的财富。富甲天下的福王"珠玉货赂山积"，金钱百万。陕西的秦王富甲天下，"拥赀数百万"。大同的代王居然拥有房屋一千余所……统治集团暴利滚滚的直接后果自然是民生的日益困顿。

因为享有司法特权，有罪时"罚而不刑"，许多王府成为地方黑恶势力的保护伞，有的甚至自身即为黑社会头目。嘉靖五年（1526），庆成府的辅国将军藏匿大盗被人告发；隆庆二年（1568），方山王府镇国中尉朱新垣"与群盗通，劫掠商货"；襄垣王府的辅国中尉、昌化王府的辅国中尉都"私出禁城为盗"，公然杀人劫财。

至于，强抢民女之类的事频频出现，河南禹州的徽王朱载伦，"有美女子过府，掠入与淫，女幼不敢接，即大怒，投以与虎"；朱企礼在武冈州"前后夺民妻女无算"；武邑王在父丧期间"居丧无礼，置酒作乐，召妓者歌舞，极诸淫纵，内使谏者，辄非法拷掠，或触其怒，以石鼓压胸，囊沙覆口，死者数人"，等等。在特权庇护下，相当一部分皇族沦为社会道德水准极其低下的群体,民怨沸腾,但是他们丝毫不予理会,继续吞噬民生,也不断反噬利益集团自身。①

"这些王子王孙们在明朝历史上发挥了怎么样的作用呢?"我问。

郑夏告诉我,他读过美国人司徒琳写的《南明史》,作者叙述,到明亡时"那些遍布各地的亲王、郡王,大部分没有领导能力"。也算是白养了,有悖于朱元璋的初衷。

"不过,为了政权传承的安全性,他对子孙们的行为也做了制约。临死前,在遗诏中规定,自己的儿子(诸王)不得奔丧,怕王子假借奔丧名义图谋不轨,影响新皇帝登基。"

鱼煮饭吃得所剩无几,大厨叼着纸烟捧来一盆焦黄透亮的吃食,鱼饭锅巴——用油煎成的鱼煮饭锅巴。入口酥脆,香气四溢,众人夸赞不绝。

---

① 参见张宏杰《明百万皇子皇孙可悲下场》,《上海金融小镇PRK》,2017/1/8.

这是一个忠臣与病态帝王之间的故事。刘基辅佐朱元璋平天下，朱元璋多次称他为"吾之子房也"，赠诗称赞："妙策良才建朕都，亡吴灭汉显英谟。不居凤阁调金鼎，却入云山炼玉炉。事业堪同商四老，功劳卑贱管夷吾。先生此去归何处，朝入青山暮泛湖。"

时过境迁，该是卸磨杀驴时，朱元璋毫不心慈手软，以莫须有的罪名，加以了断。连这样内敛、廉洁，知进退、明事理，才华横溢的忠臣都不能放过，可见朱元璋的心底黑暗。

—— 淮河访古行纪

壹拾捌 . 许多事就像俗话中说的那样，事不过三。第三次到浙江青田，纯粹是因为筹备展览所涉及的名人章乃器[①]，他故乡在那里。与青田有关部门联系，没有接上头。友人提议，直接奔过去便是了。

于是，动身来到紧贴瓯江的这个不大的城市，市面颇见繁华，建筑间透射出几分洋气。拐到老城区，在颇显陈旧的县委大院里，找到了高个子、衣着讲究的老赵。起先，他以为我与友人是来推销图书、影碟或者拉个赞助什么的，待问明白后，便与我、友人聊了起来，直到傍晚，余兴未减，邀请共进晚餐。

席间用的是红酒，他说这里兴喝这个，有益健康。看他倒酒、执杯、晃杯的一招一式，便知道他懂。

有酒说话自然放松了许多，说到了刘基是青田人，出生地和墓地却在邻近的文成县，"文成不是刘基的谥号吗？"我说。

"没错，可是青田人刘基写入史书。有一些重要的工具书，把他说成文成人，不合历史。文成县在1946年从瑞安、青田、泰顺三县边区析置而成，刘基时代根本没有这个县。"

"那么，文成人会不会有意见？"友人问。

"我们是这样子处理的，刘基青田人，括弧现为文成。既尊重了历史，又符合实际。"坐在老赵一旁的当地文史研究者沈先生少言寡语，这时发了话。

"这个方法好。不像有的地方为一个名人出生地弄得死去活来，不相往来。"友人说。

"青田留下了太多的刘基足迹，你们可以去看看，比如石门洞、刘府祠。

[①] 章乃器（1897—1977），浙江青田人。现代政治活动家、经济学家和收藏家。1935年末发起救国会，为著名的"七君子"之一；1945年发起民主建国会。1949年以后，历任中央财经委员、粮食部长、全国政协常委等职。1957年被划为"右派"，1980年平反。1954年起，章乃器先后两次将收藏的约2000件文物捐献给国家。著有《章乃器论文选》《激流集》《中国货币金融问题》《抗日必胜论》《论中国的经济改造》等。

更多的东西要跑到文成境内的南田去看。"老赵说。

我记得史书上记载，刘基是青田县武阳村人，老赵说的南田大概系乡镇一级的单位。沈先生告诉我，的确如此。南田有墓地、庙宇、纪念馆、故居，书院则在武阳村。

酒足饭饱，漫步瓯江，一派灯火璀璨的样子，沿途的咖啡店、酒吧一家挨着一家，散发出淡淡的优雅和惬意。老赵说："在这里，你能喝到世界各地的咖啡和红酒。"

我有一些惊奇。

"自然得很啦。我们这里是侨乡，近三十万老乡分布在世界各地，几乎家家户户都有人在海外，他们回来投资开店，或鼓动亲友合伙。老百姓日子过得蛮好。"

我问："你们县委大院的一部分建筑好像还是上世纪五六十年代盖的。"

"政府不如老百姓有钱。"

友人说："这恐怕不是主要原因，政府要盖个现代化办公楼，分分秒秒。只是想不想盖的问题。许多县一级的行政区机关，经济远不如这里，大多都这么做了。"

"发展经济为主。衙门弄得太张扬，违背现代理念。不如低调一点，亲民一些。"老赵曾经也是官员，担任开发区主任、县级机关办公室主任，年龄关系退居二线。

"其他地方的人不这样想。"我说。

友人说："也许那里的社会治理，需要借助气派的建筑，助长衙门的权威。"

"那是旧时代的落后看法。"

这时，沈先生领着来到了沿江的老城墙，告诉说，是为抵御倭寇的频繁侵扰，在嘉靖三十五年（1556）修建的。

"又是明朝的东西,建城筑墙一大特色。"

沈先生有点诧异:"你对这也有兴趣?"

友人回答:"巧了。他正在着手写朱元璋与明中都城的东西,还作过多次实地走访。"

"写朱元璋绕不过刘伯温,一定要带你们去看看。"老赵表示。

沈先生兴致盎然地介绍,青田城以当年的县治东西北三面地势为屏障,南面与防洪堤相连。城墙周长 3300 多米,高 9 米多,宽约 7 米。城墙下面是花岗石筑底,上面为 40 厘米 ×20 厘米 ×10.5 厘米,重 16 公斤的砖砌成。

我说:"同为县制,比诸暨城小。但是,一定比它牢固,更适合战事需要。它的墙应该是实心砌成的。"

"对的。顶端设城堞七百二十四个,炮台四座。它有个特点,临江不设城堞,铺龟背式青石板,不像城墙,所以,古有'处州(今丽水)十县九无城,唯有青田半条城'之称。"

"依势而建,不得而为之。它应该有四门。"

"最初为四门,后来增开了西北赵山门和四座水门。"①

这时,几个人穿过狭小的门洞,来到江堤,对岸霓虹灯绚烂,江风微起,煞是怡人……

---

① 清嵇曾筠《浙江通志》卷二十四"青田县城池"条载:"城高二丈八尺,厚二丈。表以四门:东曰龙津,西曰锦屏,南曰行春,北曰丹山。嘉靖三十五年,县丞熊缥筑。三十八年,知县丁一中改筑城门。(注曰)青田,栝东咽喉地也,旧无郭。丙辰四月,倭自永嘉突犯。……邑少尹长汀熊君用诸生、乡老议以筑城。……既而大尹吉水李侯楷归。自觐鸠材庀役,计里分筑,阅十月城成。大都因山之形,四履有门。唯龙津、丹山二门,其地稍下,门之外山高耸,俯瞰城中,矢石可及。时欲改作,未遑。戊午夏,倭复来,果薄两门,陟山窥我动静,设云楼长梯攻击,七昼夜乃解。明年,李侯调去,丁侯一中来代。甫下车,周阅城垣,议改二门。乃出俸金若干为之倡,而僚属、乡大夫士及民咸乐助之。遂移筑丹山门于龟山之麓,而城因之约九十余丈;增筑龙津门于学宫之北,约六十余丈。五阅月而工告竣。"清文渊阁四库全书电子版。

● 刘府祠

——淮河访古行纪

次日,一早办完公事,老赵驾车去地处鹤城中心的刘府祠转了转。同去的沈先生对刘伯温素有研究,曾参与了该祠的修复,驾轻就熟地介绍刘府祠的来龙去脉和修复中的轶事。原来,这祠在刘伯温死了一百五十多年后修建起来,后损坏严重,十年前按原建筑风格复建。说着,他领头跑到一块石碑前,问有什么不同。

凑近细看,友人说:"四周有石槽。没见过这样的。"

"当年这块石碑成了豆制品厂的案板,石槽是为了做豆腐另凿的,有了石槽,水还要流出去,所以石碑顶上开了漏水槽。"

"上面刻的字,一定是磨去了许多。"

"多少年下来,依稀有个印子。现在,重描了。"

不久,一行人离开了刘府祠,去了去石门洞,那里是刘基早年的读书处。

● 通往石门洞的山道

大概是刚泛滥过山洪，整个景区显得一些凌乱，不少地方留有洪水退去的痕迹，却无法掩盖扑面而来的灵秀之气。

说起刘基，在民间知名度不一定高，而说到刘伯温就不一样了。其实，前者为名，后者为字。他是一位神人，先知先觉者，料事如神的预言家，有"前知五百年、后知五百年"之说。神人似乎与灵秀有着某种关联，就像道家笔下的高人出没于水一样，一方水土养一方人。友人嗤之以鼻，面露嘲讽之色。我也不好再继续发挥。

在通往刘文成公祠的山道上，一块巨大的黑山石突兀而出，有点拦路的意思。走近细瞧，上刻有说明"据传当年刘基在石门洞读书时，白猿仙姑赠其无字天书，刘基得天书后终成大器，后为避奸相胡惟庸陷害，回乡将天书藏于此石之中……"

友人说："又在造神了。"我说："刘伯温的智商极高，又勤学不辍，从这些方面肯定他就可以了，何必弄成白猿仙姑、无字天书之类。其实，他的情商也不低，故而成就了他一生。他的死与朱元璋有直接的关系。即使这样，他毕竟没受牢狱和流放之苦，不像李善长、宋濂那么悲惨。"

沈先生介绍，刘基大概是十七岁跟着老师郑复初从处州到山脚下的石门书院修学读书。五年后出山中举，次年中了进士。

刘文成公祠由上世纪初海上闻人虞洽卿与友人出资修建。我问："虞洽卿应该是浙江慈溪人，为什么出资修刘伯温的祠堂？"

"可能是被料事如神的刘伯温吸引到了。"友人笑眯眯地回答。

公祠比先前到过的刘府祠，显得简朴得多，正堂供奉着刘基的塑像，面对着一个不大的庭院，植有古树，立有香炉，炉有香燃，袅袅青烟升起渐散。

跨出门槛，我说："这个祠堂还是蛮符合刘伯温为人处世的风格，内敛低调……"

——淮河访古行纪

● 石门洞景色

湮没的南都

　　沿着山谷底的小径继续前行，世外桃源的味道越来越浓，众多树木掩映着亭台水榭，百米悬崖挂下瀑布，时有云彩飘过。遗憾的是由于不在季节，瀑布的水流极细，真有一些枯竭的味道。瀑布泻下处，有被古人称之为"天泉""圣水"的积水潭，存水也少得可怜。左侧的石洞，早在唐代就是道教三十六洞天中的十二洞天，李白、王安石、沈括、陆游、汤显祖等历代名人都留下诗篇。现在，许多游人挤进石洞是为了摸一摸相传当年刘基躺着读书的石床，据说这样做可以求得前程似锦。石床表面光滑，呈弧形，似有些床的模样，想象躺着看书的刘基，抬头能看到洞外的天空，也不怕飞瀑溅到身上。

　　"刘伯温晚年，一定是老年风湿病患者。"我说笑。

　　"何以见得？"友人问。

● 刘文成公祠

—— 淮河访古行纪

● 沿途如诗如画的景色

"这里终日阴冷潮湿。"

沈先生认真地告诉我们几个,刘基六十岁时,须发已经大半霜白,牙齿掉了十三四颗,左手麻痹不能动弹,耳朵听不见,脚也跛了。可能于此有关。众人沉默不语。

汽车沿着浙南陡峭的山路,驶去文成的南田,路不算长,开起来不易,急转弯一个连着一个,开车的老赵鼻子上渗出了一层细汗。这时,起了雾,对面的群山成了一幅无边无际的水墨画,笔触恰到好处、墨色酣畅淋漓、画面气韵生动,看得人瞠目结舌。突然,前面的盘山公路被一阵浓雾深锁,老赵只能放慢车速,开了大光灯,时不时按响喇叭,防备交会的车辆。

友人说:"几乎入仙境了。"

沈先生颇有些自豪:"我们青田,山上出现这样的景象,实属稀松平常。"

"就是五六分钟，等雾飘走就好了。"老赵介绍。

"少年刘伯温外出求学也不易。"我说。老赵表示，那时的人主要靠船走水路，随后改为走旱路，去青田鹤城，也就是县城。

聊了一会天，雾散了，老赵加快车速，到达南田已近晌午。友人提议吃了饭再去参观。车在冷冷清清的镇上兜了几圈，找了一家还算合适的菜馆，进入店堂，仅有一桌人在那里吃喝。见我们入店，老板不冷不热地问了一句，吃什么？老板是个肤色黑黝黝的壮汉，模样有点东北味道。我问了他，他否认，说是土生土长的。我说弄一些土菜，他报了泥鳅浓汤、香辣溪鱼干、白落地煴蛋、老法烧狗肉等四五样。我说狗肉不要，吃狗肉非本地风俗，多半从淮河流域流传过来。老板说原先附近的县镇盛行吃狗肉，每年都办狗肉节，只是近年衰了。我问，这习俗是否是明初开始的？如果是，一定是朱元璋的官兵，从淮河边带过的。老板摇摇头表示不知道。

又问白落地是什么，老赵他们也说不清楚。老板说野菜，文成的乡野田间随处可见，可入茶入汤，清凉解毒养颜。果然，服务员端上的玻璃壶里就有一簇小叶子的绿色植物。喝着泡的水，也没有什么特别的味道。

老赵从包里拿出一瓶威士忌，说喝这个："这酒度数比红酒高，更适合你们。"

友人拿过去仔细看了看，放下酒瓶，打趣地说："在浙南的小镇上，吃着农家土菜，喝着苏格兰十年前产的威士忌，聊着刘伯温、朱元璋，是不是很特别？"

老赵打开酒，让大家尝尝。看着色泽棕黄略红、清澈透亮的酒液，闻到焦香中略带一丝烟的气味，抿一口别有一番滋味。

老板端着一盆白落地煴蛋上桌。我告诉老板，煴蛋的煴，不应该是菜谱上写的三点水的温，而是火字旁。煴，是微火，通俗地讲就是白落地小火烧蛋。饭店老板说不懂："反正这菜好吃不好吃，你自己品。"

友人说我有点像孔乙己。

——淮河访古行纪

蛋滑爽极嫩，白落地如荠菜一般鲜美可口，留有清香。我向老板竖起了大拇指，老板脸上露出笑容。他告诉我，早年去了东北揽工程，赚了一些钱，现在回老家开饭店，图个方便，好与家人团聚。但是，"没有想到，老家的生意这么淡。南田还是个旅游大镇，整个没有几个游客。"老板叹了一口气。

酒足饭饱，大家上路去了刘基庙。友人说，刘基庙是刘基死后八十多年才盖起来的，与他没有什么瓜葛。何况，老物件在"文革"时都折腾得差不多了，应该去看他的墓。问了旅游接待中心的工作人员，回答是刘基的墓正在修缮，没有办法参观。

沈先生表示："不如直接去武阳吧，那里有故居、书院。"

"既然来了，去庙里走一趟。"我说。

一圈跑下来，几个人一边议论正殿内悬挂的匾额楹联，一边急切地坐上老赵开的车去武阳。沈先生介绍，那里海拔大约在八百米左右。据说，南宋末年，蒙古大军南下，刘基五世祖刘集为求得安居，到丽阳山神庙祈祷，晚上做了一个梦，绿油油的旷野里，一位道骨仙风的老者悠然地舞动羊头手杖牧着一群白羊，场面如诗如画。于是，他寻梦来到南田山，看见有一群山羊在田野里玩耍，宛如梦境。问当地人是什么地方，得到的回答为武阳。刘集一听，原来武阳与舞羊谐音，梦中的"舞羊"就是前面的武阳，"舞羊之梦"系上天恩赐风水宝地的祥兆。于是，刘集举家从丽水的竹洲迁至武阳，繁衍生息。

我说："这似乎与朱元璋祖父朱初一携带一家老小，逃到江苏盱眙，在孙家岗与道士相遇，有相似之处，都与道士相关。不过，朱元璋祖上是被动地为了逃避官府的苦役，由富裕地区向贫困地区迁移；刘基祖上是主动地避开战争，迁移到风水宝地，完全不是同一回事。而且，俩祖上梦见的东西也不同。一个是后代可为天子，一个是安居乐业。"

友人说："都是后人编的。"

● 刘基庙正殿

——淮河访古行纪

● 刘基故居

"也有真实的成分,迁移的原因和定居点。"

"也可以肯定,这一片土地上有着浓浓的道教文化的气息。"友人表示。

沈先生说:"南田是道教福地,民风俭朴,有唐朝的遗风。恐怕也是刘基祖辈选择定居此地的重要人文因素。"

大约十来分钟,车停在刘基故居门前的空旷地上,车头正对着一个大池塘,种的全是荷花,此时一派腐败。在一旁的沈先生说:"田垟后面有七个小山头,犹如天上七星排列有序,故名七星落垟,是这里的一景。"

转过身子,五指峰下有一道翘檐灰砖的围墙,中间的院门大敞,上方的门楣上悬挂着刘基故居的匾额。

沈先生告诉我,故居坐落的平台海拔 650 米,四面环山。冬无严寒,夏无酷暑,六月天要盖棉被。空气新鲜,阳光充沛,植被丰富,生态完美,天然氧吧。按照古代堪舆学说,这一居所风水极佳。

走过荷花仙鹤图案的照壁,一栋品字型的木结构单层建筑展现在眼前,样子古朴。室内有刘基的生平介绍和他以及上几代人的事迹故事,说他的家族五代人生活在这里,刘基自己生于此殁于此,他的曾祖父刘濠曾任南宋的翰林掌书,由此"武将世家"的刘家,转为"书香世家"。

元大至四年(1311)五月刘基出生,从小好学深思,聪颖过人。在家庭的熏陶下,喜欢读书,儒家经典、诸子百家熟读于心,还潜心研究天文、地理、兵法、术数,颇具心得。他的记忆力超群,一目十行,过目成诵。而且文笔精彩,超凡脱俗。十四岁时他入处州官学读《春秋》,十七岁到石门书院学习宋明理学,积极准备科举考试。天生的禀赋和后天的努力,使年轻的刘基很快在当地脱颖而出,成为江浙一带有名的才子。他的老师郑复初曾对刘基的父亲刘燝说:"君祖德厚,此子必大君之门矣。"(《明史·刘基传》)

元统元年(1333)刘基考取进士,进入仕途,出任江西高安县丞,后又任元帅府都事。但是他的许多建议朝廷往往不予采纳,使刘基非常失望,先后三次辞官,回故乡南田隐居,潜心著述,写成了脍炙人口的寓言体政论散文集——

● 窗棂与庭院

——淮河访古行纪

《郁离子》。这书不仅表达了他对蒙元王朝统治的彻底失望，提出了自己治国安民的主张，也反映了他的人才观、哲学思想、经济思想、文学成就、道德为人以及渊博学识。一般认为《郁离子》是刘基为天下后世立言的不朽名著，洪武十九年（1386），翰林国史院编修官吴从善为《郁离子》刊本作《序》曰："夫郁郁，文也；明两，离也；郁离者文明之谓也。非所以自号，其意谓天下后世若用斯言，必可底文明之治耳！"

  《郁离子》写作年代，蒙元王朝已摇摇欲坠，国内各地反元起义风起云涌，却互相纷争、各不相让。刘基静观天下，经过一番分析，认为朱元璋领导的义军才能推翻元朝，建立新政权。1360年，朱元璋两次向隐居南田的刘基发出邀请。经过深思熟虑之后，刘基终于决定出山辅助朱元璋，希望通过助朱氏打江山来实现自己的理想。《明史·刘基传》这样记载刘基与朱元璋的关系：

  及太祖下金华，定括苍，闻基及宋濂等名，以币聘，基未应。总制孙炎再致书固邀之，基始出。既至，陈时务十八策。太祖大喜，筑礼贤馆以处基等，宠礼甚至。……会陈友谅陷太平，谋东下，势张甚，诸将或议降，或议奔据钟山，基张目不言。……太祖曰："先生计安出？"基曰："贼骄矣，待其深入，伏兵邀取之，易耳。天道后举者胜，取威制敌以成王业，在此举矣。"太祖用其策，诱友谅至，大破之，以克敌赏基，基辞。……

  吴元年以基为太史令，上戊申大统历。……大旱，请决滞狱。即命基平反，雨随注。因请立法定制，以止滥杀。太祖方欲刑人，基请其故，太祖语之以梦。基曰："此得土得众之象，宜停刑以待。"后三日，海宁降。太祖喜，悉以囚付基纵之。寻拜御史中丞兼太史令。……

  初，太祖以事责丞相李善长，基言："善长勋旧，能调和诸将。"太祖曰："是数欲害君，君乃为之地耶？吾行相君矣。"基顿首曰："是如易柱，须得大木。若束小木为之，且立覆。"及善长罢，帝欲相杨宪。宪素善基，基力言不可，曰："宪有相才无相器。夫宰相者，持心如水，以义理为权衡，而己无与者也，宪则不然。"帝问汪广洋，曰："此褊浅殆甚于宪。"又问胡惟庸，曰："譬之驾，惧其偾辕也。"……后宪、广洋、惟庸皆败。

洪武三年授弘文馆学士。十一月大封功臣，授基开国翊远守正文臣资善大夫、上护军，封诚意伯，禄二百四十石。明年赐归老于乡。……基佐定天下，料事如神，性刚嫉恶，与物多忤。至是还隐山中，惟饮酒弈棋，口不言功。……八年三月……疾笃……居一月而卒，年六十五。

刘基晚年急于致仕的原因之一，是因为淮西那班皇亲国戚开国勋臣日益骄纵，朱元璋虽严加管束，却又不敌他们人多势众，有时只能姑息。然而，江南文人集团长期处在劣势，他们跟随朱元璋时，其羽翼已丰，颇具规模和影响力，况且，他们既与朱元璋无乡谊，又无血缘或姻亲关系，因而相对疏远。刘基作为江南文人集团的代表人物，时时受到以李善长为代表的淮西集团的钳制打压，中都城的建与不建，也使得两派矛盾加剧，朱元璋最后还是接受了淮西的建议，大兴土木建中都。洪武四年（1371）正月，朱元璋同意花甲之年的刘基告老还乡。他回到故里，饮酒下棋，从不提自己的功勋。地方官求见不得，装扮成野村樵夫才能相见。

"除了与淮西集团的矛盾，刘基是不是看穿了朱元璋心思，预料到后事，辞官还乡，告别伴君如伴虎的日子。"老赵说。

"像刘伯温这样饱读史书、聪明过人、且有自制力的人，一定有所觉察。只是不说而已。"

"后来，他好像又回到了南京。"友人问。

沈先生答道："是的。南田附近有个叫谈洋的地方，盗贼出没为患，刘让儿子上书，请朝廷设立巡检司以安民。胡惟庸报告朱元璋说，那个地方有王气，刘伯温要在那里给自己建墓地，有图谋。朱元璋半信半疑，于是剥夺了他的俸禄。"

—— 淮河访古行纪

● 郁离旧家

为了消除朱元璋的疑虑，保全自己和家人的性命，刘基立即动身一路颠簸到南京，向朱元璋磕头请罪，不作任何辩解，"惟引咎自责而已"。之后，朱元璋一直没有发话让他回乡，他只能继续待在南京，随时准备接受朱元璋的处置。这样一待就是三年。大概朱元璋也没有想好如何办，便使出羞辱的招数，彻底击垮刘基已所剩无几的尊严。一次，朱元璋以刘基不参加祭祀活动却分享祭祀用的肉为由，点名批判刘基，说他"学圣人之道"，却如此这般不检点，哪有半点合乎"礼"。

洪武八年（1375）岁首，刘基拖着病躯上朝，给朱元璋拜年，并写下七言律诗，歌颂王朝欣欣向荣、万国来宾。末了一句，发出"从臣才俊俱扬马，白首无能愧老身"的自悯。正月，他感染风寒，朱元璋知道后，派胡惟庸领着御医去探视。御医开了药方，刘基服后腹内绞痛不止，抱病求见朱元璋，禀告胡惟庸带着御医来探病，以及服食后更加不适的情形。朱元璋听了之后，只是轻描淡写地说了一些宽慰的话。三月，已是人命危浅的刘基，终于获得朱元璋的恩准返乡，在《御赐归老青田诏书》中，称：刘基早年归附，帮助建功立业，我没亏待他，加官进爵、荣耀等身。但是，刘基犯下的罪行（即所谓给自己找有王气的墓地），走法律程序，那绝对不可饶恕；讲功劳人情，则有八议的条款可以减刑，所以剥夺刘基俸禄，没摘掉他诚意伯的爵位。朱元璋继而表示："然若愚蠢之徒，必不克己，将谓己是而国非。卿善为忠者，所以不辨而趋朝，一则释他人之余论，况亲君之心甚切，此可谓不洁其名者欤，恶言不出者欤！卿今年迈，居京数载，近闻老病日侵，不以筋力自强，朕甚悯之。於戏！禽鸟生于丛木，翎翅干而飏去，恋巢之情，时时而复顾。禽鸟如是，况人者乎！若商不亡于道，官终老于家，世人之万幸也。今也老病未笃，可速往栝苍，共语儿孙，以尽考终之道，岂不君臣两尽者欤？"意思是说，刘基如果是个愚蠢之徒，必然要来找我来申辩，强调自己无辜，进而凸显是我错了。不过，刘基是一个善于为忠的人，不作任何辩解就主动跑来南京认错。他是一个不向我要好名声的人，是一个不向我口出恶言的人。所以，如今刘基老迈多病，我放他回乡，与儿孙好好团聚，好好死在家中。

已经无法行动的刘基由家人陪伴，在朱元璋的特遣人员的监护下，自南京动身返回南田。回家后，拒绝一切药物治疗，只是维持日常的饮食，以渡残日。

自知来日无多的刘基对身边的两个儿子交代后事。交代完毕，让大儿子从书房拿来"天文书"，说："我死后，你要立刻将这本书呈给皇上，一点都不耽误。从此以后，不要让我们刘家的子孙学这门学问。"接着又对次子说："为政的要领在宽柔与刚猛循环相济。如今朝廷最必须做的是在位者尽量修养道德，法律则应该尽量简要。平日在位者若能以身作则，以道德感化群众，效果一定比刑罚要好，影响也比较深远，一旦部属或百姓犯错，也能以仁厚的胸怀为对方设身处地的着想，所裁定的刑罚也必定能够达到公平服人，达到改过自新的目的；而法律若能尽量简要，让人民容易懂也容易遵守，便可以避免人民动辄得咎无所适从，又可以建立朝廷的公信力和仁德的优良形象，如此一来，上天便会更加佑我朝永命万年。"他又断断续续地说道："本来我想写一篇详细的遗表，向皇上贡献我最后的心意与所学，但胡惟庸还在，写了也是枉然。不过，等胡惟庸败了，皇上必定会想起我，会向你们询问我临终的遗言，那时你们再将我这番话密奏。"

四月十六日，刘基卒于故里。这时，朱元璋正在视察中都。不日，便宣布终止中都建设。

这是一个忠臣与病态帝王之间的故事。刘伯温辅佐朱元璋平天下，论天下安危，义形于色，遇急难，勇气奋发，计划立定，人莫能测。朱元璋多次称其为"吾之子房也"，曾赠诗赞曰："妙策良才建朕都，亡吴灭汉显英谟。

不居凤阁调金鼎,却入云山炼玉炉。事业堪同商四老,功劳早贱管夷吾。先生此去归何处,朝入青山暮泛湖。"但是,时过境迁,该是卸磨杀驴时,朱元璋丝毫不心慈手软,以莫须有的罪名,加以了断。连这样内敛、廉洁,知进退、明事理,才华横溢的忠臣都不能放过,可见朱元璋的心理阴暗程度。

"也有学者认为,刘伯温的死与朱元璋无关,是胡惟庸擅作主张。"

"这好像说不过去。"

"朱元璋本来对服务过蒙元王朝的官员就有看法,他们在为他夺取政权和治理天下时,立下汗马功劳,比如刘伯温。但是,朱元璋仅封他为诚意伯,岁禄才二百四十石,爵禄明显低淮西集团的主要成员。"

● 怀瑜馆

—— 淮河访古行纪

● 武阳书院

"搞掉刘伯温，合乎朱元璋的本意。"

离开刘基故居，沿径而上，不一会到了武阳书院，步入山门，便见轩、堂、馆、斋等九栋建筑依山而建，错落有致，若在夏季，山泉潺潺，荷香幽幽，书声琅琅，文风郁郁。此时，却有些萧瑟。这一刘基早年读书的地方，现在成了当地人追根溯源，探古寻幽的国学场所。友人说："学校比官邸修得好，一定出人才。"

众人笑了。

其实，民间颇为刘基的遭遇鸣不平，于是开始造神，说刘基本是玉帝身前一位天神。元末明初，天下大乱，战火不断，饥荒遍地，玉皇大帝令刘基转世辅佐朱元璋，以定天下，造福苍生，并赐斩仙剑，号令四海龙王，但龙王年迈体弱，事务繁多，因此派出了自己的九个儿子。龙九子个个法力无边，神通广大。他们跟随刘基征战多年，为朱元璋打下了大明江山。这个传说流传至今。

"光怪陆离。民间，尤其在浙南的地方，与道家的文化紧密相连，搞得神秘兮兮。"

友人说："好事。把刘伯温造成神了，无疑是对朱元璋的否定。"

中世纪后期，欧洲出现的查理四世，与朱元璋是同时期人。他俩有许多相同之处，但是也有许多不同，比如家庭背景、学习经历、成长过程，直接导致他们的个性、处世方法的不同；他们所处的社会发展阶段不同，执政的历史背景和社会基础不同，采取的治世模式自然不同，历史的价值和作用也就不同了。

壹拾玖·

这年除夕，天空极为阴沉，起先飘下的不是雪而是细雨。室内温暖如春，呷酒与友人闲聊，手机抖动了几下，一位年轻的朋友发来一组在布拉格游玩时拍摄的照片，有一幅为查理大桥，一座典型的哥特式建桥艺术与巴洛克雕塑艺术完美结合的桥梁。隐约记得这座桥是德意志国王、神圣罗马帝国皇帝查理四世下令修建，横跨伏尔塔瓦河，连接布拉格老城与城堡的交通要津，始建于1357年，三年后竣工，目前仍为欧洲大陆上最古老且最长的桥梁，成了布拉格著名的景点，吸引世界各地的观光客。

友人猜测："这个欧洲中世纪后期的查理四世，恐怕与朱元璋是同时期人。"

"这有点意思。过去，我们只知道中世纪黑暗得不得了。是不是可以找来与朱元璋做个比较？看看两个不同地域产生的皇帝，有什么样的差异，和对历史的作用。"

"有意义吗？"友人反诘。

有没有意义，我一时半会说不清楚："权当作好玩，反正闲着。"望着窗外密集的冬雨，细小的水流在玻璃上游动。

于是，两人分别动手查资料、翻书和搜索网络，有趣地发现了朱元璋与查理四世竟然仅仅相差十二岁，属于同时期人大概无可非议。而且两人同为东西

● 布拉格查理大桥

——淮河访古行纪

两个大国的领袖。

"依照老祖宗天干地支的说法，1328 年为戊辰，朱元璋属龙。那么，上推十二年的 1316 年，查理四世也属龙。"友人有些兴奋。

我笑了："查理四世脑子里没有这根筋。"

朱元璋出生后的第五个年头，长期在巴黎学习和生活的查理四世已经十七岁，是法国国王腓力六世的妹婿，被父亲波希米亚（捷克）王召回，担任军队总司令，开始了随父征战巡游列国的历程。父亲双目失明后，他与父亲一起共治国家，为日后独立治国理政奠定了基础。这时，朱元璋还是淮河边一个放牛娃，无意间成了小伙伴的领头人，带领他们挣扎在贫困线上。

1346 年查理四世三十岁，父亲在战争中阵亡，他正式继承了波希米亚王位。次年，欧罗巴上空盘旋着令人恐惧的黑死病，久久不愿离去。黑死病是人类历史上极度凶险的瘟疫之一——鼠疫，黑死病是当时欧洲人的称呼。查理四世由波希米亚王顺利成为德意志国王的原因似乎与这场瘟疫有关。此前，在教皇克雷芒六世支持下，他通过收买德意志五大选帝侯，成为了德意志国王。不想，另一位从罗马贵族手中接受神圣罗马帝国皇冠的路易四世并不承认，宣誓发兵讨伐查理四世和拥护他的诸侯。然而仗还没来得及打，路易四世便在慕尼黑突然死去。这样，查理四世毫无争议地成了德意志国王。

友人捧着书本说："黑死病不仅在政治上帮助了查理四世，而且在经济上也有所获益。当时，许多欧洲人把瘟疫归罪于犹太人，迫害犹太人的浪潮席卷了欧洲，大约十多万犹太人死于非命。查理四世对这种暴行不闻不问，反而从没收犹太人的财产中得许多好处，增加了国力。黑死病帮了他个大忙。这一年，朱元璋在干嘛？"

"正在淮西漫无目地游走。"我回答。已经是二十岁大小伙子的朱元璋，饿了讨一口吃的，渴了要一口水喝，耳畔充斥着蜂拥盗起、肆掠无忌、官府无奈的消息。贫穷并没有使他变得孱弱，体内的基因使他茁壮成长，虎背熊腰，特殊的长相使他老成了许多，与实际年龄不相符合，显示出一种沉稳和魄力。

据史书记载，在欧洲游荡了六年的黑死病，于1353年来到了俄罗斯，结束了令人发指的暴虐。六年中，它夺走了2500万人的性命，约占当时欧洲人口的三分之一。朱元璋无须理会欧罗巴上空游荡的鼠疫，也无须理会欧洲大陆的查理四世，一切对他而言十分遥远。这年，身材魁梧的朱元璋已经二十六岁，不再是红巾军中的普通亲兵，他成了郭子兴的干女婿，且得到镇抚一职，能带兵打仗。

1354年，查理仿效历代罗马皇帝进军意大利，于次年在米兰接受铁王冠，在罗马正式加冕为神圣罗马帝国皇帝，史称查理四世。

窗外，冬雨渐渐转换成了飞雪。友人不以为然地说：这个帝国的皇帝其实没有多少实权，三百多个大小领主控制着实际权利，领主完全自治，拥有自己的军队、朝廷，甚至有收税的权力；又由于帝国借助教会来宣扬自己存在的神圣性，教会的重要性凸显，权力很大，干涉世俗社会，甚至凌驾皇帝之上，也有个别皇帝凭借自身能力与魅力迫使教会就范，但也是表面与暂时的行为。法国启蒙思想哲学家伏尔泰曾有评价："神圣罗马帝国既非神圣，也非罗马，更非帝国。"

"这是一个以分封为主体的松散型结合体，皇帝是邦联名义上的领袖，类似于中国的周朝的政治体制。"我解读说。

友人认同："查理四世成了皇帝时，朱元璋率领着他的士兵占领了安徽和县，成为了镇守一方的总兵官，完成了由士兵到将军的过程。将军，是他逆袭成为皇帝的重要一环。可能当时他没有意识到。"

查理四世不甘心充当有名无实的皇帝，试图通过立宪集中权力，牢固统治帝国。当时他有两种选择，可以与小诸侯、自治城市、教会联合起来打击大诸侯，建立自己的独裁统治；也可以同大诸侯联合起来共同宰割整个帝国。作风谨慎的查理四世选择了后一种方法，风险较小，操作性强。

"看来他办事讲究实际效果。"友人说。

"应该如此。"

查理四世分别于1355年和1356年，在纽伦堡和梅斯举行两次盛大的帝国议会，邀请各路封建主和众多法学专家参加，讨论制订帝国的宪法。议会明确皇帝由七大选帝侯选举产生，即科隆大主教、美因兹大主教、特里尔大主教，以及萨克森选帝侯、法尔茨选帝侯、勃兰登堡选帝侯和波希米亚选帝侯，皇位空缺时由萨克森公爵和莱茵宫廷伯爵摄政；各选帝侯拥有自己领地内的关税和铸币权、矿山开采和贩卖食盐权等（在此之前，这些权限在皇帝和选帝侯间十分模糊），禁止结盟反对选举产生的皇帝，禁止城市结盟反对、冒犯选帝侯，否则被视为叛逆罪。查理四世亲自颁布了《黄金诏书》。

专家认为《黄金诏书》进一步巩固了德意志帝国在政治形式上的统一及联合，结束了长期以来每位皇帝都企图世袭统治德国而引发的纷争。从此，皇权由权势最大，且受到其他选帝侯拥戴的家族来分享。诏书回避了教皇和教廷在皇帝选举时的作用问题，实际上剥夺了教皇的权力。

不过，《黄金诏书》亦使德意志走向了封建割据的道路，选帝侯实际上在松散的邦联框架之下，拥有了自己领地内的专制君主权力，承认诸侯在各自邦国内拥有行政、司法、关税和铸币权，规定各邦国内的市民、自由农民均属于该邦国的君主，这实际上承认了各邦国独立自主的地位。

查理四世的《黄金诏书》确立了德意志以大诸侯为政治实体的格局，这个格局一直持续到19世纪初神圣罗马帝国解体之前都没有质的变化，这是他对历史深远的影响。

在查理四世颁发《黄金诏书》的1356年，二十九岁的朱元璋大败元朝水军，

● 查理四世像

被任命为行中书省平章，成了独当一面的地方长官，指挥十万大军的统帅。三年后，被升为仪同三司江南等处行中书省左丞相，1364年已经灭掉陈友谅的朱元璋踌躇满志地在应天府（南京）自立为吴王，设立百官，架构起他的帝王梦。再经过四年的奋斗——1368年初，朱元璋称帝。十年后的1378年，查理四世因中风在布拉格去世。

查理四世通过《黄金诏书》确立了皇帝的权力，只不过相对于过去皇权得到一些实质性保障。但是，他不可能像朱元璋一样实行极权式的专制统治，权力受到选帝侯的制约，如果没有其他人的合作，查理四世不可能进行有效的统治。

确实，他俩不同的地方很多。一个自小经历了贫困和死亡，一个是波希米亚（捷克）公主和卢森堡家族约翰的长子。查理四世的父亲约翰通过联姻取得波希米亚（捷克）王位，以德意志最强大的诸侯身份，成为神圣罗马帝国皇帝的有力竞争者。查理四世七岁时与法国国王腓力六世的妹妹布朗歇结婚，18岁时开始同居，他的大舅哥是法国国王。朱元璋由赤贫而来，如果没有郭子兴这个农民军领袖当伯乐，把养女嫁与他，恐怕日后难成气候。

——淮河访古行纪

　　查理四世经历过战争，指挥过战斗，四处征战。但是，他一定没有像朱元璋那样有过兵士的经历，见过那么多伤残的官兵和血肉模糊的尸体。查理四世也见惯了权力江湖的险恶，在他初出茅庐之时，差点被政敌毒死。他还是王储时策动自己在巴黎的老师、后来当选为教皇的克雷芒六世，建立布拉格大主教区，提升波希米亚教会的地位，为他日后成为德意志国王打下基础。朱元璋由要饭和尚逆袭成为皇帝，经历的险恶、拥有的智谋一定不会低于查理四世。

　　查理四世具有学者特质，自幼受到良好的教育，保持写日记的习惯一直到三十岁，嗜好读西塞罗、但丁的著作，翻译过奥古斯丁的作品，喜欢与大学者交往。他与意大利著名诗人、文艺复兴运动的先驱之一彼得拉克保持了长期的密切的友谊，庇护、资助过意大利法学家巴尔托鲁、《论国王与皇帝的权力》的作者卢波尔德等人。朱元璋念过几天私塾，依靠自学和后来的谋士们传授学问，获取书本上的知识，更多的是在苦难磨炼中获得书本上不曾有过的知识，尤其是对底层黎民百姓的了解。

　　"他俩家庭背景、成长过程、学习经历不同，直接导致他们的个性、处世方法的不同。还有，就是他俩所处的社会发展阶段不同，执政历史背景和社会人文基础不同，采取的治世模式自然会不同。"我说。

　　"更主要的是受到政治、经济、文化的条件制约。"友人补充。

　　查理四世执政时，欧洲已经进入中世纪末期，黑暗开始消散，文艺复兴的曙光已经显露。中世纪分为前、中、后期三个阶段，"黑暗时代"一般指中世纪早、中期，欧洲国家呈现为一种松散的领土集合体，封建割据带来频繁的战争，造成科技和生产力发展停滞，人民生活在毫无希望的痛苦中，所以中世纪被称作"黑暗时代"，传统上认为这是欧洲文明史上发展比较缓慢的时期。1453年君士坦丁堡陷落，拜占庭帝国在历史的视野中消失，最终融入文艺复兴运动和大航海时代中，欧洲终结了中世纪。

湮没的帝都

"中世纪末期，欧洲的社会开始了新的变化，封建制度开始衰退，骑士阶层文化由繁荣逐渐走向低谷，神圣不可侵犯的罗马帝国和教皇的统治开始变得动摇。"我说。

出现这些状况的主要原因，是城市中的中层阶级开始发展，从物质生活到精神生活，都有了很大的飞跃，尤其是在精神方面，经院哲学所宣扬的基督教神学遭到蔑视，人们的视线从神转到了人的身上，开始发现自我和自我价值。于是，一种新的价值观和世界观给予了人类文明一段新的历史，就是文艺复兴时期，大致的历史时段为14—16世纪。

14世纪中叶爆发的瘟疫使欧洲笼罩在死亡的阴影下。但是，人们没有束手待毙，本能地抗击瘟疫，人性唤醒为文艺复兴运动的到来打下基础。新航路的开辟，1487年由葡萄牙的迪亚士开始到1522年麦哲伦的环球航行结束；16—17世纪在欧洲掀起的一场以基督教的改革为中心的宗教改革，实质上是披着宗教外衣的资产阶级性质的改革。在英国，从1343年起，国会分成了由贵族组成的上院和代表骑士、市民的下院，确立了议会君主制。与此同时，西法兰克王国演变成了法兰西王国，加强了王权；罗马教廷被迫迁往法国南部的阿维尼翁，自上而下召开三级会议（一级为高级教士，二级为贵族，三级为富裕的市民），形成了议会君主制。

在意大利，商人对西欧商业组织的发展产生重大贡献。起初，他们搞合伙制，一般由两方组成，一方是坐商，提供资本；一方是行商，押运货物，回来分配利润后即散伙。13世纪以后，意大利出现运输业，行商逐渐变成坐商。商人组织由合伙制转变为商行、公司，主体为一个家族的成员，并以该家族命名。14—15世纪意大利有两百余家公司或商行，在主要城市设立分号，远至巴黎、伦敦、布鲁日，这是近代资本主义公司的前身。

随着国际贸易的发展，货币汇兑和信贷业务也发展起来，从而促进了银行

——淮河访古行纪

业的出现，这也是意大利商人的贡献。他们发明了借贷记帐法、结算办法等。1346年热那亚成立了全欧第一家银行，最初贷款利息很高，从百分之六十到百分之百不等。佛罗伦萨的银行家曾一度代教廷征收西欧一些国家的什一税，势力之大可以想象。

在这样的背景下，查理四世的作为是什么呢？他于1348年4月7日在布拉格建立了阿尔卑斯山以北和巴黎以东的第一所大学，今天称为布拉格查理大学。初期它设立神学院、文学院、法学院和医学院，以重金聘请著名学者到学校任教，吸引了欧洲各地的学生蜂拥而至。查理大学不仅是中欧最古老的大学，也是中世纪欧洲最大的大学，在当时规模超过英国的剑桥大学与牛津大学。它不但是一种新的教育机构，而且还代表了一种新的思想，查理四世对文艺的赞助使文艺复兴运动的激情开始在德意志大地上燃烧。后来，胡斯运动和马丁·路德的宗教改革都发生在德意志，与此有着一定关系。据有的学者统计，13—14世纪间，意大利设立大学18所，法

● 圣·吉伊教堂外景

国 16 所，西班牙和葡萄牙共 15 所。至 15 世纪，几乎欧洲所有的重要城市都办起了城市学校。城市学校的兴起和发展，对处于萌芽阶段的资本主义生产方式的成长起了促进作用，构成了文艺复兴出现的基础。

在六百多年的办校过程中，查理大学培养出许多杰出的校友，数学家爱德华·切赫、物理学家恩斯特·马赫、无线电之父尼古拉·特斯拉，文学巨匠弗兰兹·卡夫卡以及米兰·昆德拉，奥匈帝国皇帝卡尔一世、捷克斯洛伐克国父托马斯·马萨里克、三次就任捷克斯洛伐克总统的爱德华·贝奈斯。至今，这所大学依然属于世界顶级大学，根据上海交通大学的世界大学学术排名，它名列世界 204 名和欧洲 100 强之列。查理四世由于其一系列开风气之先的历史功绩，在 2005 年捷克票选"最伟大的捷克人"中荣登榜首。

远在东方，朱元璋驱逐胡虏至漠北，统一中原后，以巩固自己的统治为目的地释放底层社会的生产力，让底层百姓过上耕有田、食裹腹的温饱日子，换得相对稳定，欲实现江山万代传承的梦想。他采取极权的统治方法，废除了宰相制，亲自捉刀，摧毁了皇权的制约机制，改变了自秦

● 布拉格查理大学

——淮河访古行纪

始皇起建立的中央集权的统治制度，以及明朝之前皇家与士大夫共存共制的局面。同时，他积极打击官僚、知识分子阶层，大兴文字狱、大搞特务制、恢复殉葬；对内重农抑商，限制经济发达地区的发展，对外实行严格的海禁。这些，无疑扼杀了大明帝国疆域内创新的出现，普天之下只剩得他无远弗届的极权。于是，中国与欧洲越走越远，出现了之后五百多年迟滞发展的局面，与欧洲差距逐渐拉大。即使中间有过碰撞，产生新的社会力量萌芽，但朱元璋和他的子孙以及后来的爱新觉罗家族，都把它们视为实现核心利益的障碍，扼杀了它们，使华夏民族落入孤立无援的境遇，且无可救药，只能等待涅槃。

"我想说说朱元璋办的教育。在查理四世办大学时，欧洲诞生了多所大学。大明帝国只有一所'大学'——国子监。沿袭隋唐旧制，但更糟糕。学生必须参加科举，'八股'取士，成为读书人的晋升之阶。"

"朱元璋说过治国之要，教化为先，教化之道，学校为本。可见他对教育的重视。"友人补充道。

"这可能与刘伯温临终遗言强调道德感化有关。"我说。

友人并不完全认同。认为刘基的道德感化，针对朱元璋实行的严苛刑罚而言，并没有把道德感化的责任一古脑儿地归入学校。"如果，学校的根本只是一味强调它的教化作用。那么，它只能沦落为那个时代的统治工具。"

朱元璋统治的时期，全国的教育机构分为三级，村、里级的启蒙组织社学，起先为官办后改为民间自办；到了府、州、县学，皆为官办；中央一级便是国子学这一所"大学"。

朱元璋执政时，国子学改为国子监。吏部任免国子监的祭酒、掌馔等人员，祭酒是主要负责人，总揽一切事务，要整饬威仪，严立规矩，表率属义官，模范后进。属官赴堂禀议事务，质问经史，皆须拱立听受，不得坐列，正官亦不得要求虚誉，辄自起身，有紊礼制。祭酒和其他同僚，是长官和属僚的关系，相当于校长。但是，这个校长没有聘任教员的权力，教员都由部派任。品位不高的监丞，参领监事，凡教员怠于师训，学生有乖规则，课业不精，廪膳不洁，并从纠举。务要夙夜尽公，严行约束，毋得徇情，以致废弛。不但管学生规矩课业，还兼管教员教课成绩，办公的地方叫绳愆厅，不仅有办公桌椅，还设有行扑红凳二条，配备二名皂隶，刑具是竹篦，皂隶为行刑人，红凳系让学生伏着挨打用的。祭酒同时也是教员，和博士、助教、学正、学录等官，职专教诲，务在严立课程，用心讲解，以臻成效。如或怠惰，不能自立，以致学生有逾规矩者，举觉到官，各有责罚。换一句话说，教员如不能使学生循规蹈矩，遭遇到的不是解聘，而是严重的刑事处分。

学校的教职员全是官吏。学生呢？来源有两类，一类是官生，一类是民生。官生又分两等，一等是品官子弟，一等是土司子弟和海外学生（留学生）。官生由皇帝指派分配，出自特恩；民生由各地地方官保送。官生入学的目的，为了"皇子将有天下国家之贵，功臣子弟将有职任之寄"。皇子在内府大本堂，功臣子弟入国子监。教之道，以正心为本，学的是如何统治的"实学"，不必像文士那样记诵辞章。洪武十六年（1383）文渊阁大学士宋讷任国子监祭酒，朱元璋特派太师韩国公李善长、礼部尚书任昂和谏院、翰林院等官员到国子监，举行特别考试，考定教师学生高下，分别班次。又以公侯子弟在学读书时不服教员训诲，特派重臣曹国公李文忠兼领国子监事，大将军做最高长官，扑罚违教的官生，整顿学风。日本、琉球、暹罗诸国学生，琉球学生来得最多。

朱元璋建立国子监的目的之一，是为了教育贵族官僚子弟，辅佐自己的下一代执政。但是，到了后来，官生数量一年比一年少，和民生的比例从二比一到一比二千零三十，主体变为附庸，完全失去立学的初衷。原因是公侯子弟成年的袭爵任官，不必入学，未成年的入学得经圣旨特派，纨绔少年，束发受经，不过虚应故事，爵位官职原来不靠书本辞章。那么，除非皇帝特命，又何必入学。又由于胡惟庸党案发生后，功臣宿将，连年被杀，到朱元璋统治后期，除汤和、耿炳文、李景隆、徐辉祖几家以外，其余的差不多杀净了。功臣本人被杀，子弟自然不能入学。朱元璋统治初期，官僚子弟的入学仅限一百名，以后实施极为严格，非奉特旨，不能入学，人数自然不可能太多。而且，大官子弟自有荫官一途，用不着走国子监这条路。这样，国子监就自然而然演变为专门训练民生做官的衙门了。

洪武二十六年（1393）监生人数突增，原因为有新的政治任务，人手不够，特别扩大保送生。民生的来源，分贡监、举监两类。国子监的学生通称监生。贡监出于岁贡，依照历史惯例，地方官有贡"士"于朝廷的义务。学生入监，主持选送的是府州县官、按察司官、本学教官；入学考试由翰林院官员主持。

国子监坐堂监生最多的时期，将近万人，校舍规模庞大，校址左有龙舟山，右有鸡鸣山，北有玄武湖，南有珍珠河。监生穿的校服，由朱元璋钦定，用玉色绢布，宽袖皂缘，皂绦软巾，叫作襕衫。

朱元璋把培养官僚的全部责任寄托于国子监，授权教官用刑法清除所有不服从不听调度的学生。比如，毁辱师长的含义非常广泛，语言、行动、思想、文学上的不同意，以至批评，都可任意解释。被指控的学生不能进行辩解。至于生事告讦，更可随便运用，凡是不遵从学规的，不满意现状的，要求改进某方面教学或生活的学生，都可以用生事告讦的罪名判决、执行。学校办到了严酷的程度，监生走投无路，经常有人被强制饿死，或者自杀而死。死后连死尸也不肯放过，一定要当面验明，才准入殓。"诫诸生守讷学规，违者罪至死"（《明史·宋讷传》）成了办学的方针。有人反对这样的行径，向朱元璋提出控诉。朱元璋不理会，反而杀了这些控诉者，还把所谓的罪状张贴在国子监门前，写在《大诰》里头。从此，再也没有人敢替饿死、缢死的学生说话。

洪武二十七年（1394），监生赵麟受不了虐待，出壁报提出抗议，学校以毁辱师长的罪名，依照学规杖一百充军。为了杀一儆百，朱元璋法外用刑，把赵麟杀了，并且在国子监前立一长竿，枭首示众。之后，又颁发《赵麟诽谤册》和《警愚辅教》给众生阅读。洪武三十年（1397）七月，召集祭酒、教官、学生二千余人，在奉天门当面训话。

明代地方学校的建立，始于朱元璋执政的第二年。朱元璋认为元代学校，名存实亡，战争以来，人习于战斗，唯知干戈，莫识俎豆。他常说治国之要，教化为先，教化之道，学校为本。如今京师已有国子监，而地方学校尚未兴办，面谕中书省臣，诏令府州县设立学校，礼延师儒，教授生徒，讲论圣道。于是各地大设学校，府设教授，州设学正，县设教谕各一，训导府四州三县二，生员府学四十人，州三十人，县二十人。师生月廪米人六斗，地方官府供给鱼肉。此外，入学生员均免其差徭二丁。在学专治一经，以礼乐射御书数，设科分教。[①]

管理地方学校情形，完全和国子监一致。朱元璋执政的第十五年，颁发禁例十二条于全国学校，镌立卧碑，置于明伦堂之左，其不遵者，以违制论。

除地方学校之外，朱元璋执政的第八年，下令地方设立乡村小学——社学，延师儒以教民间子弟。府州县学和社学都以《御制大诰》和《律令》作为主要必修科。据说，村、里级的启蒙组织社学，人数超过之前的任何一个王朝。

从国子监到社学，必读的书，必考的书，朱元璋亲自撰写或审定的教材，以帝王之威，用减刑充军，利诱威胁，命令老百姓读他的"宝书"，命令学生熟读讲解他的"宝书"，统一天下的思想。

教育成了朱元璋实现自己的政治理想和核心利益的重要手段，这个没有受过多少教育的大帝，甚至比受过更多教育的罗马帝国皇帝查理四世，更懂得教育与江山的关系。江山永在，必须通过教育灌输自己的思想、理念、法律和道

---

① 参见清龙文彬《明会要》卷二十五《学校上·府州县学》，北京：中华书局，1956年版，第408—411页。

德要求。

"这样学校，培养不出人才，只能养成奴才和顺民。"友人愤愤不平。

"这符合朱元璋以及他的继承者的逻辑。却摧残几代甚至几十代中国人，使我们民族失去了创新能力。"

友人说："个个都成他家坟墓前的文臣。"

"我隐隐约约觉得，历史上出现朱元璋是民族所幸，更是民族的大不幸。从长远来看应该是大不幸。"

"话题太沉重了。"友人表示。

后来，我们又聊起两位皇帝的故乡建设，布拉格与凤阳。友人照本宣科，有点现炒现卖的味道："查理从小就下决心把布拉格建成大都会，周游列国后更丰富了自己的构想。他登上王位后，下令在布拉格建造新城，亲自参与布拉格的城市规划，修建塔楼、城墙等，来自意大利和法国的建筑师及工匠们如潮水般涌入布拉格。"

查理四世建造各式各样华丽、优美的建筑，修建伏尔塔瓦河上著名的查理大桥；显赫的圣维特主教堂，它在中欧首先采用了宏伟的哥特式，室内装饰采用了独立的艺术风格，称为波希米亚学派。还在布拉格附近兴建了卡尔斯腾堡。

不仅注重城市建设，查理四世还鼓励生产和贸易，使波希米亚走向富裕。布拉格迅速崛起，一跃成为帝国的政治、经济和文化中心，繁荣的欧洲中心城市。直到后来改朝换代，哈布斯堡朝复辟后的1500年，布拉格仍是帝国最大城市之一，人口达七万之众，而哈布斯堡朝的帝国首都维也纳，仅在帝国各城市中排第十六位，人口两万多。

查理四世做法实际上含有政治目的，他希望布拉格成为帝国境内最为辉煌的城市，与帝国首都的地位匹配，成为神圣罗马帝国的核心，国际大都市，使波希米亚的利益在帝国的各项政策中均占领导地位。

湮没的帝都

● 布拉格街景

——淮河访古行纪

我想到朱元璋对凤阳地区大量的移民，人数是七万之众的数倍，过程且充满血腥；还有巨数的劳工努力在中都建设的工地上，有的毙命于此。那六年，举国财力、物力之大部用于建设中都。可惜，一切付之东流。他在位时，亲自下令开始拆移中都的建筑，由此，中都逐渐走向衰败。于是，对友人说了这层意思，友人没有表示。

沉默了许久，窗外大雪漫天飘舞。冬天之后是春天，但是人们毕竟要经受冬天严寒的折磨……

近年来，中国赴捷克旅游人数持续增长，大批游客来到布拉格。据说，明中都已经列入国家遗址公园项目，凤阳也在打造旅游城市，需要注入巨额的资金。

● 俯瞰查理大桥

　　朱元璋的移民政策并非以促进经济走出低谷为根本目标，本源上是出于维护自身极权统治的需要。所谓的恢复、拓展耕地，促进淮河中游地区的经济、文化的发展只是一种表象，如果生产第一要素的人缺乏积极性，经济效能必然低下且勉强供于温饱，而文化的创造力丧失殆尽。

　　可以说，元末明初对苏（州）松（江）太（仓）地区的人力资源的再配置，政治意义远远超过了经济意义。

贰拾．

坐上高铁去蚌埠,已经是春风送暖、万物复苏的时节。从那儿再去凤阳,只有短短十几分钟的车程。高铁开得飞快,掠过一片连着一片的楼房,沿途很少有农田映入眼帘,乡村田园的景色已不复再现。这是城市化进程的必然,田园牧歌成了惆怅之后的叹息。

友人望着窗外说:"当年,朱元璋仇视这里的人,尤其是那些有钱有文化的,大肆打击,导致大量人员被迫流放,课税天下第一。"我明白,他指的是元末明初朱元璋大规模迁移苏淞常地区的富户到凤阳以及淮河中游地区定居,对这片地土实施高额征收税赋和海禁的政策。

"你说,那些迁徙出去的人,走的路径与我们一样吗?"我问。

友人悠然地表示,如果走陆路,在江南的行进路线大致差不离。过了南京,恐怕由滁州直奔去了凤阳,不会绕道蚌埠。这样,节省路程。当然,也不排斥从水路到凤阳,那恐怕要经过蚌埠。不过,那时蚌埠是个小村落,近代铁路的兴起才有它现在的雏形。

高铁奔驰在苏锡平原上,历史上的苏州地域包括现在除崇明以外的上海和嘉兴。南宋初年,民间就有"苏常熟,天下足"的说法,全国主要的粮食生产基地,丰产可以确保南宋的粮食供应,经济地位居全国之首。元灭南宋时,江南未发生多少战事,入元后依然是全国经济的重镇。随着棉花种植和棉纺织业的崛起,松江府逐渐成为棉布的主要产地,以至有"衣被天下"之称。而且,这片土地面临一段绵长的海岸线,海产品和对外贸易丰富了当地人的生活。

"朱元璋为什么要这样做?"友人问。

"稳固政权呗。"

这一带曾是张士诚的大本营,张士诚在这片土地上经营了十年之久。盐贩子出身的他没什么雄才大略,但是对乡村大户、知识分子颇为友善,具有一定的影响力。朱张大战时,朱元璋久攻不下苏州城可见军民的齐心协力,后来张

——淮河访古行纪

士诚被俘至应天府自缢,苏州民间暗地里纪念不绝。朱元璋意识到,这一地区经济发达、人文思想丰富,不利于统治。打击、限制它的发展,由经济而及文化,使其不再形成反抗的基础。于是,他一手把那些大户赶出原居住地,让他们失去抱团成势的客观条件;另一手便是征收高额的税,让生活在这片土地上的人没有更多的铜钿留在手里,丧失经济能力,无力反抗。这个地区的富户、文人被迫迁至三百多公里外的淮河中游,客观上失去了耕地所有权,以致这一地区破天荒地出现大量土地被抛荒的局面,经济遭到重创。所以,后来苏州府太仓竟实施了"见丁授田一十六亩"的土地再分配的政策。

陈梧桐与彭勇合著的《明史十讲》中说:"明太祖采取一些抑制豪强的措施。豪强地主占有大量土地,在乡里横行霸道,并隐瞒丁口和土地,向农民转嫁赋役负担,是造成社会动乱的一个祸根。当时的江南是经济最发达的地区,豪强地主的势力也最为强大。明朝建立前后,朱元璋几次下令将依附于陈友谅、张士诚、方国珍的江南豪强和元朝孤臣孽子迁到凤阳。他还下令把江南一些富户迁到南京。"[①]如果,仅仅用官方修订的"正史",冠以这部分人为"乡里横行霸道,并隐瞒丁口和土地,向农民转嫁赋役负担"的豪强恶霸,恐怕以偏概全,根本的是这批富户、文人,在朱元璋心目中是敌对势力,构成天下不太平的根源。

朱元璋重点打击的江南富户,明方孝孺在《逊志斋集》卷二十二《采苓子郑处士墓碣》说:"当是时,浙东、西巨室故家,多以罪倾其宗。"松江人朱孟闻"家饶于赀",洪武初则"徙居濠梁"(明郑真《荥阳外史集·乐胜云间记》);"大姓谢伯理氏,繇云间(松江)徙临淮之东园"(明贝琼《清江文集·中都稿·归耕处记》),而且当时的强迫遣送,似乎无须什么罪名和理由,

---

①陈梧桐、彭勇《明史十讲》第一讲《洪永熙宣盛世(上):洪武开基》,北京:中华书局,2018年版。

湮没的帝都

只要家中有钱就有可能成为打击对象。清人杨复吉在《梦阑琐笔》中，谈及明初松江的流放："岂独（华亭）路氏，就松属若曹、瞿、吕、陶、金、倪诸家，非有叛逆反乱谋也，徒以拥厚资而罹极祸，覆宗湛族，三世不宥。"松江拥有雄厚财产的家族，在明初无一例外地遭受朱元璋的惩罚，牵连甚至延续几代人。

朱元璋还将所有直接或间接曾与张士诚有往来的江南文人押解到金陵，后又发配濠州。杨基、徐贲、余尧臣等曾经在张士诚政权任职的文人被遣送濠州，后虽被起用，但很少有善终：徐贲下狱死；杨基被谗夺官，死于公所。明初，缙绅士大夫"谪居临淮"成了普遍现象。"杭、湖、嘉兴、松江等府官吏家属，以及郡流寓之人，凡二十余万并元宗室神保大王黑汉等皆送建康（南京）"（《明太祖实录》卷之二十五）。

昆山人顾德辉，一名瑛，又名阿瑛，号金粟道人。早年经商致富，而立之年折节向学。轻财好义，善结宾客，筑别业曰玉山佳处，与客赋诗其中。著有《玉山璞稿》《玉山逸稿》，编有《草堂雅集》《玉山胜集》等。洪武元年（1368），顾德辉一家被迫迁徙临濠，越年便在贫困和屈辱中死去，时年不足六十岁。迁徙途中，他在《登虎丘有感》诗二首之一里悲戚地写道："柳条折尽尚东风，杼轴人家户户空。只有虎丘山色好，不堪又在客愁中。"

徙置凤阳的江南士人的生活十分凄惨，郑真在《荥阳外史集·东涧草堂记》中，描绘松江文人夏文彦在凤阳的境况时曾说，"松江夏氏士良，系名谪籍，得而乐之，构草堂以居，耕田饭牛，温饱仅足"。贝琼在《清江文集·中都稿·沧州一曲志》中写道："洪武六年，余起为国子助教，越二年又奉命分教中都。"他在凤阳度过了生命的最后四年，对迁入此地的文人的生活状况较为了解，《中都稿》中有大量凤阳情状的描述，"冻馁疾殁，不可胜数"，恶劣的生存环境更加深了人们对故乡的思念。管讷在《蚓窍集》卷六《送兄勉翁自凤阳回淞》写道："把酒灯前醉夏倾，别离无限异乡情。一身千里久为客，百岁几时长见

——淮河访古行纪

兄。春雨园庐青草遍，暮云丘陇紫芝生。白头遂我东辕日，数亩圭田得耦耕。"董纪《贺张季自临濠还乡》诗云："十年淮甸叹离居，喜得归来有敝庐。衣裂去时慈母线，囊留别后故人书。四邻访旧多为鬼，三径开荒半是墟。且把钓竿重整

● [元] 顾德辉《登虎丘有感》

理，江南还有四鳃鱼。"谢应芳在《考妣祝文》中说："伏念某儿子木，屯田临濠，如落陷阱。"

我问友人："你还记得朱元璋在鼓楼上留下的四个大字吗？"

"当然。'万世根本'。"

"这个根本里应该包含着人、人性和人民。如果没有，一味强调紧握政权不放手，朱姓王朝注定没有了万世。大迁徙，应该是人的自觉行为，一旦演绎成强迫，便带着眼泪和血腥。"我说。

"帝王总是在今生与万世之间游走，寻找一种平衡。朱元璋似乎走偏了。"友人自言自语地说。

朱元璋清查全国户口、建立了严格的户籍制度。同时，《大明律》规定：如有逃户，依律问罪。这样，把移民牢牢地拴在这片土地上。但是，移民的逃跑几乎天天在上演，尤其碰到自然灾害时。但是，更多的移民在抗争中屈服了强权，在淮河中游两岸贫瘠和自然灾害频发的土地上繁衍生息，煞是艰难。

那些富户、文人迁出原居住地，造成江南经济、文化毁灭性的崩溃，却有效地铲除了对新生王朝可能存在的威胁。同时征收高额的税，让生活在这片土地上的人们没有更多的资金留存在自己的手里，失去经济能力，无力形成反抗势力，客观上起到了迫使他们离开故土的作用。

朱元璋对这一地区实行惩罚性赋税政策，明谢肇淛《五杂俎·地部》曰："三吴赋税之重甲于天下，一县可敌江北一大郡，破家之身者往往有之。"洪武年间苏松常地区的赋税，约占全国的六分之一，仅松江一府约合浙江赋税的一半。重赋造成百姓流离失所，被迫接受朱元璋的配置。同时，严厉的海禁使这一地区的沿海居民失去生活来源。朱元璋彻底消除这一地区危害统治的力量存在。明末清初思想家顾炎武在《日知录》卷十"苏松二府田赋之重"条有统计说："考洪武中，天下夏税秋粮以石计者，总二千九百四十三万余，而浙江布政司二百七十五万二千余，苏州府二百八十万九千余，松江府一百二十万九千余，常州府五十五万二千余。是此一藩三府之地，其田租比天下为重，其粮额比天下为多。"

巨额的赋税给百姓套上了沉重的枷锁，直接导致"苏、松二府之民则因赋重而流移失所者多矣"的局面出现。其后还有这样的记载："至洪武以来，一府税粮共一百二十余万石，租既太重，民不能堪，于是皇上怜民重困，屡降德音，将天下系官田地粮额递减三分、二分外，松江一府税粮尚不下一百二万九千余石。愚历观往古，自有田税以来，未有若是之重者也。以农夫蚕妇冻而织、馁而耕，供税不足，则卖儿鬻女。又不足，然后不得已而逃。"

——淮河访古行纪

清末民初曹允源辑《吴县志》中记载，明初曾有官员对不堪重负荷的百姓表示同情，上疏给朱元璋"请减重额"。朱元璋不仅拒谏，甚至罗织罪名，将上疏官员"赐死"。洪武初，朱元璋赐死倡议者苏州知府金炯，罢免户部尚书滕德懋，且因此严禁苏、松人士任户部官员。

友人说："充满血腥味的移民和毫无人性的税赋政策，严重摧残了江南经济和文化。"

"从这些做法中就可以看出，朱元璋本源上是为维护自身专制统治的需要，而并非以恢复耕地，促进经济走出低谷为真正目的。如果以恢复经济为终极目标，朱元璋会有其他更完善的方法进行人力资源的配置，达到经济提升的目的。"我认为。

"但是，我们不应该忽视，朱元璋的移民政策有他的客观需要。"朋友说。

的确，历史上黄河决堤通过泗水进入淮河，淮河水系遭到破坏，中下游地区出现连续的灾害；又由于抗元的兴起，许多人口随着征战的大军离开故土走向全国，淮河中游尤其是凤阳地区出现了人烟稀少、土地荒芜、百姓生活极端贫穷的局面。至正二十六年（1366）四月，朱元璋回到故乡，心情沉重，对中书省臣说："吾往濠州，所经州县，见百姓稀少，田野荒芜，由兵兴以来，人民死亡，或流徙他郡，不得以归乡里，骨肉离散，生业荡尽，此辈宁无怨嗟？怨嗟之起，皆是以伤和气。尔中书其命有司，遍加体访，俾之各还乡土，仍复旧业，以逐生息，庶几斯民不至失所。"（《明太祖实录》卷之二十）在这些地区，税源几近枯竭，陷入"租税无所从出""积年逋赋"的困境。洪武二年（1369）九月，朱元璋确定凤阳为中都。中都的建设，不可能在荒芜中进行，它需要人，这一生产力的第一要素。这些客观因素，决定了朱元璋必须实行移民政策。他诏令从全国各地向凤阳移民，其民族有汉、回、蒙古、瑶等，人员成分贫民、富民、文人、军士、罪官、罪民等，总数约五十五万（包括军卫人数约三十万），其中洪武七年（1374）一次移江南民达十四万，再加上正统年间的后北方流民流入凤阳府，移民人数占总人口的百分之八十。

  在我国移民史上，大规模的移民一般由北方向南方迁徙。元末明初出现了江浙人口向淮河流域迁徙的现象。据统计，当时江南移民的数量高达十六万人，苏（州）松（江）太（仓）地区首当其冲。中都罢建后，朱元璋把南京作为主要的人力资源导入地，洪武十三年（1380），取苏、浙等地四五千余户富民，填实南京，洪武二十四年（1391），徙天下富民五千三百户以壮京畿。①

  人力资源再配置的实现，成为耕地增加的主要原因。同时，应该看到朱元璋的其他相关政策一定程度上促进耕地的恢复。比如，战争中被抛荒的耕地，已被他人耕垦成熟的，就成为耕垦者的产业，"其田主还乡，仰有司于附近荒田内验数拨付耕作"。洪武三年（1370），朱元璋下令将北方州县近城的荒地分给无田的乡民耕种，"户率十五亩，又给地二亩与之种蔬，有余力者不限顷亩，皆免三年租税"（《明太祖实录》卷之五十三）。这一政策在苏州府太仓也得到实施"见丁授田一十六亩"。后来，还规定陕西、河南、山东、北平等布政司及凤阳、淮安、扬州、庐州等府，允许农民尽力垦荒，官府不得征税。洪武二十八年（1395），明朝政府又颁发法令："凡民间开垦荒田，从其自首。首实，三年后官为收科。"（《明会典·田土》）虽然取消原先永不起科的规定，但农民还是取得了合法的土地所有权。上述法令的推行，使许多农民获得小块耕地，成为自耕农，拥有扩大再生产的能力，比佃农经济具有更大适应性和灵活性。

  这些相关政策的出台和提倡"安民为本""藏富于民"的主张，实行休养生息，与恢复和发展生产有着紧密的联系。由于明朝政府无法在这些地区实现

---

① 参见缪荃孙《江苏省通志稿大事志》第二十卷至第二十二卷《明洪武》（一至三），http://www.guoxuedashi.com/.

税收，迫切需要实行开垦荒田、授田男丁，推行屯田、水利，提高农民的生产积极性、鼓励农业生产，出现人口增加、耕地增加的局面。

应该看到大规模的人力资源再配置和相关的一系列政策出台，给凤阳、南京地区带来的是耕地扩大，比如凤阳，据王其榘在《明初全国土田面积考》一文中说："凤阳府田赋，大总原额田地并溢额及清出田地共有十九万八千六百五十五顷余，今实在成熟田地共十四万九千八百零二顷。"他运用的数据出自康熙二十四年（1685）《凤阳府志》卷二和《建置沿革》卷十《田赋》。洪武二十六年（1393）凤阳有四十一万顷耕地，到清康熙时仅剩十五万顷左右。

就全国的耕地而言，洪武十四年（1381）到二十四年（1391）间，增加了二十万七千零三十一顷余。据《宋史·食货志》的记载，北宋时期最高的耕地数是在宋真宗天禧五年（1021），当时全国耕地总数为五百二十四万七千五百八十四顷。《元史》不记载全国土耕地数，无从比较。据王其榘考证，明初耕地数是四百五十万顷，这是对当时实际耕地的最高估计（不包括军屯和南都牧马草场以及那些永不起科的土田数字在内）。①

显而易见，由于元末明初的连年战争和自然灾害，耕地锐减，明初在朱元璋的大规模的人力资源再配置和一系列扶持政策出台后，有效地促进了耕地的恢复，虽然没有达到历史的峰值，但是也出现耕地增长迅速，对经济发展起到一定积极的作用，同时，也有效稳定了朱元璋的极权统治。

高铁过了长江，离蚌埠就不远了。车窗外农田连片，还有远处的农舍，乡村的况味油然升起。

我说："似乎还是少了些什么，比如炊烟。"友人说："算了吧，这里的

---

① 参见王其榘《明初全国土田面积考》，《历史研究》，1981年04期。

农户已不烧柴禾、秸秆了。"我无言以对。

话题回到先前，友人问我怎么看待朱元璋的对苏（州）松（江）太（仓）地区实行的一系列政策。我回答："就一定程度而言，有利于恢复、拓展了淮河中游地区的耕地，促进这一个地区的经济、文化的发展。但这只是一种表象，耕地的扩大，并非意味着产能的提高，如果生产第一要素的人缺乏积极性，产能势必低下，大致勉强供给自身温饱，产生的经济效益不会高，文化的创造更无从谈起。你想想，强迫迁来的人口能有多少生产能动性？"

友人说："这些做法，一定程度上促进了不同地区发展上的平衡，是牺牲个体或小群体利益，实现国家整体进步和发展的战略部署。"

"谬也。"我回答。以儒学为主体的传统文化长期倡导的价值观以牺牲个体或局部群体利益而服从于人群利益，这种价值观左右了中国社会二千多年，在帝王极权的历史时期，这样的道德与价值观往往直接服务于帝王和依附于帝王的小集团，或者说，在强调所谓的群体利益时，直接满足了帝王和他主导的小团体的利益。元末明初江南的人力资源再配置政策，最后的结果是朱元璋成了大赢家，这个赢在于他的政治目的实现，在经济上的意义并不显著。所谓的地区发展平衡和人口导入地区的经济繁荣，只是一种假象，隐藏的是帝王的政治目的和核心价值。

"在淮河泛滥不解决的前提下，单纯的人口导入，根本上解决不了淮河流域的贫困；中都的罢建又使这片土地失去了一次发展的机会，无数的被配置过去的人力资源，发挥着低效能，继续着贫困。"我以为，淮河中游与江南经济发达地区之间，经人为的配置，在某一个历史时期出现相对的发展平衡，这是以原本繁荣地区的倒退、崩溃和贫困地区的有限增长为代价而形成的不可持续性的局面，实际上它们之间的绝对差距依然存在，这是自然地理位置、人文精神、生产技能等众多因素所致，并非简单的人力资源再配置可以解决。另则，

——淮河访古行纪

一个经济繁荣、文化发达的地区，孕育的创新能力显而易见，而它的衰弱甚至倒退，阻碍了创新能力的形成，继而使一个地区乃至一个国家陷入迟滞发展的怪胎中。可以说，

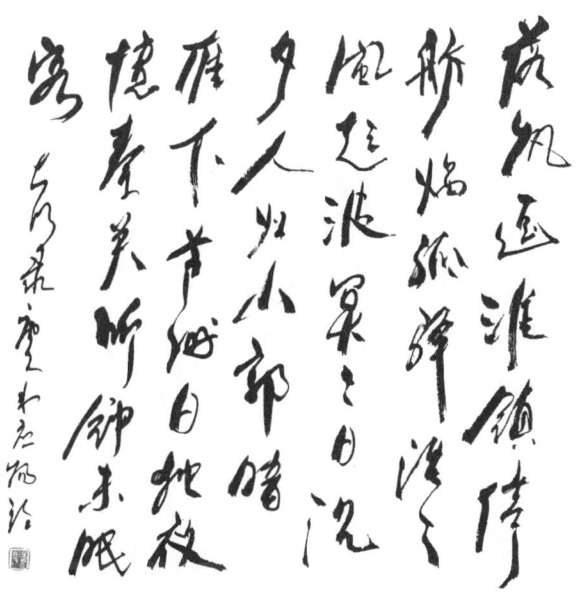

● [唐] 韦应物《夕次盱眙县》

朱元璋在元末明初对苏（州）松（江）太（仓）地区的人力资源的再配置，政治意义远远超过了经济意义。

这时郑夏来电话，问我们到了哪里。相告后，他说已和西泉镇联系过了，那边会安排好。他因其他公务不能陪同前往。这样，汽车就不必进凤阳县城，直接奔着镇上去了。

那里有两座祠堂，经过长久破败之后已经得到修缮。友人说："祠堂在淮河边颇为稀罕，现存不多，不像在浙闽粤一些乡村，移步可见。"

我想这也许与频繁的战争、自然灾害有关，又或人们忙着应对战乱和自然灾害，几乎没有更多的空暇去回忆先人。

来到简朴的镇政府院子，正有农民高声与什么人在吵嚷，知道我们要来的镇干部跑来说不能陪了，有突发情况。他嘟哝了一个句，好像说干乡镇的就是这个样，突发事不少。原来，有一户农民因为动迁的事找政府来理论，闹得动静大了些。

友人说："乡镇经常会碰到突发情况，不好干。"

好在镇里已安排了人员领着去考城，车子驾轻就熟地停在老街口，一行人踩青石铺就的古老街道，走着去探访张氏的后人。张氏后人的宅子紧挨着小巷，门敞开着，一老人与一中年壮汉正在门口迎着。老人指着身旁的壮汉说，知道你们来，让村主任从上海赶回来了。张姓村主任是他本家后辈，笑着说："现在，从上海回家一趟也快。"

"在上海做什么呢？"友人问。

"也就做些生意。两头跑。"村主任回答。友人没有继续追问。

进入张宅，家什不多，给人空荡荡的感觉，左侧靠墙摆放着长条椅，上方挂着一些条幅和横匾，显得与别家有所不同。

老人说，自家一向重视文化教育，出了不少读书人，现在还有在北京搞高科技的，是个领军人物，家族的荣光。老人一直在这里生活，曾经担任过乡村教师，口音有点难懂，细细辨别还是能听出他的与众不同。

"张氏原籍在浙江金华兰溪。洪武初年，迁往定远炉桥，传至六世祖张智义，于明嘉靖年间迁到此处，六世祖被尊为始迁祖。"老人说。

"祖上怎么搬来的，可有说法？"我问。

"都过去这么多年了，没人说起。只是听说，老祖宗在南边有不少水田。"

史料显示，朱元璋当年从浙江向自己的老家一带进行移民，浙江是他另外一个对头方国珍的地盘。方虽然后来投降了朱元璋，得了个虚位，客死南京；但是，方国珍影响力在当地还在。朱元璋认为这将影响朱氏政权的统治，铲除

——淮河访古行纪

● 张氏宗祠

地方势力,是他必须做的功课。

张氏一位叫张晓钟的后人在其新浪博客《凤阳考城张氏由来考略》中说,炉桥营里张村的徐老太君墓志铭上写道:"公元1368年前元明战争,定(远)、凤(阳)惨遭战伤,尸横遍野,人烟稀少。洪武四年,国家命令迁移士农工商,始祖张兴携妻带子,背井离乡,跋山涉水,夷然北上。由浙江兰溪竹林村,押赴临北炉桥东定居,村取名'营里张'。始祖志强,为子孙造福。"继而叙述,洪武时人胡干,在浙江人吴季可的墓志铭中提到了这次移民。吴氏为浙江兰溪人:"洪武八年春,有旨遣贫民无田者至中都凤阳养之。遣之者不以道,械系相疾视,皆有难色。独公所遣,掉臂走道上。公且戒其子,宜体上德意,无以私废义。公临事有为,类多如此。"

依此,我告诉老人:"当年的移民,相当的残酷和血腥。"

老人说:"那就不晓得了。"

● 与张氏后人交谈

继续聊了一会，老人与村主任领着我和友人去不远处的祠堂。张氏六世祖在明朝嘉靖年间（1522—1566）移居此地，在这里修建祠堂，经道光十九年（1839）、光绪元年（1875）两次续建，颇具规模，《重修祠堂碑记》用了"甚为壮观"的文句。由于后来的战争和人为的破坏，祠堂损坏严重，即便这样，它依然是淮河中段保存比较完整的祠堂，得益于这里办过乡村小学堂。现在仅为一进的祠堂，系2011年重修后的模样。

在院子里仔细读完重修碑记，跨入厅堂，映入眼帘的是"百忍堂"三个大字。我问身边的老人："是留下的老名儿？"

"自然。"老人说："这名儿好，张姓是外来户，要忍；另则，也是告诉后人，做人要忍。"

"忍字头上一把刀呀。"友人说。

——淮河访古行纪

村主任极有感触地说:"不忍办不了大事,尤其出门在外。老祖宗是有道理的。"

几个边聊边移步来到临近的王氏宗祠……

到达县城已是傍晚时分,晚上的餐会已预定,由我请郑夏等凤阳的朋友一块聚一聚。他们大部分住在老城区,来我的住地交通不便。于是,友人便重新安排在县委老招待所门口一个不大的酒馆里。

老城区还是蛮热闹的,街上熙熙攘攘。

上了酒楼,顾客稀少,空空荡荡,只有我们的包房热闹。座中大都是熟人,郑夏正调侃坐在近旁的一位当地作家,说像某某著名作家。这位作家显然挺开心。他新近在省文艺社出版了一本长篇小说,次日要去蚌埠开新书研讨会。我们也是熟人,之前到凤阳,好几次他都在场。于是问:"你写的是本地故事,又在本地任职,研讨会咋放到蚌埠呢?"他没有吭声。

郑夏说,作家主持的县作协和刊物都挂在了其他机构下面,本事极大。他回答:"无奈,无奈。"

在座的只有一位满头留有长长的银发,笑容可掬的老者不曾谋过面。郑夏介绍,是本地有名的文史专家,对凤阳故实了如指掌。

● 百忍堂

> 文物衣冠尽入秦，
> 六朝繁盛忽尘埃。
> 自从淮水干枯后，
> 不见王家更有人。

[唐] 孙元晏《陈·淮水》

—— 淮河访古行纪

"他到过所有的村镇,凤阳首屈一指的专家。"友人说读过他的书有印象。

银发老者脸上浮出谦逊的笑容,一味说自己钟爱地名志研究。见我由上海而来,便说自己的女儿女婿在上海工作,女婿还在一所著名大学担任学科带头人。聊了一下上海的事情,说起凤阳的地名,自然讲到考城的祠堂。银发老者告诉我:"凤阳原本还有柳氏、胡氏、汤氏宗祠五六处,现在已不复存在。你们去过张氏宗祠,过去有门楼、大殿、寝殿三进,现如今只是原来的三分之一。张氏到了清朝嘉庆年间,出了个叫张敦厚的人,是钦点的翰林院检讨。官不大,从七品,但学问不小。"

我发现银发老者的手时不时地会微微颤动,又不好问明原委,回应说:"明清时,翰林院检讨常以三甲进士出身的庶吉士担任,那必须得有学问。一般而言,还应该有诗文集吧?"

"对这个人,了解不多。有文集也未必存世。"银发老者回答,"它一旁有王氏宗祠。王氏一族在乾隆年间出过武进士,官至浙江总兵。近代又出了文人叫王传夑,工书法、解音律,有《庄子发微》《中国大旅行记》等著作,另加十余种小说。这个人,曾去日本留学,因身体病弱回国,后死在上海。回考城安葬。"

"王氏是朱元璋建中都时,从苏州吴县宝带桥迁徙过来的,那可是出了名的鱼米之乡,富甲之地。"

"不错。"银发老者说,"他们祖上六百多年前到了这里,祠堂是乾隆三十年(1765年)建造,清代风格。当时,也为三进,每进面宽差不多都在十米左右。"

"多半为家族出了总兵后的产物。"我说。

"那总兵一定拿了不少钱,给盖的。"友人插话。

这时,厨房出菜了,上酒。于是,大家伙儿喝上了。我赶紧吃锅仔里的羊肉，垫饥好喝酒。银发老者喝了几杯酒后手不颤抖了，脸色红润，自告奋勇说："明天，陪你去淮河边走一趟。"

朋友们鼓起掌来。

郑夏饮酒节制。但是，还是有些激动，说了一长段话，大意是：凤阳四方杂处，结果是交融和借鉴，给这片土地带来了南北文化兼收并蓄的特点，集中表现在语言、文化方式上；民风民俗特色鲜明，集中表现在极具特色的花鼓戏、凤画和民俗中。一晃数百年过去，龙兴之地帝王文化对当地社会的种种影响，看似渺无，却一直都在……

東堂羊鐘候長淮
之非香土矣隆塊
下芋如貓自渡涼
酸楚我陣红圖深
人靜兵誰主封
須灯點觀愁
枕譜巻中詩

鼓鞞惊破彼荣华，
北孝多风此地影，
闯海罡气峰金虹，
此行良苦驻脊樸，
糊马头还迤朝日，
萋萋自都门燕别，
龙艇锦缆空華载，
得吾归去自斷。

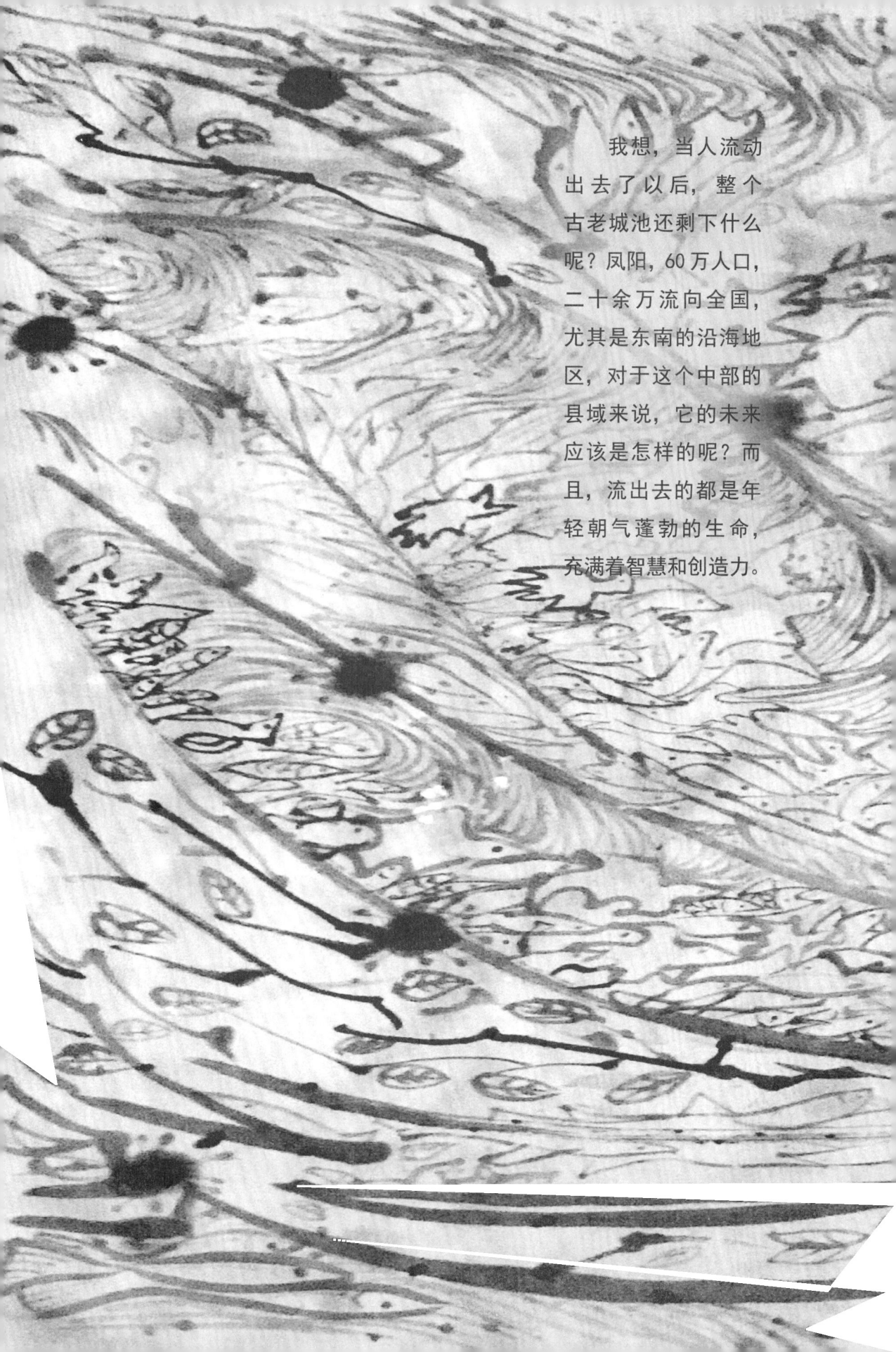

我想,当人流动出去了以后,整个古老城池还剩下什么呢?凤阳,60万人口,二十余万流向全国,尤其是东南的沿海地区,对于这个中部的县域来说,它的未来应该是怎样的呢?而且,流出去的都是年轻朝气蓬勃的生命,充满着智慧和创造力。

● 废弃的民居

—— 淮河访古行纪

贰拾壹·

清早，友人的年轻朋友开着车来宾馆接人。上了车，联络银发老者，他已经在适当的地方候着了。老者就是活地图，说从宾馆到淮河边，走最近的路线经过方丘遗址，建议顺道去看一看。

来到凤阳许多回，记忆里确实没到过方丘。于是，决定先奔那儿。路上与开车的年轻人聊天，得知他原本在上海收废品，兼做一些体力活，一年下来能挣些钱。后来不灵，只好回到老家，做起用沙子、碎石铺路的生意。不知什么原因，这活儿只能晚上搞，昨晚忙到三四点，天亮不久便起了床。他告诉我，在上海彼此见过面，喝过酒、吃过饭。我这才想起确有此事。

我说："那会儿，感觉你蛮洒脱的！怎么回来了呢？"

他有些无奈："起先还能赚些，渐渐地越来越少，生活成本又高，不余钱。回老家反到余了些，还能照顾到老人孩子。"

"现在上海收废品的全是上了年纪的，年轻的干不了。"我说。

"他们一般都是跟着子女到上海，凑着空做这活。这样的人多了，收废品也就难挣钱了。"

车子行驶在颠簸不平的土路上。不一会，过了一座桥，银发老者便叫停。

眼前是一片农田，近处孤零零地立着一块石碑。银发老者说过去有些遗迹，如斋宫的殿台，十八个石础。殿台被砖厂取土，挖去一大半；石础也不见了踪影。

我说："圜丘遗址应该在它的南面，《晋书·武帝纪》有'并圜丘、方丘于南、北郊，二至之祀合于二郊'的记载。一南一北，符合规制。"

"那自然。中都建设极合规制。方丘位于中都后右甲第门外东北三里处，而圜丘是在中都后左甲第门外西南三里处。一定对称。"银发老者如是说。

明中都的方丘位于城外西北，类似北京地坛，为祭祀地神之所，建于洪武四年（1371）。明朝后期，方丘上的殿宇、树木被淮水淹了，仅存坛址。后来，一度沉入淮水中。

● 方丘遗址

"圜丘是朱元璋洪武八年（1375）四月甲辰日去祭过的。尔后回到南京，他就宣布停建中都。那么方丘呢？"友人问。

"朱元璋来没来过方丘，史书上没记载。"银发老者回答。但就在同一日，太子朱标作为朱元璋的代表在这块儿祭地，乐章是朱元璋亲制的，因为他嫌朱升所撰文词过于深奥藻丽。朱元璋既然亲临中都验收，估计总是要来此巡视一下的。①

逗留了一会，拍了照。几个人上了车，司机在银发老者的指点下，直奔沿淮河边的村子。农舍在淮河堤坝里一溜儿排开，站在村子中看不见淮河，大堤

---

① 参见《明太祖实录》卷之九十九："洪武八年夏四月……甲辰，皇太子摄祭皇地祇于方丘。天下山川神祇俱更设登一、铏二，每位增设酒尊；岳镇海渎俱十五，天下山川神祇俱三十。始用上亲制乐章。初，圜丘、方丘乐章，皆翰林学士朱升等所撰，其文过深而词藻丽，遂更制之。"

——淮河访古行纪

高出了地面许多。银发专家指着车窗外告诉我这是什么台子,那是什么圩子,车后是一片扬尘。

在一个叫做什么台子的村口停了车,银发老者说要去找一个老中医——当地有文化的人,能够说出些道道来。见不远处有个杂货店,一行人走了去。店门前,长凳上坐着晒太阳的老人正在闲聊,见有外人来打听事儿全不作声。只见店里走出一个五六十岁的妇女,蛮干练的样子。询问事由,她回复,那老中医住在前面一个村,再往前去。友人问:"你这小店,开了有年头了吧?"

"二十年了。关了可惜!"

"为啥想关?"

"这生意,一年到头大半是零蛋,留着啥用?"

"唉!"友人叹息。

走进黑咕隆咚的小店,一边是店堂,货架上稀稀拉拉摆放着一些小杂碎,另一边则是她过日子的地方,床上杂乱无章地堆放着衣物。

"开着纯粹是打发时间。"女店主说。众人也点头称是,七嘴八舌地表示,没这小店,一天也不知道上哪块打发时间,聚在一起,说说话,时间过得溜快。"没办法。闲着太慌人。每天开门关门,总算有个事儿惦记。"女店主补了一句。

一个七十多岁的老太接过话题说,独自一个人过日子,孩子都在城里,哪天一觉醒不来,都没人知道。小店开着来报个到,不来,要么病了、要么去了,大家伙惦记。

值此才明白,乡村小店还兼有一个常人不知的功能。

道别之后,车子一直往前行。不久,发现一处尚未完工的农舍,喊了停车。友人说:"这不是到处都是呀。农民盖房,经常是半拉子就搁下了。大半是缺钱,也有在城里揽到活了,一窝蜂地去那里赚钱,便把家撂下了。"

我回答:"不为这。你看见门前的龙柱子。"

● 女店主与晒太阳的老人

——淮河访古行纪

跑进小院,凑前细看,龙柱上的浮雕有许多浇模留下的痕迹,是一个毛坯。银发专家说:"这块地方,盖房喜欢用这装饰。"

"其他地方没有这种现象,比如江南、广东、东北。恐怕与帝乡有关,一大特色。"我说,"已经发现了好几处。"

从水泥浇铸的龙柱的成色和积灰程度判断,房子恐怕已盖了有四五个年头。我敲了宅门,想找人来问明情况,不见门里有什么响动。

退出院子,看到路边正有一翁一妪把一块大水泥板子挪上板车,上前一问,老翁回答,搬家去,垫院子。下雨院子积水,水泥板子正好派上用场。看着那老俩口吃力的身影,心里有一些酸楚。

车开了约摸有六七分钟,又见一个卖杂货的小店,银发老者说已经到了另

● 门前建有龙柱尚未完工的农家住宅

一个庄子。一同下车,去找那个老中医。小店低矮的门洞里,传出收音机播放新闻的声音,一个老汉躬身出来,略带思忆地说,老中医前几年死了。儿女也没回来住,宅子已灰败得不成样子。

递过一支烟,与他拉家常。老汉说自己姓王,民国中期上辈子人由山东逃荒过来,定居淮河边务农。自己在这生儿育女,有三代了。老汉说这块土地肥,就是涝得厉害,后来逐渐好转,现在基本无大碍。堤筑得高了,庄子都窝在了坝子里,水悬在头顶都有两三米。

王姓老汉也没有与子女同住,一个人住在小店里,货架、睡觉的地方都在一块儿。门口支了一个炉子,做吃食。他说,"与子女住不惯,独个住还自由。子女有时过来看看,没事便回了。"

"他们在哪里呢?"

"城里。"显然,老汉不愿多说。于是,聊起了天下事。老汉来了劲,天

● 乡间小金属加工作坊

——淮河访古行纪

● 开杂货小店的老人

南地北地神聊了一通，上自中央，下到乡邻。老汉脸上频显笑容，很是开心。可以想象，已经许久没人与他拉扯这些了。

友人提醒我，上午要赶到临淮关。我便问老汉，如何去得。老汉说："上堤，向东直走。"友人问如何上堤坝，他说右拐不消三四分钟，就可上堤了，看得到淮河。他告诉我："顺着大堤就是公路，好走。"

正准备上车，迎面来了一支乡村清洁队，挺有声势。这是以往没有见过的景象。友人说："现在乡村公共卫生由第三方提供服务，县里出钱、乡镇出钱，村民不拿。如果要村民出钱，多半搞不成。"

车很快上了淮河堤坝，在上面行驶，又是堤，又是路。右边是低于堤坝的田野，一派油绿，呈现即将丰收的模样。远处的农舍，居然还有炊烟升起。友人说："这是你喜欢看到的田园风光。"我尴尬地笑了。

左边是令人遐想的淮水，比我见过的黄河、长江干净了许多，几乎没有混杂的泥浆，有点微蓝的视觉享受。看它现在的模样，多少有了一些温顺可亲的感觉。在遥远的过去，它尚是一条出路通畅，直接入海的河流，应该就是现在这个模样。当然，还有无数的飞鸟在水中嬉戏。改变它的是黄河夺了它的出路，使它变得暴躁，自

● 淮河边的货运码头

—— 淮河访古行纪

● 乡村清洁队

然灾害频发。据邓拓在《中国救荒史》中统计，1368—1399 年（洪武年间）的三十一年时间里，影响到农业的灾害便有一百三十二次，平均每年达到四点多次，那些从苏淞太地区和其他地方移民过来的老百姓，能够过上好日子吗？

车子急速驶过农田、农舍、货运码头、水闸站。友人说："远看都是画。"我回应："近看也重要。我们是到了应该看细节的时候了。"

银发老者在后座，有些睡意。年轻的驾驶者在我再三关照下，不断放慢车速，后面的车辆接二连三地超了过去。他很诧异。我说，我们是来看淮河的，不是赶路。他无语。

车子进入临淮关镇的老城区，已近晌午，却没有几家商铺开着门。停在一家超市的门口，老板娘出来驱赶。我称是来买东西的，她十分殷勤地指挥车子停好。买了几瓶矿泉水，又买了盒烟。买烟时我心里有些犯嘀咕：这黑咕隆咚

● 淮河

——淮河访古行纪

的小店烟是真的吗？最后还是硬着头皮买了，大概是敌不过烟瘾的缘故。

边走边聊。友人说："这镇子规模大，一般来说镇里的书记，还挂着县里四套班子的副职，副县级单位。"

银发老者证实了这一点。

我说："官大官小，没完没了。为民办实事才是真的。现在有的地方，县下设的科都称为局，地市级的局下设的科，都称为处，听着受用。"

友人说："有些人当官越当越有瘾。而且，不少人没有耐心做小官。"

不一会，几个人来到淮河边，站在河滩上，仰望临淮关城，城池紧贴淮河而建，典型的先民择淮而居的例子。尧舜时期的涂山氏国、春秋时期的钟离国都建都于此，以后历代在这块土地上建州设府、立郡置县。朱元璋夺取临淮关后更名为临濠府，再更名为中立府，最后是凤阳府，府治迁往罢建的中都城里办公，临淮则改为临淮县治，清末淮水淹没临淮城，临淮县并入凤阳县（府县同名）。

看过了曾经的官道和官道上废弃的桥梁，走进古城，一片荒凉，杂草丛生，蛛网散步的废弃小楼临淮而立，面对远处矗立的几栋新盖就的大楼，好像在诉说着什么。走在街巷上，许多房屋不见人住，街道空落，难觅人踪。我说："太萧条了。"

友人说："可能人已搬入新居，也可能迁到他乡。"

"要不，开始动迁了吧。" 银发老者说。

临淮关，中华民族战争史上的重镇，处在南北战争交汇点上，似乎许多的战争都没绕过这个城池，在历史上留下不少笔墨。我说："应该在这里建个战争博物馆，把战争的苦难烙下，以警示后人。"

友人不温不火地说："恐怕难。那时的敌对双方，大都为不同民族，如今都成了中华民族的一员，如何表述就成了难题。"

● 淮河与古桥遗址

——淮河访古行纪

● 破旧的民居与小道

"历史就是历史,今天是历史的延续,并不意味着就是现在。我们的认知,基于历史又超越历史,比如古代民族战争中的汉民族英雄或其他民族英雄,他的价值超越民族,应该成为中华民族共同的精神财富,加以客观的表述。"

"你就是个书生,不懂政治。政治,不容太多的词汇解说,而需要响亮的口号,让人轻而易举接受。复杂的表述,是行不通的。简单的口号,只要能不断的重复,人们会接受。这样、那样的解说,是不是太费脑筋?"友人说。

我似乎无言以对。但是,总觉得他说的哪里不对劲儿。银发老者说:"朱元璋在发家时,依托着临淮关,把这块视为战略要津。后来,夺取了政权,即便去凤阳,也再没有回来过的记录。"

空无一人的街巷,突然冒出一个老者,有心上前攀谈,老者拐进了茅厕,我尾随而去。那茅厕临河而建,肮脏且不说,排泄物几乎直接流入河里。老者解手出来,急急忙忙踅回了家。本想追上去,问一些情况,转念止了步。我望着他背影,无意间抬头看到了新安装不久的太阳能路灯,伫立在街道巷口,无

湮没的帝都

● 临淮关街景

声地告诉我,农村总在发生一些你意想不到的变化。

银发老者说:"这里的行政名称都改成了社区,与你们上海一样。"

走了一大圈,已漉漉饥肠,说要吃饭。回到超市门口,询问老板娘附近的美食,她有气无力地回复:"应该有,找一下呗。"她对我们长时间把车子停在她店门口好像有一些不满。

在空荡荡的镇上转了几圈,没找到合适的,有一两家看似合适的已经歇了业,铁将军把门。银发老者说:"买几块饼子垫垫饥,回府城再吃。"我说不行,"这一餐一定要在临淮关搞掂。这个可是历史名镇呀,有意思。"司机说用手机搜搜,看哪块有。

车子急速开出老城,沿途看到一张超大的喷绘广告矗在路旁,说的是"濠梁观鱼",凤阳八景之一。我问银发老者:"庄子与惠子观鱼的故事真发生在这里?"老者说:"据《临淮县志》记载:濠梁在城西南七里,就在这块的胡府村境内。"

约摸十来分钟,车到一家沿街开的餐馆门前停了。大概有会务接待,吃喝的人还不少。胖乎乎的老板帮着点菜,看了一下人数,说三四样小菜即可。

"会不会少?"我问。老板说他的菜量大,不够再添。他报了盐水河虾、爆炒乌拢、青椒癞田鸡、豆腐烩青菜等几样小菜。我问乌拢是什么？他说就是螺蛳。老酒也要了，助兴。老板拿来一盆葵花子，说边嗑边聊边等菜，今天有点忙。

　　坐定后，嗑着瓜子聊天。友人说："这个老镇，历史悠久，地下应该有不少好东西。"银发老者说钟离国就出土了不少，青铜剑、铜镞、蚁鼻钱、铜镜、汉陶制钟离丞印，从春秋到汉代的都有。其他时期的也有。古墓、石刻、窑址不少。他遗憾地表示，战争和水患使临淮关面目全非，除去一些残存的遗址外，地表上留下相对完整的东西几乎没有，倒是有不少古时候的地名至今还在用，小城头、县署街、西关、大东关、城里南关等，让人回味。

　　我问："那时候发生水灾，政府层面有没有什么救助呢？"

　　"好像没有。蠲免，是有的。即免除，大概是免除税赋、徭役什么的。"银发老者回答。

　　蠲免，在《周书·武帝纪下》有"逋租悬调，兵役残功，并宜蠲免"的记载，一种萌芽状态的灾后救灾手段，自然为历代统治者所沿用并发展，唐人韩愈的《论天旱人饥状》云："陛下恩踰慈母，仁过春阳，租赋之间，例皆蠲免。"有专家研究认为，朱元璋的蠲免政策与他特殊的个人经历有着密切的关系，使得他统治时期的蠲免政策含有较为强烈的个人色彩和特殊含义，思想糅合儒家与农民思想，加之法、道、释的部分理念，深刻地影响了他蠲免政策的内容和执行。朱元璋的蠲免政策有积极作用，亦有消极作用。一方面，朱元璋的蠲免政策一定程度帮助了受灾地区的农业恢复和发展，巩固了新生明王朝的统治秩序；另一方面作为一种暂时的临时性的手段，蠲免政策无法即时有效地解决农民遇到的困难。例如，朱元璋颁发的一条蠲免令："凡　徐、宿、濠、泗、寿、邳、东海、安东、襄阳、安陆郡县，及今后新附土地、人民，桑、麻、谷、粟、税粮、徭役，令有司尽行蠲免三年"（《明太祖实录》卷之二十二）。它需要灾民在自救的前提下，待生产恢复后才能得到这项政策所带来的实惠。

"这与政府救助相去甚远，还是老百姓的自救呀。"友人说。

"所以每次水灾之后，城市和地方经济十分艰难，恢复缓慢，有的根本恢复不起来。"

吃得晚，聊得又欢，不知不觉已近三点，打道回府城。车行不远，便见临淮中学，校门口有一些小贩摆着地摊，并不是杂乱无章的那种，还挺干净。银发老者介绍："这个学校在这里杠杠的，市里首批示范性高中，每年不少人考去上海。"友人很快接口说，某人就是从这里考上复旦的。

我记得有一回去复旦大学组稿，朋友杨教授热情地设宴款待，约了五六个博士生来作陪，顺便说说组稿的事情。在籍的博士都年轻，围着圆台面聊着天，似乎也在等什么人到场后一起开吃。好一会儿，一个身材高挑、玄青着装的女子到了，略带羞色地表示，来迟了，请原谅。杨教授介绍来人说是他的大弟子，如今在市级机关工作。她露出笑容，谦虚地说只是普通公务员。

吃饭喝酒很容易拉近人与人的距离。于是，问起了她哪里人。她说是凤阳小溪河。我说："朱元璋老家人。小溪河去过。从那块考到复旦，还读成了博士，不一般呀。"她没回答。后来，有在籍博士说起读高中的事，她说自己是从临淮中学考出来的。那时，我的友人也在场，知道这所学校在当地相当不错。

车里，我随手拍了一张校门的照片，用微信发给她。不一会，就收到她的点赞。我问："校门没变吧？"她答非所问："充满了汗水和泪水的地方，最后还是憾别收场。当年一届八九个班，居然只能考上一两个的，其他人都得复读。现在情况应该好多了吧。"

我问："你是一两个之一吧。"她回答："我不属于这么优秀的，我属于复读者。"我说："你想，就算是当年的一两个，又怎样呢？复读升学的也优秀呀。"接着她截取了一段文字发过来。

——淮河访古行纪

"第二次复读,似乎有一种幻化的力量。全部思想袍袱几乎都不在了。我把需要念的书本整整齐齐摆在桌子上,开始有计划地'攻城略地'、不计结果。比起以前起五更睡半夜,现在我把生活变得规律多了,早晨适当早读,晚上十一点下了自习就熄灯睡觉,奇迹反而发生了……"

"这是当年的血泪史的一部分。"她追了一句。后来,她发了整篇文章给我读。我一直揣摩着,是什么动力促使她,写成这部"血泪史"的呢?

车继续在路上。

我想,当人流动出去了以后,整个古老城池还剩下什么呢?凤阳,60万人口,20余万流向全国,尤其是东南的沿海地区。对于这个中部的县域来说,它的未来应该是怎样的呢?而且,流出去的都是年轻朝气蓬勃的生命,充满着智慧和创造力。

在朱耷笔下,一切的生灵,具有一双几乎相同的眼睛——旷世的忧伤、无奈和阴冷,凝望变幻莫测的世界。而当年他的十世祖朱元璋,坚信在握的"江山",万世不变,世世代代享受他雄韬伟略带来的恩泽。

一切持续了二百七十多年,朱耷体会到帝国倾覆的切肤之痛。于是,有了他笔下的眼睛,饱含着无法用语言描述的神情。但是,此前那些衣衫褴褛的人们,站在废置的明中都城楼上,已经习惯于睁着痛苦、忧伤、无奈的眼睛凝望着世界。

——淮河访古行纪

贰拾贰

不久，友人捎来好消息，说发起拍摄明中都电视片的单位，从北京的一个民营机构运作来了一些资金。心里一算，缺口还是有，相差得不多。于是，放松心情去了南昌参加一位近代历史人物的学术研讨会。那日，醒得蛮早，习惯性地躺在床上翻看手机，昔日的同事通过微信转发了一篇《朱元璋18代100多万子孙，全被杀了个精光》[①]的文章，一看标题有点惊悚，随即便生出疑问。

文章一启头便称："明朝末年，经过两百多年的繁衍，'皇族'即朱姓子孙已发展到100多万人。"这个说法有些可疑，百万余人——有这么庞大的宗室人员吗？于是，求教于朋友圈内的明史专家。这一沉寂多时的圈子，顿时热闹起来。朱元璋研究会负责人夏玉润率先告诉我："洪武年间，宗室人数共58人，永乐年间为127人，嘉靖三十二年（1553）近2万人，万历三十二年（1604）为8万多人，估计到明末，最多20万人左右。明以后至今，数字无法统计。"这与百万以上，相差很多。

南京大学的夏教授举了一个例子："据栾成显先生研究，明初徽州朱学源户，到清康熙年间约八百多人。这大概是正常的人口增殖水准。"我问："朱学源是宗亲吗？"他回答："是老百姓。"紧接着，身处常州的明史专家吕先生补充道："栾先生是以徽州富户人口繁衍为例，一个大户从明到清三百年宗支繁衍八百余人，宗室大体就这个水平。二十四支，无论怎么几何级数增长也达不到一百万的水平。况且明宗室还没有三百年。"两位提到的栾成显是中国社会科学院研究员，学术专长明清社会经济史。他说的是大户人家，显然与宗亲无法相比，但也提供了一个基本参照值。微信转发的那篇文章说的百万之众有被夸大之疑，但是人数庞大是一个不争的事实。

---

① 与本书第229页脚注所引为同一篇文章，因被不同网站多次转载，故标题有异。

杀光的提法耸人听闻，我以为是标题党为夺人眼球弄的，并非原作者之意，读整篇文章没有出现这两字。对此，北大的赵教授发微信说："南明政权那些皇帝不都是朱氏子孙吗？"

"杀光"有违史实。那么，改写者为何要夸大朱元璋宗亲数量和遭杀的人数呢？我揣摸，他们在意传播的是对朱元璋家族这一庞大群体利用"合法"手段掘取丰厚利益的仇恨，以"获取得越多，失去得越多"的因果报应观，抨击这一利益集团。

文中说："他们从摇篮到坟墓都由国家负担，只要是皇族后代，从一出生就不必从事任何职业，所有消费、所有供需均由国家特供：十岁起开始领工资享受俸禄，结婚时国家发放房屋、冠服、婚礼费用，死时还有一笔厚厚的丧葬费。"这个说法应该不假，有史料佐证，比如关押在中都高墙内的朱元璋子孙们，享受类似四品官的待遇。"但他们仍嫌不足，利用皇族身份，勾结商贾，垄断行业；抢占良田、土地、森林、矿产等稀缺资源；挥霍财富，穷奢极欲；纳妾淫婢，强奸民女……"这样的情况，朱元璋活在世时已经发生，随着时间的推移，发生的频率越来越高。

这时，远在巴黎的友人发来信息说："朱元璋的后代很多成了乞丐，没什么国库补贴不补贴的。"友人是法国滨海大学副教授马骊，她用法文撰写的《朱元璋的政权及统治哲学：专制与合法性》一书，翻译后在国内出版。我不太清楚，她说的是明朝灭亡前还是以后。明末灭之前，沦落为乞丐的朱元璋后代，一定是脱离国家体制的个体行为，若有也少得可怜。以后，沦落为乞丐的似乎也很正常，大厦已倾，不足为奇。

记得大半年之前，在上海的一家书店里购得马骊的那本书，阅读且做了一些批注。她在书中认为朱元璋无论在夺取政权时，还是在他统治时期，始终维护民众的利益，给民众带来一个和平、统一、稳定、经济繁荣的社会。为此，

——淮河访古行纪

● 位于赣江与抚河交汇处的南昌滕王阁

他不惜对官员使用残忍的手段。她认为朱氏的专制政权具有合法性："任何政权，无论它是否专制，原理上都必须具有一定的合法性，无论它维持多久，这是政权存在的基础。有些专制政权是短命的，原因是专制政权运转失灵。"马骊基于朱元璋和他的政权的表象研究，有她一家之言之理由，给人的整体感觉，好像在给朱元璋辩护着什么……

此后的夏末，我在凤阳举办的朱元璋国际论坛上遇见到了她，很是有一些来自异国的风采。那天，她登上大礼堂的舞台，作《蜂蚁论与朱元璋的理想社会模式》的主题报告，大概是她个子矮小的原故，显得舞台更为空旷。她解读了《明太祖御制文集》中朱元璋关于蜂蚁的一小段文字，认为朱元璋以蜂蚁的习性喻示治国之理，希望自己能像母蚁和蜂后一样，让人们各司其职、纪律严明、顺从服从，有序地全面地统治社会。她认为这是朱元璋所要建立的理想社会模式及其极权统治的目的。

在我看来，建立有序顺从的理想社会模式并非是朱元璋的终极目的，只是手段而已。坐在会场里，我认真听了她的报告，并在别人发言时仔细看了她的论稿，她依然坚持朱元璋建立的独裁统治具有合法性的观点。在文末，她注明"参会急就稿，还需修改"，我想她的主要观点自己是不会修改掉的。

当晚，主办方设宴接待与会者，我找到她，讨论起朱元璋统治的合法性问题。直截了当地亮出自己的观点："政权的合法性是现代社会才形成的观念，它是指一个国家的公民对政权权威的认同与遵从。朱元璋时代完全没有公民概念，老百姓是臣民、黎民、庶民。但是，政权的合法性恰恰基于公民的存在，没有公民很难判断朱氏政权的合法性。"

同时，我还告诉她，政权的合法性主要关心的问题是统治、政府或政权能否在社会成员心理认同的基础上进行有效运行，获得公共舆论承认。公共舆论在特务、文字狱肆虐的朱元璋时代受到残酷的压制，现在能够看的公共舆论是那时候留在民间的文字，几乎大部分是对朱元璋统治的否定，直接挑战了朱氏政权所谓的合法性。显然，在失去公民和公共舆论的前提下，认定古代某一个政权具有合法性，恐怕不合适。另则，政权能够在多大的范围内拥有公民的认同与遵从，以及行使权威，就是合法性程度高低的区别。以武力夺取天下的朱元璋，在他统辖的区域内，以暴力、洗脑迫使百姓臣服，对此，我们不能视为他的政权具有合法性吧？

"强权之下，无法套用合法性这个词。"我说。

她眨着一双蛮有灵气的眼睛，笑着回答："我们要好好讨论。"

会议结束后，她去了北方讲学或作学术交流，彼此的互动主要依靠微信继续。有一次，问她：您著作的主标题是"专制与合法性"，还是"朱元璋的政权以及统治哲学"？她回复："朱元璋的政权与统治哲学"是主标题，但真正的问题在"专制与合法性"。

我告诉她，我是倒过来理解的。您的书论述的是"专制与合法性"的问题。虽然，我对"合法性"存疑。那么，朱的合法性是什么呢？

她回复我，每个政权只有能存在就是被大多数人认可了，这就是所谓的合法。但是，有些合法性是操控出来的，希特勒的政权就是一个例子。如果依照公民和公共舆论的背景，判别希特勒的统治，它没有合法性。

那么，朱元璋的合法性就不是操控出来的吗？"您说的关键词'存在'，就是被大多数人'认可'，这样的认可一般而言是法的制定者和贯彻者；站在国家机器面前的百姓没有人身自由，或被操控，没有话语权，怎么就能确定他们便是认可呢？"

我告诉她，中国古代只有王法，它的制定者是帝王和他的利益集团，根本没有老百姓参与，这样的法直接服务于统治集团，最终服从于帝王的核心目标。朱元璋就是制定王法的高手。王法的制定者，也是贯彻者，他们开动国家机器，加以实施。用自己立的法来证明自己建立的政权具有合法性，似乎很难解释得通。

　　我以为可能用符合古代社会实际的合理性更为妥贴，比如，打江山、坐江山，合乎古代老百姓的一般逻辑，也是几千年来，老百姓认知可及的常识。何况，一定时期的相对和平和温饱的实现，为某个皇帝以及他所建立的政权在古代社会存在建立了一定程度上的合理性。这还表现在它合乎专制统治的道德要求，比如皇帝是不能骂的，骂了会引来杀身之祸；皇族生来享有高人一等的地位，老百姓天生就是被他们奴役的工具；等等。这些构成中国古代社会改朝换代后新生的专制统治长期能够存在的基本价值观，具有政权道德合理性的原始特征。但是，古代社会后期的先进思想家已经认识到政权合理性的基础，必须符合道德，它包括生民之生死高于一姓之兴亡的人道主义原则；可禅可继可革不可使异类间之的民族主义原则；公天下而私存，因天下用而用天下的三个方面的重要内容。这三个原则有着内在的逻辑关系，其中最高最普遍的是人道主义原则；人道主义和民族主义原则二者存在着冲突和紧张，而民族主义和民主主义原则二者有着辩证的联结。人道主义、民主主义、民族主义三大原则是具有近代性因素的重要体现。朱元璋的政权在处理这三大问题时，停留在古代政权道德合理性初始状态，一切的运营都是从属于他的核心利益——永坐江山。

　　她告诉我："我的译者也跟我讨论过合理这个词，其实合法更为准确，因为是有法律认可的。但是，这种暴力政权是'不合理'的。极权体制下，不存在抗衡势力。无处不在的官僚机构控制一切，力图全知全能，掌控社会的所有方面。意识形态通过一整套宣教机器，包装宣传，将暴力掩饰起来，'洗脑'人为地创造出政权的合法性。统治者摒弃一切传统价值和社会共同福祉目标，官员欺上瞒下，腐化堕落。政权遂与社会现实脱节，逐渐分化瓦解。想哭！我不能为他们做点什么，所以难过。"

显然，她曾经为使用合理性和合法性纠结过，合法性的使用是她两厢比较之后的选择，或许经历了痛苦。

我知道没能说服她，或许彼此都没有找到一个妥贴的名词，诠释朱元璋建立的政权存在的必然性。但是，我执着地认为朱元璋和他的继承者的核心利益是朱氏政权永在，其他诸如为民众带来一个和平、统一、稳定、经济繁荣的社会，不惜对官员使用残忍的手段，扼制社会新兴阶层发展、社会创新，仅仅是服务核心利益的手段。当社会发展、民众不从，或者统治者以为不服从时，杀戮是他必然的选择。不从这关键处出发认识朱元璋和他的继承者，无疑会出现认知上的谬误。

我向她明确表示，作为有良知的学者，必须用积累的一切历史证据，否定朱元璋式的极权统治。这种统治的本质，损害了我们民族的自觉和自信，使民族陷入无法自拔的泥潭里。"您著作的译本，成了对古代极权统治存在的所谓合法性的证明……可能是翻译、出版的差错？这一切，可能不是您的本意。思想者的不朽，是探索事物的本源和对未来的关怀，这是我们必须具备的基本素质。否则，皆为生拉硬扯。极权仅仅是人类发展过程中的一个节点，而古老中华让它延续了那么长的时间，朱元璋是罪人之一。"

不久，她结束了北方的活动，来上海讲学。我特意宴请了她，潜在的意识是消除争论带来的不快。那天，没忘记带上那本著作请她签名。席间，不知不觉话题又回到了合理性与合法性上。我表示，朱氏极权在特定的历史时期，具有相对的合理性。合法性，另当别论。依什么法，特别重要。

"是有合法性啊，每个政权都必须有合法性才能生存。"她有一些着急。

我告诉她，中国古代史上许多的帝王没有现代人理解的法，他们仅仅是依照中国古代史的"理"在行使。政权的沿袭，重要的是在一定的历史时期，释放了劳动力,成了最重要的合理性。但从长久看朱氏建立的极权统治祸国殃民。如果,您的书以"朱元璋的专制政权是具有合法性"为结论的话,整个弄错了,正确的表达应该是,朱元璋的极权统治在特定的历史时期有其合理性,但在民族的发展过程中,他的统治是反人性的,很大程度地扼杀了中华民族优秀的性格特征。

"朱元璋杀的官员、反对者和潜在的敌人,维护着大多数人的利益。"她这样说。

问题又回到"大多数人的利益"这个纠结中国社会二千多年的老大难问题

● 滕王阁远眺

上。我说：在极权下倡导的大多数人的利益，本质上是服务于帝王以及他从属的利益集团的需要，是对个人利益极端的侵害。极权不为大多数人的利益服务，而是直接、有效地服务了他和他的子孙后代们。朱氏集团的核心利益是朱氏政权的万世，形成一个和平、统一、稳定、经济繁荣的社会只不过是他的手段。而且，和平、统一、稳定、经济繁荣，朱元璋和他子孙做不到，就像他们做不到江山万世一样。"从某种意义上来说，朱是民族的罪人，而非英雄。"

"这是你的认识。"显然我没能再一次说服她。

我拿出她写的书，请她签名，她十分认真地看了我在书上作的一些批注，其中在她论述法儒两家对极权统治的作用时，我写了"这样考量似乎太浅肤了"的评语，可以看出，她有些生气，继而又恢复了她爽朗的笑，在扉页上写下了"请批评指正"几个字，并告诉我说，这是她第一次在自己的著作上写下这样的字句。

我说，我经常是这样写的。

"虚伪吧？"她反诘。

······

那天深夜，想到白天的争论，脑际闪出"必然性"三个字，也许用这三个字更容易让人理解和接受——朱元璋建立的政权出现并存在于中国古代社会，具有必然性。

此后，我便去了南昌。学术会议在一所偏僻的大学里举办，结束后，把住宿换到了老城区的酒店，方便自己去寻访朱元璋亲临过的滕王阁、宁王朱权的府邸原址和八大山人纪念馆等地。也就是住在南昌老城的那个清晨，在微信里读到了那篇标题令人惊悚且生疑的文章，已在异国他乡的马骊看到了，表示了自己的观点。

独自在回沪的高铁上，已不能看清窗外的风景，无聊之际写下了这样一些

湮没的帝都

文字。已是暮年的朱耷①，寄居在青云谱道场，距他出生的王府不过十多里地，眺望之余，深感再也无法回到从前，城头的大王旗已变幻，昔日王府成了残存的碎片，沉淀在记忆的深处。

此时，他渴望结束一个甲子的流浪生活，筹划着购地，盖一处可以容身的草屋供于栖身。经过多次的斟酌，草屋的名字已经确定，浪漫且雅致——"寤歌草堂"。

实现这个小目标，需要自己不停地画画写字，即使肩周炎袭扰，还得忍痛控制手腕，或淋漓洒脱、或精擦细皴，在画眼睛时尤为专注，一勾一点不敢懈怠。虽然，他已画过千万遍这样的眼睛。

在朱耷笔下，一切的生灵，具有一双几乎相同的眼睛，旷世的忧伤、无奈和阴冷，凝望云谲波诡的世界。而他爷爷的爷爷的爷爷朱元璋，坚信在握的"江山"万世不变，朱家的子孙世世代代享受着他宏韬伟略带来的恩泽。

一切持续了二百七十多年，朱耷名义上的宗亲"晚辈"朱由检自缢于煤山，"江山"崩溃，他体会到切肤的痛感。于是，才有了他笔下的眼睛，透射出一种无法用语言描述的悲伤和冷漠。

在朱耷出生前许多年的至正二十三年（1363）夏，朱元璋大败陈友谅于鄱阳湖，乾坤初定，在滕王阁上设宴犒劳将领，把酒临风，一派豪迈。那番气象似乎还在，吸引着孩提时的朱耷。他多次登上滕王阁，聆听长辈的讲述，感慨那些天翻地覆的故事。他喜欢临江渚而建的滕王阁，气势恢宏，富丽堂皇，歌

---

① 朱耷（1626—1705），明末清初画家。江西南昌人，谱名统𨨨，号八大山人，又号雪箇、人屋、個山、传綮、驴屋等。明太祖十世孙，明宁王朱权后裔。明亡后削发为僧，后改信道教，住南昌青云谱道院，改名道朗，字良月，号破云樵者。工书画，擅画山水、花鸟、竹木，笔墨简括，意境冷寂，形象夸张。所作花鸟，每以"白眼向人"，所署"八大山人"，笔形似"哭之"或"笑之"，寄寓故国之痛。书法学二王及颜真卿，自成一格。与石涛、弘仁、髡残并称清初四高僧。有《八大山人诗钞》《八大山人书画集》。

——淮河访古行纪

● 朱耷与他笔下的眼睛

舞升平;熟知王勃"落霞与孤鹜齐飞,秋水共长天一色"与"闲云潭影日悠悠,物换星移几度秋。阁中帝子今何在,槛外长江空自流"的名句。

  高阁距青云谱不远,只是与此时的朱耷离的太远,还有那王府。这位朱元璋十七子宁王朱权的后裔,深爱着滕王阁旁的王府,他曾在那里生活了相当一段时间。

  宁王府在今天的南昌市子固路一带,与滕王阁遥遥相望。它因朱权改封南迁而兴，又由于其玄孙朱宸濠起兵而衰，一度黯然失色，封号被废。早在此之前，朱权的第五个庶出的孙子被封为弋阳王，生活在南昌的王府里，弋阳王便是朱耷的七世祖。在他十七八岁才被迫离开王府，浪迹天涯。

六百余年过去，王府早已面目全非，呈现眼前的是一幢幢上世纪七八十年代建造的旧式公房，一派衰败景象。据说，这里曾经是江西省京剧团的宿舍所在地，并得到小区门卫室的俩保安的证实。

少年时代的朱耷，生活在王府，受到父辈的艺术陶冶，八岁时便能作诗，十一岁能画青山绿水，还能悬腕写米氏小楷。这些，对豪门而言仅仅是打发时间的雕虫小技，好听一点说是修身养性，绝没意识到会成为日后谋生的技艺、买地购房的手段。因为国库，支撑着他们庞大的开销。有人说在明末，众多的

● 青云谱内的庭院

● 宁王府原址上的建筑

朱元璋子孙享受着朝廷特供，贪食着民脂民膏，仅仅因为老祖宗参加了红巾军，成为农民军的领袖，谋取了天下，便可无休无止，肆意妄为。终于，明朝的大厦塌了，王府易主，朱耷开始流浪，在痛苦中他成了颇负盛名的画家，且开了一代风气。而他的许许多多宗亲怎么样了，又有几个被历史记忆？

朱耷笔下的眼睛，不单纯是他内心的再现，也是有过与他相仿经历的宗亲们的共识，但他毕竟走得很远。

读到此文的友人，看到了文中插入的朱耷的作品说："他画的眼睛，与凤画中禽鸟的眼神极为相似，大有异曲同工之妙。"

友人的判断没错，记忆里凤画中绘制的鸟儿也是这般眼神。凤画缘起凤阳，迄今六百多年历史，多为民间艺人所作。这些生活在淮河边饱受岁月煎熬的匠人们，破衣烂衫地站在废置的明中都城楼上，睁着痛苦、忧伤、无奈的眼睛凝望着世界，而二百七十多年过去后，朱耷才会用这样的眼神……

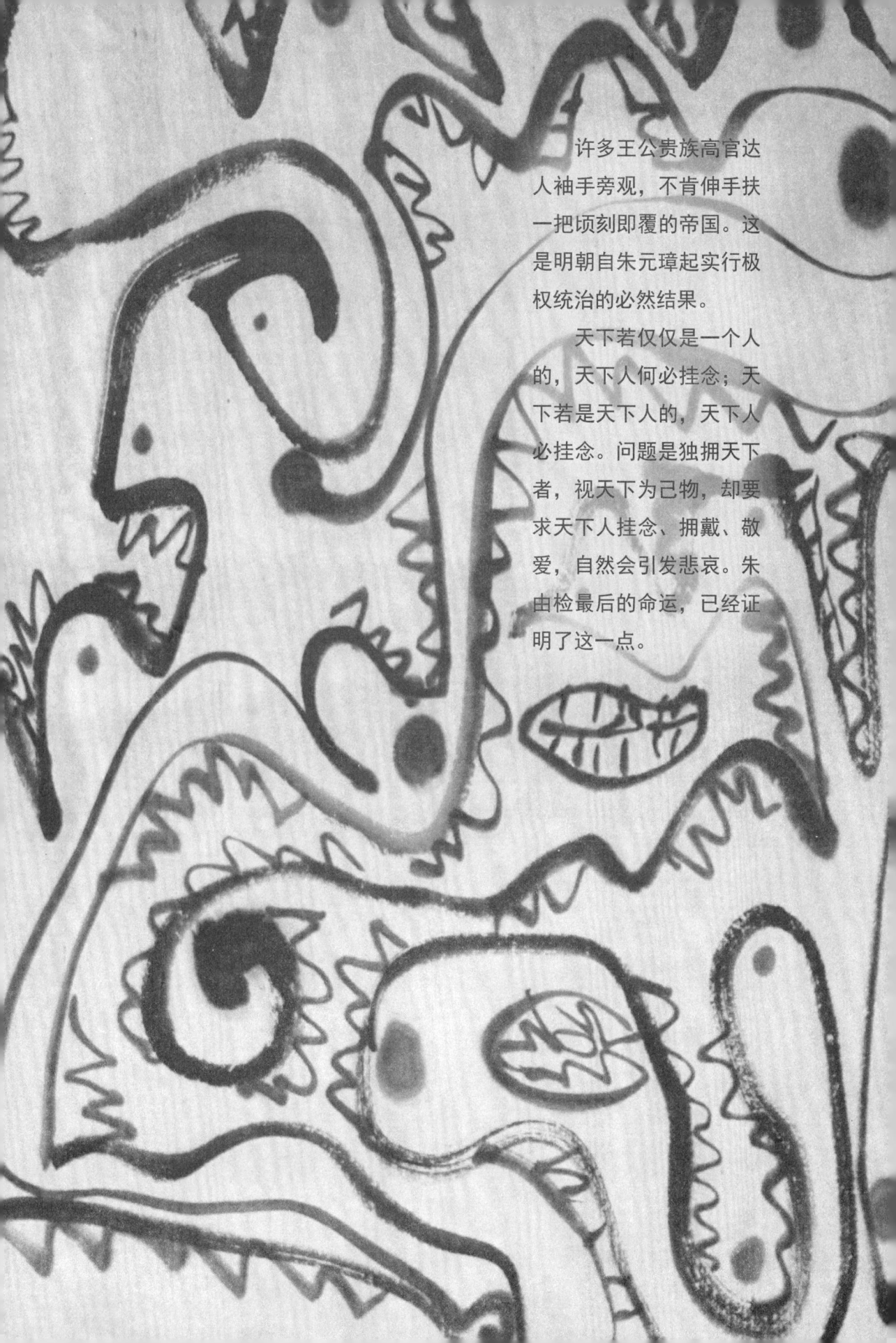

许多王公贵族高官达人袖手旁观,不肯伸手扶一把顷刻即覆的帝国。这是明朝自朱元璋起实行极权统治的必然结果。

天下若仅仅是一个人的,天下人何必挂念;天下若是天下人的,天下人必挂念。问题是独拥天下者,视天下为己物,却要求天下人挂念、拥戴、敬爱,自然会引发悲哀。朱由检最后的命运,已经证明了这一点。

贰拾叁 · 十月末，来到凤阳，继续与有关部门商量拍摄中都城电视片的事，解决尚余的资金缺口问题。结果不怎么好，县里资金不能追加，市里还有可能把资金抽回。如果这样，这事多半办不成。我和友人着急，赶紧与市有关人员联系，对方说明天下午才在机关。

第二天早上，离开县城宾馆，没有马上奔市里去，抽空去了趟紧邻蚌埠的一个村庄。那里的村支书是友人的老朋友，知道我们来了凤阳，邀请了好几回。何况，村子离高铁车站很近，去滁州顺道。

约摸过了半个多小时，小车从颠簸不停的大道拐入乡间小路，柏油铺成的小路反倒平坦了许多。经过一个不是古物的牌楼，隐约见刻有文字，下车细瞅，文字记录了这个庄子的一些大概的情况。回到车里，车子续行，窗外一边是一排排整齐的农舍，带小院的那种，颇为干净和整洁，门前有三三两两的老人聚在一起聊天，也有独自在捣饬着什么；另一边是农田，庄稼已待成熟。友人说，早些年这个庄已做了整体开发，农民住进了新房。

"新农村建设的一部分？"

"不是，在此前。"友人回复。

原来，这些得益于庄子里出了一个企业家，专做玻璃器皿，出口中东地区。他花钱建农舍、筑村路，近年来还做了土地流转，每亩每年大概在八九百元，对土地进行统一经营管理。

"那也不多呀。"

"这个村比较偏，地土多，多的一户可以有三十多亩，每年也有二三万的收入。年轻人外出打工，老人还有补贴，生活没有什么问题。"友人说。

接着他告诉我一些背景，据第三次全国农业普查公报，2016 年全国农业生产经营人员中从业人员的年龄 55 岁及以上的超过 1 亿人，占比 33.6%，农业劳动者的素质在下降，意愿从事农业生产的九零后和零零后的年轻人大幅下

——淮河访古行纪

降,一些地方田间劳作大部分由妇女承担。许多耕地撂荒,产能低效益不高,土地流转,势在必行。

车子驶到社区党群服务中心,一栋二层的小楼,外观比农舍新,估摸着刚盖了不久,大门口还挂着村支部、村委会和什么指挥中心的牌子。迎接我们的是村委会主任,四十左右,一看便是淮河边妇女的形象,热情、朴实、能干,还有些"洋气",却没有了记忆中农村妇女干部铁姑娘般的样子。

● 社区党群服务中心

她让人摘来许多桃子,说"这桃子,模样不咋的,口感特甜"。有人打来一桶水,她蹲着,洗净后又削了皮。尝一口果然腻甜。女主任告诉我:"土地流转出后,种了大批桃树,但少有摘的,烂在了地里。所以,随便摘,随便吃。"

"不是浪费吗?"

"未必。如果采摘的人工、

运输费不敌卖出的价,也就不存在浪费的问题了。"友人解释。

"这样子不会长久。流转出来的地土,必然要作深层的农业产业转型。否则,经济上划不来。"

"已有打算了?"我问。女村主任笑而不答。这时,门外传来一个男子的粗犷且略带沙哑的声音,她说:"是支书到了,他可以向你们介绍。"

一看便知村支书是有阅历的人,目光似乎总在审视着什么。他边吸着烟,边操着浓重的凤阳口音说:"这些土地流转出来后,打算搞与农业相关的文化产业,比如农家乐、农业旅游观光休闲等,这样土地才能增值。"

"这需要大投入。已建成的不少农业旅游观光项目,初级形态的多,面临着升级换代。不能再搞初级的东西了。"友人说。

"问题是投入多了,又如何收回呢?"我问。

村支书挺自信地说:"已有了合作伙伴,愿意投资,都启动了。"友人拍着他肩膀,说他卖关子。

支书笑着说:"咱们这块离凤阳县城远,离蚌埠近,三五公里便到高铁站,未来的消费群主要从那块来。"

村支书建议去看看现场。于是,开着自个儿的高级小车去了那片待开发的农田。

看来真不小,好大一片,全用绿色的铁栅拦围了起来。支书手指前方,忽东忽西地介绍,这块是果园、那块是花圃,说都规划了。

"这个投入不少。"我说。

支书回答:"咱只出土地,钱的事归投资方。"

"土地问题是千百年来中国社会动荡的根源,农民失去了土地,会不会引起社会矛盾呢?"我问。

"历史不一样了,充分保障农民的经济利益,农民离开土地是大趋势。

比如青壮年农民已经离开土地很久，不少在大城市，虽然买不起那里的房，但也凑钱在城镇上买房，混得差一点的租房住，小孩上学，老人去照顾孙辈。这样，农民自觉地离开了土地。土地撂了荒，还不如流转获利。"友人说。

村支书说："符合经济规律的流动，有生命力。咱们庄子就是这个情况，只有少数人不愿意。"

"这种流动，会引起中国社会深层次变革，比如城乡差别缩小，人与人差距缩小，等等。农村实际居住人口的下降，土地经营的规模化随之而来，土地效益的增加促进土地经营的多样化。"

继续城镇化使农民不再固守一亩三分地，已经成为大势所趋，这样必然导致耕地的规模扩大，为农业现代化增加了机会，原本分配到小家小户的细碎耕地，可以通过多种方式集中起来统一耕作，也可以实现农业产业的转化，进行多种经营。友人告诉我，我国自然聚居形成的村落，从1990年的377.3万个，到了2017年剩下244.9万个，27年间减少了132.4万个，这个现象有自然环境的因素，也有人口大幅减少的原因。通过人口迁移，村庄合并，提升了农民居住条件，利于改善当地生态环境，把农民曾经占据的、并不适宜生存生产的地方，重新交还大自然；空心村废弃的房屋，通过整治可以增加土地1.14亿亩，相当于一个宁夏自治区的面积。未来中国农村人数的减少，村落数量的下降，大势所趋。

"很难保不会引发新的矛盾。"我说。

"摸着石头过河呗。"村支书信心满满地说。一晃已到饭点，他表示吃了饭再走。友人说会添麻烦，村一级实行零招待费，不能为难你。

支书说："这哪能是公家请呢，咱自己掏腰包。一年咱要贴上不少钱接待朋友呢。"我有些惊讶。

"忘了介绍，他是玻璃厂老板的亲老弟。"友人拍着支书的肩膀说。支书哈哈笑了。

一行人说笑着,来到一个简陋的农家小院,等吃农家菜。

下午,到了滁州,拜访相关部门的负责人。他人虽很和蔼,却说恐怕没戏。原因是市里有规定,拨付到县里的专项资金,上年度没有启动进入实施阶段的需要收回。

友人有些着急:"这不是不让干嘛!"

那负责人也无可奈何,好意地挽留晚餐。我已决意乘傍晚的高铁返沪,相互作别。其实,为的是避免在饭桌上说些以求继续、多加关照的软话。这样,饭局上一定会出现沉闷,给已经郁闷的心情再添堵。

……

动身返沪,车到了南京莫名其妙停了好一会儿,才开动。友人见我一路沉

● 乡间厨房

默，就地找话题："南京一直是明朝的首都，朱棣搬家后，虽不具体行政，但机构全在，任职的官员与北京的官员同职同酬，坐得却是冷板凳，没什么权力，轻松许多。不知为什么，崇祯朱由检就是不肯南下至此。"

"这与他个性、所处的客观条件有关。"我说，"从某种意义上来说朱由检是主观主义者，经常以自己的主观意念来决断，难免不出问题。"

"他接位时年少，做了些大胆的事，废了魏忠贤。少年得志，中年刚愎。"历史上，朱由检在勤勉和生活简朴上，可以与他的高祖朱元璋有一拼。勤政理事，鸡鸣起床直至夜深都不睡觉，往往积劳成疾；节俭自律，不近女色，宫里从来没有宴乐之事。有一次，侍讲官给朱由检讲书，无意间发现他破损的内衣袖口露了出来，不甚雅观，时不时地还要把它塞进去遮掩。

生活节俭与否并不是衡量皇帝好坏的标准，朱元璋早年生活十分贫困，做了皇帝后也勤俭。他在攻灭陈友谅时，闻知陈后宫置金床，对其子说："此人必亡！"朱元璋立国后，粗茶淡饭，拒绫绸着身，淡后宫佳丽，告诫子孙勤俭，似乎是前无古人的好皇帝。但是，他豪气万丈，建明中都城花掉巨额国家税收，基本建成后，宣布罢建废置，耗去了多少国力，恐怕难以估算。利用至高无上的权力，去满足自己不切实际的想法，耗尽民力，怎是他个人节俭可弥补？滥用权力，竭尽天下之财富为己欲所用，很难说不是贪婪和另一种挥霍。

"皇帝生活的标准，应得到执行；皇帝的权力应得到限制。权力的膨胀，最终是对民众的反动。朱元璋们随心所欲，似乎忘了这些规矩。"

"你这是现代人的看法。那时，可是家天下。何况朱元璋身边连一个宰相都没有，独个说了算。"友人笑着说。

我没有回答，只是继续朱由检的话题。朱由检刚愎自用、急躁多疑，执政期间内阁辅臣走马灯似的换了五十个，换了十四个兵部尚书，一直未形成一个稳定的内阁。所杀大臣不计其数，仅总督就有七人，巡抚十一人。他极度自尊，

湮没的帝都

也就是所谓的死要面子活受罪,从"南迁""与后金议和""冤杀袁崇焕"三件事情上,都得到验证。

崇祯十七年(1644)三月十三日,总兵唐通以居庸关降,李自成的农民军已经对北京城形成包围之势,朱由检得禀报遂与众臣谋划南迁之事。他明白大势已去。本来南迁之事,直接关系到朝廷的命运,关键时刻,只要他自己一人拍板就可以定夺。朱由检没有这样做,死撑着面子,固执地认为南迁就是逃跑,置祖宗宗庙、江山社稷于不顾,恐遭后人耻笑。他坚持主张召集群臣商议此事,试图让大臣合力恳请他南迁,自己却装着反对,最后不得不接受群臣意见,体体面面地离开京城。可这层意思他又不能直接说,当然群臣都不明白。群臣还以为皇上真的是让他们讨论去留问题呢,结果就有不少人提出各种冠冕堂皇的理由,认为不可南迁。没过两天,朱由检再一次提到南迁,仍然有一些大臣建议固守京师,还说让太子监国南京。朱由检

● 佚名《减字木兰花》

——淮河访古行纪

无奈,被迫说出了一句慷慨之言"国君死社稷",又说了一句:"朕想往那里去!"其实,他想南下,却没有人在朝堂上力挺。

三月十七日早朝,朱由检懒得再说,北京在李自成猛攻下眼看守不住了,他召集文武百官商议,君臣相对而泣,束手无策。看着哭天喊地的臣子,这时想跑也来不及了,他只是用手指在桌案上写下"文臣个个可杀",让身边的司礼太监看了看,随手抹去。这明显是针对文臣阻止他南迁而有感而发。

"如果真随了朱由检的意,到了南京,坐镇天下,极有可能淮河又成了烽火连天的战线,狼烟四起。"我说。

"那自然。一般来说南北分治时,淮河便是两军对峙的边界。"友人说。"但是,朱由检没有把握机会。"

这时,农民军的喊杀声已隐约传入耳畔,有大臣劝朱由检出逃。做了十七年皇帝的朱由检拒绝,亲手杀死皇后、妃子和女儿,而后独自一人上了后宫煤山找一棵树上吊死了。这一罕见的皇帝临敌自尽的事件,纯粹是他内心厌恶、恐惧、绝望、无奈的选择,就像朱元璋兴废中都,源自内心的取舍一样。

为什么朱由检到南京,还有可能迅速重振齐鼓呢?朱元璋建立的首都在南京,城墙修造陆陆续续历时达二十七年,是世界上第一大城垣,城中集居着约七十万人。朱棣发动靖难之役攻占南京,夺了侄子允炆的帝位,改元永乐。永乐十九年(1421),朱棣正式迁都北京,将南京改为留都,保留六部等机构,行使双京制,应天府(南京)和顺天府(北京)合称二京府。明代中叶,南京城人口达到一百二十万,为世界各国无法比拟的首都。在那时,南京一直是南方乃至全国的政治、经济、文化中心。

完整的国家机关、丰富的人力和财力资源,等着朱由检前去整合,无奈他宁死不愿南下,使大片山河迅速入落满清之手,导致的直接结果是明末政局中的明朝、农民军和后金三股势力制约相持局面过早崩溃。本来可以实行的划江而治，稳定后再图复兴，由于朱由检这个自暴自弃之举，余下力量分散，内部矛盾重重，自相残杀，南明朝廷很快灭亡。

友人说："朱由检不如宋高宗赵构，赵构在建立南宋时，根本没朱由检这

● [明] 金大车《漂母祠》

——淮河访古行纪

样的基础，他开创了南宋一百五十二年的历史，虽然偏安于秦岭淮河以南，却是中国历史上经济文化繁荣、对外开放程度较高的王朝。"

"哀莫大于心死。"我说。

"不单是心死的问题，应该问问心如何死的。比如，皇帝手下的干部配备，赵构手下有一批文化素质高、力主抗金的宰相大臣，比如李纲、赵鼎等人，影响着赵构；也有一批武将在淮河边与金对抗，出生入死。而朱由检没有，人心丧尽，许多王公贵族高官达人袖手旁观，不肯伸手扶一把顷刻即覆的帝国。即便一国之君的他去自尽，追随的只有一个老太监。可悲可怜。与1279年初发生的那场著名海战，不可比拟。"友人说。

"这是明朝自朱元璋起实行极权统治的必然结果。"我说，"天下若仅仅是一个人的，天下人何必挂念；天下若是天下人的，天下人必挂念。问题是独拥天下者视天下为己物，却要求天下人挂念、拥戴、敬爱，自然会引发悲哀。"

"这话也不能极端。挂念的人还是有的，比如老家的乡亲们。"友人告诉我，凤阳有一个独山庙会，缘由与朱由检有关。

距府城东不远，有座小山，高仅一百二十米左右，叫做独山，整个孤孤零零地矗在那里，每年农历三月二十日，当地人都举办庙会，吸引四方来客，十分热闹。庙会由为超度朱由检的亡灵早日归天而起。据说，朱由检自缢的当天晚上，凤阳上空一片漆黑，传来悲痛的哭泣声，最后消失在独山脚下的水关里。第二天哭声又从那里升成，好似朱由检的亡灵欲回祖坟，却因上吊而亡不得进入，成了孤魂野鬼。于是当地人请来和尚、道士、尼姑，进行超度。搭高台、摆猪头、供朱由检像，唱大戏三台，连续三天。这样，鬼嚎声才消停了下来。

"老百姓总是那么善良，见不得他的灵魂无处安放。"

"亲不亲故乡人呀。"友人笑着说。

走出上海站，已经是华灯初放。友人说请我喝酒，我说免了，心情有些低落，不喝也罢。

"从没见你有酒不喝的，可见受了些打击。"友人调侃。

"搞不成电视片，还能写成书嘛。"

"那去喝酒呗。"友人坚持。

我突然想到，曾经出现在淮河边那些短尾鸟，去了哪儿，它们还能飞翔吗？看到它们，可能比喝酒更畅快，心情会舒展许多。于是，说了一句对友人而言十分突兀的话："想去看鸟儿。"

"放飞心情呀。"友人能体会此时的我。

朱元璋出现在中国某一特定的历史时期,如异族统治、内部战争频发、民不聊生时,对民族的生存具有积极的作用,符合历史的必然。

但他形成的制度、治世方法,以呈现的结局考量,对民族长期发展有害无益,他设置且全力推行的暴政,直接导致了近三百年的迟滞发展,甚至倒退。由他开创的极权统治模式,给民族带来巨大的灾难。

贰拾肆 · 到昆明纯粹为了实现放飞的心愿。拍摄明中都之事已经搁浅,结局在预料之中。机构外的个人要推动一个机构运行某一件事,似乎更需要这个机构首脑的特别关照。其实,对寻找这样的关照我已生了厌。每次去那迷宫般的大院心生乞讨的感觉。即使办的是好事,在旁人眼里也可能是图谋私利。

我问友人:"是不是做错了什么?"

"应该没有吧。惟一的错可能是你太醉心这个题材。放弃,也不失为良策。"友人回答。

于是,商量着去看鸟。

这季节看鸟,只有春城昆明有趣,滇池海埂那里聚集着成千上万的海鸟,活跃在水面上。这让人想到淮河边曾经出现过的画面,那些远去的短尾鸟或嬉戏,或游弋,或飞舞,记忆里它们本应通体华羽如缎似锦,远比眼前的鸟儿绚丽。

友人说:"你还是放不下淮河,这样会闹出精神问题。"

"没有这么夸张。我爱孔子,也爱庄子。庄子的哲学中包含豁达和释放。"

这时,鸟儿盘旋在头顶上,无拘无束地飞翔。在它们面前自己似乎有些怯懦,变得有些渺小。

看着自由翻飞的鸟儿,或许它们的祖先就栖息在淮河边,那里的变迁和人事已不适合它们安营扎寨,便往更远处翱翔,劳其筋骨地停留在千里之外。兴许不久之后,他们会飞到更远的地方栖息。

从滇池出来,去北门寻访一位出生在淮河边的先贤[①]被枪杀的地方。友人让司机绕了一下,经过城中的翠湖,去看那里的景色。地处城市中心的这个不

---

① 指李公朴(1900—1946),号仆如,原名永祥,号晋祥。原籍江苏武进,出生于淮安。民主战士,社会教育家。1946年7月11日在昆明市遭国民党特务枪击,次日凌晨因伤势过重而辞世。

——淮河访古行纪

● 翱翔的飞鸟

大的湖，游人如织，水鸟游戈，人鸟两厢友好地相处一块。就是感觉空间窄小了些，人和鸟稠密，显得拥挤。友人说："就在这里歇息，吃个饭再走。"

在湖边选了一家本地餐馆，坐定后能看到湖里的鸟儿在戏嬉，颇有些开怀，淮河边酿出的不爽也就散去了许多。

友人素爱美食，且小有研究，告诉我："滇菜不在八大菜系之列，菜品有三四千多种，系列繁复。食材丰富，口味酸甜苦辣咸俱全，总体来说，既不偏甜，亦不偏麻，稍稍偏辣，魅力独特。"

"民族多，菜品多，特色浓。菌菇、火腿、牛肉……"

"今天我来点菜。所点必与明朝有关。"友人有些得意。唤来身着傣家筒裙的女服务员，点了三四样菜蔬，依然要了酒，问我喝不喝，我说要的。

"看着自由飞翔的鸟儿，来些美食美酒，人生快乐，不过如此吧！"友人嘻笑着说道。喝着，话题转回到朱元璋身上。

"这块应该是蓝玉、沐英率兵打下的。蓝玉定远人，他的结局不怎么样，被朱元璋以谋反罪杀了，剥皮揎草，传示各地。究其党羽，牵连致死者达一万五千余人，史称蓝玉案。"

我叹息："跟着朱元璋打天下的没有几个有好下场，他要保朱姓江山万年长，必须铲除障碍，照例首先要把那班一同起事的老兄弟弄掉，这是极权专制千年一袭的老法子。"

"蓝玉也有问题，军功卓著，却自负骄横，目中无人。"友人追加了一句。

"罪不致死，何况连累那么多人，残酷、血腥。"

"书生之见。对一个帝王极权的国家来说，开动国家机器弄死些人易如反掌，锦衣卫、东厂、西厂。"

"是不是可以这样理解，帝王的核心利益是皇权传承，由此延伸为国家利益。所以国家机器成为捍卫核心利益的工具，工作以核心利益而展开，如果谁

——淮河访古行纪

触犯核心利益或疑似触犯，绞杀成了必然的结局。"

"就是这般。"友人说，"沐英的情况与蓝玉不同，朱元璋的义子，其实是家奴，忠诚度极高，又能干，朱元璋自然喜欢。沐英因义母马皇后病逝，悲伤过度引起咳血；又因太子朱标去世，遭受打击获病，两个月后死在云南任上，年仅四十八岁。朱元璋痛惜，命归葬南京，追封黔宁王。"

"如果他寿命长一点，会不会让朱元璋看不顺眼，而遭蓝玉同样结局呢？"我问。

"这不好说。"

"读史你可以发现一个有趣的现象，某些人适时适地的死掉，也不失为善始善终。"友人白了我一眼，寓示这话有点损。

这时，服务员捧着一盘色泽金红的烧鸭上桌，皮脆肉嫩，香气四溢。友人说："这道烧鸭，在这里已有六百多年历史。据说，1381年朱元璋派颍川侯傅友德率领蓝玉、沐英征伐云南，他喜欢吃烧鸭，随军带上了自己的厨子烧鸭伺候。云贵平定后，傅友德在朱元璋逼迫下自刎而死。厨子闻讯后不敢回南京，隐姓埋名在云南经营烧鸭生意，一直传到今天。"

"噢，真还能吃出淮河边烧鸭的风味。"我说。继而用筷子指着他面前另一道用褐色菌子与白色肉丝炒成的菜问："这有什么说辞？与大明帝国。"

友人仔细看了看："虎掌菌炒鸡丝，云南十大名菜之一。虎掌菌为菌中珍品，进贡朝廷。"

朱棣把侄子朱允炆赶下皇位后，朱允炆的下落成了历史之谜。民间有一种传说，朱允炆逃到云南削发为僧，朱棣派刺客潜来行刺。一天，朱允炆在一家寺院传经，被刺客认出。适逢寺院住持设素宴为朱允炆接风洗尘，刺客潜入厨房，在巴掌菌里投放毒药，试图毒死朱允炆。巴掌菌上桌后，朱允炆拿起筷子就吃了起来，不一会儿便把盘中的巴掌菌吃得尽光，顿时感觉天旋地转，昏睡

● 嬉戏的鸟儿

过去。不想,第二天他没死,照样去讲经。原来,神仙下凡,到了寺院外的山林中,把自己走过的脚印变成了巴掌菌。这种菌子能解百毒,小和尚采回后,炒成了菜,刺客投放的毒已被消解了。朱允炆吃了,自然死不了。后来,老百姓把巴掌菌改称为虎掌菌,配上鸡丝,做出这道名贵佳肴。

"编得怪有味道。"

"民间传说,听来好玩便是了。"

酒菜吃得差不多了,肚子还有一些没饱的感觉。友人要了一份叫做烧饵块的当地小吃。小吃用煮熟的大米饭弄成圆形薄饼状,在炭火上面烤至金黄,涂上酱料而食,别具风味。问出处,友人笑而不答。问上菜的女服务员,她唤来了经理。

——淮河访古行纪

经理年纪稍长，细声细气地介绍烧饵块又叫大救驾。南明皇帝朱由榔[①]，被清军追打得逃到云南，清军占领云南，朱由榔继续往缅甸跑，因为后有追兵，一路都吃不上饭。好不容易到了一个边陲小镇，让手下向老百姓要饭，而且催得急。老百姓就做了一盘炒饵块，几天没有吃饱的朱由榔狼吞虎咽。吃完了，仰天长叹，这可救了驾了。这就是大救驾的由来。

我笑着说："没读过这一段。"

经理回答："民间传说，你当然读不到。在我们这里不是什么秘密。"

"传说传说，传传说说。也不排斥它的真实性。"友人表示。

"本来，来昆明是为了散散心，摆脱朱元璋。没有想到南疆也充斥着他和他后代的故事，走不出他的阴影，令人啼笑皆非。"

从翠湖到北门不远，步行了去，自然找到了北门书屋的故址，以及那个被暗杀的国民君子的殉难处。殉难处在一桥堍旁，不怎么显眼，没有什么人驻足瞻仰，也许行人已经熟视无睹。可是，1947年7月11日夜晚发生的一幕，依然惊心动魄。李公朴和妻子行走到这里，随着一声轮胎爆裂般的声响，他的身子一歪，栽倒在泥泞的小路上，痛苦地呻吟了一句"我中枪了"。妻子俯身借着昏暗的路灯，看见丈夫腰际殷红一片，血不住向外涌。"捉人啊！有人开枪杀人啦！"惊惧的叫声在黑夜中回荡。顿时，街面上喧闹起来，叫嚷、奔跑、警笛声响成一片。

"如果一个政权到了滥杀无辜的时候，那么好景必然不长了。"说完，与友人无语而去。

[①] 朱由榔（1623—1662），南明皇帝。明神宗朱翊钧之孙，桂端王朱常瀛之子。1646年至1662年在位。年号永历，史称永历帝。隆武二年（1646）袭封桂王，在广东肇庆称监国，十一月宣布即皇帝位，次年改永历元年。朱由榔倚仗大西军余部李定国、孙可望等在西南一隅抵抗清军，维持时间较长。永历十三年（1659），清军攻入云南，朱由榔逃往缅甸。1661年吴三桂攻入缅甸，缅王将其献与吴三桂。康熙元年（1662）四月在昆明被绞死，终年四十岁。葬于贵州都匀高塘山永历陵。

● 李公朴开设的北门书屋故址现貌

这时，街上行人稀少，冷冷清清，加上斜阳西来，有几分孤寂的感觉。沿着圆通路向西走，行至华山西路，无意间发现路边的绿化丛中立有一碑，上书"南明永历帝殉国处"。友人说："原来，这里是逼死坡呀。"

逼死坡，原名篦子坡，吴三桂杀死永历帝朱由榔后改的名。朱由榔为什么会死在这儿呢？

李自成的农民军占北京城，吴三桂开关降清，农民军不敌清军败撤，清军入主中原，朱元璋的一部分子孙们及文武大臣逃亡南方，在南京拥立朱由崧为皇帝，建立南明，改元弘光，试图凭借淮河以南的半壁江山抗击清兵，清军快

——淮河访古行纪

速南下，围攻扬州，扬州城池破，清军屠城，史称"扬州十日"。不久，南京沦陷，朱由崧被俘。清顺治二年，明隆武元年（1645）闰六月，唐王朱聿键在郑芝龙等人的拥立下，于福州称帝，改元隆武。朱聿键主持发动了短暂的北伐，同时采取联合农民军残部抗清。但随着郑芝龙降清，局势恶化，朱聿键被俘后绝食而亡，清军迅速占领东南大部。局势危急之际，大西军余部和明朝官僚联合起来，在广东肇庆拥朱由榔做了皇帝。与此同时，郑成功在东南沿海也乘势崛起，东西两面打击清军，抗清局面出现了高潮。然而，好景不长，清军占领广东，顺治十三年、永历十年（1656）朱由榔入滇，清军仍紧追不舍。在已降清的明将吴三桂等人追击下，双方于顺治十六年、永历十三年（1659）大战磨盘山。明军给清军不小打击，损失亦大。战后，朱由榔仓皇逃至缅甸首都曼德勒，被缅甸王莽达收留。没多久，缅甸发生政变，莽达的弟弟莽白发动咒水之难，屠杀了朱由榔大部分的随从。不久，吴三桂率军入缅，缅方于翌年交出朱由榔。朱由榔一行被带回昆明关押在圆通寺内。朱由榔给吴三桂写了一封绝笔信，企图"转祸为福，反危就安"，祈求吴三桂给予生路，吴三桂并不答应。1662年6月1日，朱由榔父子及眷属25人在昆明篦子坡遭弓弦勒死，永历政权灭亡。

辛亥革命时，蔡锷等人在当地勒石，既是纪念这位反清故人，恐怕也有树立自身反清的决心。

"从凤阳到南疆，没想到大明王朝的末代皇帝，殉难于逼死坡旁的圆通寺。"我不由感慨："兴于寺，败于寺。历史总是让人唏嘘。"想到了凤阳境内的那个小寺的遗址，朱元璋发端于家乡小寺，驱胡虏于大漠，他绝不会想到自己的后代会被投降于胡虏的旧臣绞杀于小寺庙旁。

据传说，朱由榔在广东沿海地区活动时，曾动用澳门的天主教徒以火枪抗清，小胜不断。后派使者往罗马，向教皇讨救兵。教皇允，援未抵，永历亡。

● 南明永历帝殉国处

若朱元璋以及子孙不闭关锁国,早日西学,结束冷兵器时代,何以需要朱由榔临死抱佛脚?

"其实,这样的悲剧,在之前已经发生了。你知不知道徐光启有个学生叫孙元化的人吗?"友人问。

"不知道。"

"假如孙元化不死,明朝不会那么快灭亡。"友人信心十足。

"什么样的人有如此法道?"我好奇。

"松江府嘉定人,徐光启的学生,潜心研究西洋火炮,写出了专著《西洋神机》,是明末绝无仅有的火炮制造和弹道学的专家。孙元化曾组建了一支由27名葡萄牙人担任炮手的部队,给予后金即后来的清军沉重打击。"友人神秘兮兮地告诉我。

　　明朝文臣武将起先抗拒西洋火炮，等到努尔哈赤崛起所向披靡时，他们终于发现了孙元化的热兵器的厉害。他协同袁崇焕驻守宁远，主张筑城制炮，在宁远城头装上了十一门西洋大炮，后金勇士再凶悍，亦顶不住当时世界上先进的热兵器。这一仗努尔哈赤受了炮伤，八个月后，在郁闷中死去。而明朝文武百官则为这场重大的胜利欣喜若狂，一门主力大炮，还被朱由检封为"安国全军平辽靖虏大将军"[①]。

　　孙元化受得重用，破格提拔为登莱巡抚，造炮练兵，登州成为当时中国引进西洋火器技术的中心。他雄心勃勃，想练就一支掌握火炮、战术先进的劲旅，收复辽东。

　　一场兵变改变了他的命运，他麾下辽籍军人发起"吴桥兵变"，连陷四城，兵临登州。孙元化一心想招抚，却因种种掣肘，错过机会，结果城外的叛军串通城内的明军，杀入城来，孙元化被叛军围困，自刎未果。他不听从叛军拥他为王的计划，离开登州进京，被逮捕下狱，最终遭到冤杀。

　　"大敌当前，为什么要杀他呢？而且是冤杀。"我问。

　　"连袁崇焕都被朱由检杀了，何况一个孙元化？明末，大臣忙于党争，皇帝惯于猜忌，朝廷戾气弥漫，圈子文化、山头主义盛行，彼此毫无政治信任可言。如此政治生态下，孙元化不得不死；袁崇焕不得不死。"

　　"朱由检脑子进水了，把有用的将领都搞死了，谁来保卫他的江山？"

　　一个奸臣摸准了朱由检痛恨大臣结党营私的特点，成功地让朱由检认为孙元化在朝廷有一个小圈子。崇祯五年七月二十三日（1632年9月7日），孙元化在北京西市被斩首，时年五十二岁。等着招安的辽籍叛军，盼来的却是孙

[①] 参见关山远《徐光启的这个学生不被冤杀，明朝会怎样》《新华每日电讯·草地周刊》，2018年10月26日。

元化的死讯，彻底失望，决心与大明为敌，渡海投奔后金，带去了一万三千多人，数百艘船，关键的还有大量西洋火炮与娴熟的火器手。这支明朝精锐的火器部队的叛逃，使明、后金军事力量对比上发生了重大的变化。

如获至宝的皇太极率领贝勒出盛京十里迎接，用女真人最隆重的抱见礼相待。这一刻，他有了入主中原的本钱。孙元化之死，成为明朝的巨大损失。此后，后金改为大清国号。大清的骁勇骑兵，用缴获与仿制的火炮，攻城掠地，势如破竹。入关后，在与李自成的农民军交锋中，火炮大显神威，农民军避之不及。当年孙元化一心想招抚而本人也希望被招抚的叛军首领孔有德，成了大明王朝可怕的掘墓人之一，为清朝而死节。顺治九年、永历六年（1652），南明将领李定国攻陷桂林，驻守于此的定南王孔有德全家百余口阖府自焚，仅有女儿孔四贞逃了出来，后被孝庄太后收为养女，封为和硕格格，成了清代唯一的汉人公主。孔有德与同样曾在孙元化麾下的耿仲明、尚可喜，均以汉人身份被满清封王。

"朱元璋以及他子孙维系的明朝，二百七十多年的战略认知一直停留在冷兵器时代，看重建城筑墙，设阵布局的操练，他们的套路，无法战胜来自草原的快马利刀。清军在速度、力量上都处在冷兵器时代的顶峰，军事体制也超过明朝。火器的使用一直没有引起明朝的足够重视，我曾看到过朱由检下的旨，让徐光启带人马在宫内举办放炮观礼活动，纯粹当是家里的玩具。"

"墨守成规，必无可救药。"

其实，明朝到了中后期，对西方的火炮技术并不陌生，嘉靖二年（1523），葡萄牙船队来到东南沿海，在广东新会县西草湾与明军发生战斗，明军缴获了葡萄牙大炮——佛朗机，照此对自有的火器进行了一番改良。到明末，明朝从荷兰人手中得了新型大炮，称之为红夷炮，并在对清军的作战中发挥了作用。没想，这支火器部队悉数降了清。可见，朱由检的愚蠢和刚愎自用。

● 滇池上空的飞鸟

"即使有了先进的火器,还要看谁在使用。帝王极权的体制出了毛病,再先进的武器也救不了他和他的政权。"

那天,回到宾馆时,看着窗外飞翔的鸟儿,意犹未尽的我们继续着先前的话题。"多行不义必自毙。历史反反复复告诉人们,可是人们还是常常重蹈覆辙。"我喃喃地嘀咕。

友人说,掩映在兵器背后的是社会形态和生产方式的变革,冷兵器时代一直延续到工业革命来临之后才结束,出现了热兵器时代。工业革命是战争历史的一个重要的标志,区分着冷、热兵器时代。但是,当明朝后期拒绝了社会形态和生产方式的变革,一定程度上也就拒绝了以后的工业革命的出现。朱由检在煤山自缢、朱由榔被勒死,实属历史必然。

大约在16世纪中期,历史给了中国机会。明朝后期经济发达地区,粮食生产能力提高到在自给自足基础上的交换,农业经济作物的广泛种植,农

● [明] 归有光《淮上作》

业的商品性显现出来，农业生产关系发生变化；民营手工业的蓬勃发展，商人势力的壮大，新型生产关系的出现，城镇化进程的起步，社会结构出现微妙的变化。这些变化，在曾经被朱元璋严重摧残过的江南沿海地区，表现得尤为突出。

与之相适应的是思想家李贽、黄宗羲、顾炎武、王夫之的出现，典型的是李贽，他批判重农抑商，扬商贾功绩，倡导功利价值，符合明中后期社会发展需要的社会价值观。李贽具有阿拉伯血统，又出生在当时中西文化交融最密切的城市泉州，他主张个性解放、思想自由，人与人之间的平等，反对封建礼教、理学空谈，针对明王朝的腐败政治，提出了"至道无为、至治无声、至教无言"的政治理想。他认为人类社会之所以常常发生动乱，是统治者对社会生活干涉的结果。他理想的"至人之治"则是"因乎人者也"，顺乎自然，顺乎世俗民情，即"因其政不易其俗，顺其性不拂其能"，对人的社会生活不干涉或少干涉。但是，明朝帝王没有给李贽以及他自觉代言的社会新型阶层空间。之后，治世方法落后于中原地区王朝的满清依照前朝的治世方法，结合惯用的军事化管理体系，进行比前朝更残酷的统治。

政权拥有者没有给李贽他们一丝机会，运用他的思想成果。黄仁宇在《万历十五年》的第七章（最后一章）专论李贽说："李贽的悲观不仅属于个人，也属于他所生活的时代。传统的政治已经凝固，类似宗教改革或者文艺复兴的新生命无法在这样的环境中孕育。社会环境把个人理智上的自由压缩在极小的限度之内，人的廉洁和诚信，也只能长为灌木，不能形成丛林。"

导致问题的关键不是满清的入关，而是明朝自朱元璋起已经在酿造悲惨，要求子孙永远遵守《皇明祖训》，顽固地坚守重农轻商政策，"使农不废耕，女不废织，厚本抑末"，阻滞了商品货币经济的更大发展。他推行残酷的文化专制，抑制人们研究"奇技淫巧"，又极大地束缚思想文化的发展，阻碍科学技术的进步和应用。他的这些错误决策，使洪武年间的社会经济和文化建设

● [宋] 苏轼《清平乐·秋词》

受到相当程度的限制，未能获得创新的成就，从而严重地制约着后来各方面的发展，束缚了生产力和新的生产关系的滋长，李贽以及他自觉代言的社会新型阶层命运已经注定；明朝乃至中国以后的悲剧已经注定。清朝治世模式又仿佛是朱元璋时代，甚至比朱元璋时代更甚。

除上述的几个方面，在思想上朱元璋尚未完成大统，到了他儿子朱棣手里具有象征意义的《永乐大典》完成，这部在人类出版史上堪称一绝的大典，却躺在宫廷深处秘藏，或成了某个皇帝的专宠，沦为殉葬品，对中华文明的赓续发展又有多少作用呢？到了清朝，这种状况依然继续，出现了《四库全书》，当今天的人们为这一出版物的出现表现出兴高采烈时，为它的庞大雀跃时，仔细想想，它牺牲了中华民族多少优秀的传世之作，而只剩下依照帝王意志编纂的这几千种书。

历史上，中原王朝几度被落后、野蛮打败，政权拥有者负有极大的责任。

―― 淮河访古行纪

后来，在飞机上，友人问我对朱元璋的评价。我望着舷窗外无垠的云涛，大致表示了这样的意思：朱元璋出现在中国某一特定的历史时期，如异族统治、内部战争频发、民不聊生时，对民族的生存具有积极的作用，符合历史的必然。但他形成的制度、治世方法，以呈现的现实和结局考量，对民族长期发展有害无益，他设置且全力推行的暴政，直接导致了明朝二百七十多年的迟滞发展，甚至倒退。由他开创的高度极权的统治模式，给民族带来深重的灾难。

由此，我们也可以理解为朱明王朝在初期的建立过程中，一定程度上顺应了民意，代表着那时民众的一部分利益，从而获得了执政的合理性，而在漫长的统治过程中，它高度注重执政的长久性和满足利益集团的获得感的核心利益，用国家制度和掌握的国家机器摧残、限制、阻碍社会的发展和创新，逐渐丧失了执政的合理性，最后遭到出局，置民族于更大的灾难中。

历史的局限性和病态的个性，决定了朱元璋在某一个特定时期的偏执。历史的局限性，从某种意义上来说是不可逾越的；个性的缺陷是可以避免的，即权力的制衡。

"1375年，随着朱元璋下令罢建明中都时，他的极权治世模式就该终结了。"

友人笑着说："可能吗？"

2018年春节初稿于海上观旭楼
2020年春二稿于海上振源大厦

主要参考文献

[01] 张廷玉,等. 明史[M]. 北京:中华书局,1974.
[02] 司马迁. 史记[M]. 北京:中华书局,1982.
[03] 姚思廉. 梁书[M]. 北京:中华书局,1973.
[04] 房玄龄,等. 晋书[M]. 北京:中华书局,1974.
[05] 脱脱,等. 宋史[M]. 北京:中华书局,1985.
[06] 鲁迅. 中国小说史略[M]. 上海:上海古籍出版社,1998.
[07] 曹寅,等. 全唐诗[M]. 清文渊阁四库全书电子版.
[08] 李昉,等. 太平御览[M]. 清文渊阁四库全书电子版.
[09] 丘光明. 中国古代度量衡[M]. 北京:中国国际广播出版社,2011.
[10] 夏燮. 明通鉴[M]. 北京:中华书局,2009.
[11] 顾祖禹. 读史方舆纪要[M]. 北京:中华书局,2005.
[12] 何宁. 淮南子集释[M]. 北京:中华书局,1998.
[13] 王天有. 明朝十六帝[M]. 北京:故宫出版社,2013.
[14] 吴晗. 朱元璋传[M]. 长沙:湖南人民出版社,2018.
[15] 吴晗. 论明史[M]. 武汉:武汉出版社,2013.
[16] 栾保群. 山海经详注(插图本)[M]. 北京:中华书局,2019.
[17] 黎东方. 细说明朝[M]. 北京:商务印书馆,2016.
[18] 王剑英. 明中都[M]. 北京:中华书局,1992.
[19] 夏玉润. 朱元璋与凤阳[M]. 合肥:黄山书社,2003.
[20] 樊树志. 晚明大变局[M]. 北京:中华书局,2015.
[21] 吕思勉. 中国通史[M]. 北京:新世界出版社,2016.
[22] 钱穆. 国史大纲(全两册)[M]. 北京:商务印书馆,1996.
[23] 顾颉刚. 徐和淮夷的迁、留:周公东征史事考证四之五[J]. 文史,1984(12).
[24] 刘和惠. 楚文化的东渐[M]. 武汉:湖北教育出版社,1995.
[25] 翦伯赞. 中国史纲要(全四册)[M]. 北京:人民出版社,1982.
[26] 潘世东. 汉水文化论纲[M]. 武汉:湖北人民出版社,2008.
[27] 杨伯峻. 春秋左传注(全四册)[M]. 北京:中华书局,1981.
[28] 世界书局编辑部. 诸子集成(全八册)[M]. 上海:上海书店(影印),1986.
[29] 宫开理. 千古传奇·说凤阳[M]. 北京:作家出版社,2008.
[30] 孙祥宽. 凤阳名胜大观[M]. 合肥:黄山书社,2005.
[31] 明孝陵博物馆. 明初南京五十三年[M]. 南京:东南大学出版社,2018.
[32] 方诗铭,王修龄. 古本竹书纪年辑证[M]. 上海:上海古籍出版社,1981.

[33] 杨宽．西周史[M]．上海：上海人民出版社，2019．
[34] 段成式．酉阳杂俎[M]．北京：中华书局，1981．
[35] 王夫之．读通鉴论[M]．北京：中华书局，1975．
[36] 谈迁．国榷[M]．北京：中华书局，1958．
[37] 谈迁．枣林杂俎[M]．北京：中华书局，2006．
[38] 毕沅．续资治通鉴[M]．北京：中华书局，1957．
[39] 嵇曾筠．浙江通志[M]．清文渊阁四库全书电子版．
[40] 王存．元丰九域志[M]．北京：中华书局，1984．
[41] 乐史．太平寰宇记[M]．北京：中华书局，2007．
[43] 李吉甫．元和郡县图志[M]．北京：中华书局，1983．
[44] 施宿．会稽志[M]．清文渊阁四库全书电子版．
[45] 李东阳，等．明会典[M]．清文渊阁四库全书电子版．
[46] 宋濂，等．元史[M]．北京：中华书局，1976．
[47] 张宏杰．倒退的帝国：朱元璋的成与败[M]．重庆：重庆出版社，2019．
[48] 龙文彬．明会要[M]．北京：中华书局，1956．
[49] 陈梧桐，彭勇．明史十讲[M]．北京：中华书局，2018．
[50] 马骊．朱元璋的政权及统治哲学：专制与合法性[M]．吉林出版集团股份公司，2018．
[51] 明太祖实录[M]．参见国学大师 http://www.guoxuedashi.com/.
[52] 辞海编辑委员会．辞海（第六版缩印本）[M]．上海：上海辞书出版社，2010．
[53] 商务印书馆编辑部．辞源（第三版）[M]．北京：商务印书馆，2015．
[54] 钱仲联，等．中国文学大辞典[M]．上海：上海辞书出版社，2000．
[55] 司徒琳．南明史 1644—1662[M]．李荣庆，等译．上海：上海人民出版社，2017．
[56] 黄仁宇．中国大历史[M]．北京：三联书店，2007．
[57] 黄仁宇．万历十五年（经典版）[M]．北京：中华书局，2014．
[58] 朱迪斯·本内特，沃伦·霍利斯特．欧洲中世纪史[M]．杨宁，李韵，译．上海：上海社会科学院出版社，2011．
[59] 朱寰．世界通史：中古部分[M]．上海：上海人民出版社，1972．
[60] 任继愈．宗教词典[M]．上海：上海辞书出版社，1985．
[61] 王天有，高寿仙．明史：多重性格的时代[M]．北京：中信出版集团，2017．
[62] 崔志伟．元末明初松江文人群体研究[M]．上海：上海大学出版社，2013．
[63] 陈梦家．殷虚卜辞综述[M]．北京：中华书局，1988．

后　记

做完二稿时，正值庚子新冠肺炎疫情的后期，武汉的疑似病例已进入十位数，许多地方已清零。病毒在人们共同阻击下，范围缩小，中招的人数下降。但担心它会卷土重来。

想到七个多月前，病毒如闷棍般打在不知不觉的人们头上，一时竟然不知所措。无奈之际，便想到这部没完成的书稿，预备在疫情期间弄成样子，这也是写作者在避疫时通常的做法——写字看书。于是，几乎每天两点一线地从家里跑到办公室，写稿改稿统稿，中午吃些方便面，馋酒时添一些花生仁之类的坚果，独自小酌。

办公室居"魔都"交通要津的大楼里，能够俯瞰城市的街景，没有车辆、没有行人，城市真的好静，静得让人感觉窒息。此时，回忆起十多年前第一次去凤阳中都遗址、皇陵以及为拍摄电视历史文献纪录片先后多次行走在淮安、盱眙、来安、明光、蚌埠、凤阳、定远、蒙城，所遇到的人和事，看到的历史与现实，觉得自己应该记录下来，写好这些时空交融、穿越反复的故事。

由于种种原因，本要做的历史文献纪录片完成脚本后没进入拍摄制作阶段，无疑是一种遗憾和损失。记得当时对友人表示，没有关系，还可以做成其他的文化样式呀。这一句，距今天已有四个年头，虽然陆续完成了一些片段，两年前形成了书稿的雏形，但不完整，有些破碎。这次闷在办公室里做的事情，无非重新搭框架、砌新墙、批腻子、喷涂料，使书稿呈现全新的面貌。友人来电话询问在干什么，答复是在做"泥水匠"。

技术活自个儿把握，手艺好坏全凭个人的能耐。反倒是要触碰到这个题材是一桩不容易的事情，这应该感谢江正行先生，是他邀我去了凤阳。不仅如此，在以后的寻访中，他几乎成了向导，并驾着小车忽北忽南地行进在淮河中段，

—— 淮河访古行纪

无怨无悔。在滁州、凤阳的寻访中还得到白振亚、陈怀仁、夏玉润、郑德泉、宫开理、孙祥宽的支持和帮助，如今前两位已作古；上海的友人周忍伟、蒋建平、张银、孙悦、戴长征或参与了考察，或陪同走访；青田的赵君皓、孙红华、杨大荣等朋友，提供了在青田、文成考察的方便。在书中出现的"友人""朋友"，包含了他们的影子。

我喜欢摄影，行走时拍了许多照片，这一次选了一些用在书里（除署名、布拉格风光、录伯戜簋的照片外）；书画作品以及示意图是在四年中陆续做的，辑封上的底图一部分采用了我创作的两组关于淮河的写意水墨画的局面。

在此书付梓之际，我还要感谢中西书局的唐少波先生，他为本书作了精心的编辑，添加了必要的注释，花费了许多心血，为此十分感动。

潘大明

2020 年 9 月 8 日于上海